Weisheiten aus Jahrtausenden

Hinweis des Herausgebers

Das vorliegende Buch, dessen Inhalte in den Jahren 1925, 1928 und 1940 erstmals veröffentlicht wurden, informiert über Methoden der Persönlichkeitsentwicklung, die auf alten Traditionen und persönlichen Erfahrungen der Autorin beruhen. Wer sie anwendet, tut dies in eigener Verantwortung. Der Herausgeber beabsichtigt nicht, Diagnosen zu stellen oder therapeutische Ratschläge zu geben. Die nachstehend beschriebenen Methoden sind keinesfalls als Ersatz für professionelle therapeutische Beratung und Behandlung bei psychischen oder gesundheitlichen Problemen zu verstehen.

Florence Scovel Shinn

Gestalte die Welt mit Deinem Wort

Sammelband

enthält die drei Bände:

Das Lebensspiel und wie man es spielt

Dein Wort hat Macht und Magie

Die verborgene Tür zum Erfolg

Alle Rechte der Verbreitung durch Schriften, Fernsehen, Funk, Film, Video, und fotomechanische oder digitale Verfahren sowie durch zukünftige Medien für die Übersetzung sind vorbehalten.

Florence Scovel Shinn: Gestalte die Welt mit Deinem Wort (Sammelband)
Titel der Originalausgaben:
The Game of Life and How to Play It - Erstausgabe in englischer Sprache: 1925
Your Word is Your Wand – Erstausgabe in englischer Sprache: 1928
The Secret Door to Success – Erstausgabe in englischer Sprache: 1940
Übersetzung aus dem Englischen: Günter W. Kienitz
1. Auflage: Dezember 2016
© 2016 by Günter W. Kienitz
Internet: weisheiten-aus-jahrtausenden.de

Bibliografische Information der Deutschen Nationalbibliothek:
Die Deutsche Nationalbibliothek verzeichnet diese Publikation in der Deutschen Nationalbibliografie; detaillierte bibliografische Daten sind im Internet über http://dnb.dnb.de abrufbar.

Umschlaggestaltung: Bettina Kienitz
unter Verwendung des Motivs *Die Leserin* von Claude Monet

© 2016
Herstellung und Verlag: BoD – Books on Demand, Norderstedt
ISBN: 978-3-7431-2863-7

Inhalt

Vorwort..8

Das Lebensspiel und wie man es spielt....................11

Das Spiel 13
Das Gesetz des Wohlstands..22
Die Macht des Wortes..30
Das Gesetz der Widerstandslosigkeit....................................38
Die Gesetze des Karmas und der Vergebung.......................47
Die Last abwerfen..56
Liebe..64
Intuition oder Führung...73
Perfekter Selbstausdruck oder der Göttliche Plan................83
Über Verneinungen und Affirmationen................................93
Affirmationen...102

Dein Wort hat Macht und Magie...............................105

Über dieses Buch..107
Dein Wort ist Dein Zauberstab..110
Erfolg...113
Wohlstand..122
Liebe..129
Ehe...131
Vergebung..133

Worte der Weisheit......134
Glaube......138
Verlust......146
Schulden......148
Verkäufe......150
Vorstellungsgespräche......151
Hinweise......152
Schutz......154
Gedächtnis......155
Der Göttliche Lebensplan......156
Gesundheit......159
Augen......161
Anämie......163
Ohren......164
Rheumatismus......165
Wucherungen......166
Herzleiden......167
Tiere......168
Die Elemente......169
Reisen......171
Verschiedenes......172
Nichts ist zu gut, um wahr zu sein......181

Die verborgene Tür zum Erfolg......183

Über dieses Buch......185
Die verborgene Tür zum Erfolg......187
Ziegelsteine ohne Stroh......194
Fünf aber von Ihnen waren klug......202
Was erwarten Sie?......210

Der lange Arm Gottes	216
Die Weggabelung	223
Durchqueren Sie Ihr Rotes Meer	230
Der Wächter am Tor	237
Der Weg der Fülle	244
Ich werde niemals Mangel leiden	250
Siehe und staune	258
Holen Sie Ihr Gutes ein	266
Flüsse in der Wüste	272
Die tiefere Bedeutung von Schneewittchen	278

Über die Autorin ... 282

Vorwort

Das Leben, lehrt Florence Scovel Shinn, ist ein Spiel, bei dem es darum geht, es nach den eigenen Wünschen und Vorstellungen zu gestalten.

Doch die Regeln des Lebensspiels sowie dessen Ziel sind den meisten Menschen unbekannt. Kein Wunder also, dass Viele mit ihrem Leben wenig bis überhaupt nicht zufrieden sind und mit ihrem vermeintlichen Schicksal hadern.

Dabei haben sie ihre Lebensumstände selbst gestaltet, und ernten im Heute, was sie im Gestern gesät haben - mit ihren Gedanken und Worten, ohne sich deren Wirkung bewusst zu sein.

Florence Scovel Shinn hat sich in ihrer zweiten Lebenshälfte intensiv mit den Regeln des Lebensspiels und der Macht und Magie von Worten und Gedanken befasst, und ihr Wissen an Interessierte weitergegeben - in Vorträgen, Seminaren, Einzelberatungen und in drei Büchern, die in diesem Sammelband vereint sind.

Ihr erstes und heute bekanntestes Buch, *Das Lebensspiel und wie man es spielt* (*The Game of Life und How to Play It*) erschien 1925 und fasst die Spielregeln des Lebens zusammen.

Im Mittelpunkt ihres zweiten Buch, *Dein Wort hat Macht und Magie* (*Your Word is Your Wand*), stehen Anwendung und Wirkung von Affirmationen im täglichen Leben.

Im dritten Buch, *Die verborgene Tür zum Erfolg* (*The Secret Door to Success*) geht sie einer Frage nach, die zu jeder Zeit unzählige Menschen beschäftigt: Warum haben manche Leute Erfolg, so viele andere aber nicht?

Die verborgene Tür zum Erfolg erschien 1940, kurz vor dem Ableben der Autorin im selben Jahr, und gilt auch heute noch als Klassiker der Erfolgsliteratur. Der in Australien geborene und in England lebende Autor Tom Butler-Bowdon empfiehlt den Titel in seinem Buch *50 Success Classics: Winning Wisdom for Work and Life from 50 Landmark Books* neben Werken bekannter und berühmter Autoren wie Andrew Carnegie, Benjamin Franklin, Henry Ford, Anthony Robbins, Jean-Paul Getty, Napoleon Hill, Robert Kiyosaki, Sun Tzu, Brian Tracy, David Schwartz, Wallace Wattles, Zig Ziglar und vieler anderer.

In ihren Büchern mischt Florence Scovel Shinn leicht verständliche Theorie mit Anekdoten aus ihrer Seminar- und Beratungspraxis. Alle drei Titel liefern Affirmationen, die Sie sofort unverändert übernehmen oder an Ihre persönlichen Wünsche und Zwecke anpassen können.

All ihren Büchern gemeinsam ist auch der Bezug zur Heiligen Schrift, aus der sie gerne zitiert, weil sie ihr Bild der Welt daraus bezieht. Das wundert nicht, denn welches andere Buch wäre in ihrer Zeit und ihrem Lebensumfeld für diesen Zweck besser geeignet gewesen als die Bibel?

Aber auch literarische Werke dienen ihr zur Illustration und als Bestätigung der Richtigkeit ihrer Sicht der Dinge.

Dass Florence Scovel Shinns Bücher vor Jahrzehnten geschrieben wurden, bietet dem Leser von heute einen großen Vorteil. Sie entführen ihn, wenn er sich darauf einlässt, auf eine Reise in die Vergangenheit, ändern dabei gleichzeitig seine Wahrnehmung und machen ihn so offener für die Aufnahme eines Wissens, das am rationalen Verstand des Alltagsbewusstseins womöglich nur schwer oder gar nicht vorbeikäme.

Wenn Sie wollen, können Sie noch heute ein neues Leben beginnen – Schritt für Schritt mit Ihren Gedanken und Ihrem Wort.

Ich wünsche Ihnen viel Erfolg dabei!

Dezember 2016 – Günter W. Kienitz

Florence Scovel Shinn

Das Lebensspiel
und wie man es spielt

The Game of Life and How to Play It

aus dem Amerikanischen von

Günter W. Kienitz

Das Spiel

Die meisten Menschen halten das Leben für einen Kampf, doch es ist kein Kampf, sondern ein Spiel.

Erfolgreich spielen kann dieses Spiel nur, wer das Spirituelle Gesetz kennt. Die Regeln dazu finden sich klar und deutlich im Alten und im Neuen Testament. Die Grundlage des großartigen Spiels, so lehrt uns Jesus Christus, ist Geben und Nehmen.

„Denn was der Mensch sät, das wird er auch ernten"[1]. Das bedeutet, dass alles, was der Mensch in Worte fasst oder tut, eines Tages zu ihm zurückkehrt; denn was er gibt, erhält er auch.

Sendet er Hass aus, wird er Hass erfahren; sendet er Liebe aus, wird ihm Liebe zuteil; kritisiert er andere, wird er kritisiert werden; lügt er, wird er belogen; betrügt er, wird er betrogen. Wir erfahren auch, dass die bildliche Vorstellungskraft eine wesentliche Rolle im Spiel des Lebens spielt.

„Behüte dein Herz (deine Vorstellungskraft) mit allem Fleiß; denn daraus geht das Leben."[2]

Das bedeutet: Was der Mensch sich bildlich vorstellt, wird früher oder später in seinem Leben physisch in Erscheinung treten. Ich weiß von einem Mann, der sich vor einer bestimmten Krankheit fürchtete. Sie war selten und daran zu erkranken höchst unwahrscheinlich, doch er beschäftigte sich ständig in Gedanken damit und las viel darüber, bis er tatsächlich an der Krankheit litt und als Opfer seiner fehlgeleiteten Vorstellung schließlich daran starb.

Wir sehen also, dass wir unsere bildliche Vorstellungskraft trainieren müssen, um das Spiel des Lebens erfolgreich spielen zu können. Ein Mensch, der seine Vorstellungskraft darauf ausgerichtet hat, nur Gu-

---
1 Galater 6,7 – Luther-Bibel 1912
2 Sprüche 4,23 – Luther-Bibel 1912

tes zu sehen, wird „alles, was er sich recht von Herzen wünscht" in sein Leben ziehen: Gesundheit, Wohlstand, Liebe, Freunde, vollkommene Selbstverwirklichung und seine höchsten Ideale.

Die Vorstellungskraft wurde auch „Schere des Geistes" genannt, die Tag für Tag die Bilder ausschneidet, die der Mensch sich innerlich vor Augen führt, bis er seinen eigenen Schöpfungen früher oder später in der physischen Welt begegnet. Um seine Vorstellungskraft erfolgreich trainieren zu können, muss der Mensch verstehen lernen, wie sein Geist und sein Denken funktionieren. Die Alten Griechen sagten: „Erkenne dich selbst."[3]

In unserer Psyche lassen sich drei Bereiche unterscheiden: das Unbewusste, das Bewusste und das Überbewusstsein. Das Unbewusste ist Energie ohne Richtung. Wie Dampf oder elektrischer Strom führt es aus, wozu es angeleitet wird; aus sich selbst heraus aktiv werden, kann es nicht.

Was auch immer ein Mensch mit tiefem Gefühl empfindet oder sich lebhaft bildlich vorstellt, prägt sich seinem Unbewussten ein und wird von diesem minutiös ausgeführt.

Ein Beispiel: Eine Frau, die ich kenne, "spielte" als Kind gerne Witwe. Sie kleidete sich ganz in Schwarz und trug einen langen schwarzen Schleier. Die Leute hielten sie deshalb für aufgeweckt und fanden ihr Verhalten amüsant. Als sie erwachsen war, heiratete sie einen Mann, den sie innig liebte. Doch der starb bereits nach kurzer Zeit und sie trug jahrelang schwarze Kleider und Trauerflor. Das Bild von sich selbst als Witwe hatte sich so tief in ihr Unbewusstes eingeprägt, dass es sich ungeachtet der schrecklichen Konsequenz im Lauf weniger Jahre verwirklichte.

Das Bewusste wird auch als vergängliches oder Bewusstsein des Fleisches bezeichnet.

---

3   Sokrates (469 – 399 v. Chr.) - griechischer Philosoph der Antike

Es ist der Teil des menschlichen Bewusstseins, der das Leben so sieht, *wie es zu sein scheint*. Es richtet sein Augenmerk auf Tod, Unglück, Krankheit, Armut sowie jede Art von Begrenzung und prägt all dies dem Unbewussten ein.

Das *Überbewusstsein* ist der Geist Gottes in jedem Menschen und das Reich vollkommener Ideen. Es enthält das „perfekte Muster", von dem Platon sprach, den *göttlichen Entwurf*, den es für jeden Menschen gibt.

„Es gibt einen Platz, den du ausfüllen sollst und den niemand sonst auszufüllen vermag; etwas, das du zu tun hast, was kein anderer tun kann."[4]

Im *Überbewusstsein* findet sich ein vollkommenes Bild davon. Dieses Bild blitzt gewöhnlich nur hin und wieder als unerreichbar scheinendes Ideal im Bewusstsein auf, als „etwas, das zu gut ist, um wahr zu sein".

In Wirklichkeit ist es aber die wahre Bestimmung des Menschen, die ihm von der Unendlichen Intelligenz, die *in ihm wohnt*, in aufblitzenden Bildern aufgezeigt wird.

Vielen Menschen ist ihre wahre Bestimmung jedoch unbekannt. Deshalb rackern sie sich damit ab, Dinge zu erlangen und Umstände zu schaffen, die ihnen nicht zugedacht sind, und die nur zu Misserfolgen und Unzufriedenheit führen würden, sollten sie jemals erreicht werden.

Ein Beispiel: Eine Frau suchte mich auf und bat mich, „das Wort zu sprechen", das bewirken sollte, dass sie einen Mann heiraten würde, den sie sehr liebte. (Sie nannte ihn A. B.)

Ich antwortete darauf, dass ich damit die geistigen Gesetze verletzen würde, und dass ich stattdessen „das Wort" für den richtigen Mann

---

[4] Platon (428/427 – 348/347 v. Chr.) - griechischer Philosoph der Antike

sprechen würde, die „göttliche Wahl", den Mann, der kraft göttlichen Rechtes zu ihr gehörte.

Ich fügte hinzu: „Wenn A. B. der richtige Mann für Sie ist, können Sie ihn nicht verlieren. Ist er es aber nicht, werden Sie einen passenden anderen Mann finden." Sie traf sich zwar regelmäßig mit Herrn A. B., doch die Beziehung der beiden kam nicht voran. Eines Abends kam sie zu mir und sagte: „Wissen Sie, seit einer Woche finde ich Herrn A. B. gar nicht mehr so wunderbar." Ich antwortete: „Vielleicht ist er ja nicht die göttliche Wahl - gut möglich, dass ein anderer Mann der richtige für Sie ist."

Bald darauf lernte sie tatsächlich einen anderen Mann kennen, der sich sofort in sie verliebte und ihr erklärte, sie wäre die ideale Frau für ihn. Außerdem sagte er ihr all die Dinge, die sie von Herrn A. B. gern gehört hätte. „Es ist schon beinahe unheimlich", fand sie. Bald darauf erwiderte sie seine Liebe und verlor jegliches Interesse an Herrn A. B.

Diese Geschichte illustriert das Gesetz der Substitution. Weil eine falsche Idee durch eine richtige ersetzt wurde, war kein Verlust oder Opfer damit verbunden.

Jesus Christus sagte: „Trachtet am ersten nach dem Reich Gottes und nach seiner Gerechtigkeit, so wird euch solches alles zufallen."[5] Und er wies daraufhin, dass dieses Reich dem Menschen *innewohne*.

Das Reich Gottes ist das Reich der *richtigen Ideen* oder des göttlichen Musters.

Jesus Christus lehrte, dass das, was der Mensch sagt, eine wesentliche Rolle im Spiel des Lebens spielt. „Aus deinen Worten wirst du gerechtfertigt, und aus deinen Worten wirst du verdammt werden."[6]

---

5 Matthäus 6,33 – Luther-Bibel 1912
6 Matthäus 12,37 – Luther-Bibel 1912

Viele Menschen haben durch unbedachte Worte Unglück in ihr Leben gezogen.

Ein Beispiel: Vor einiger Zeit fragte mich eine Frau, warum ihr Leben auf einmal von Armut und Beschränkungen geprägt sei. Zuvor hatte sie ein eigenes Heim gehabt, war von wunderschönen Dingen umgeben gewesen und hatte über viel Geld verfügt.

Wir fanden heraus, dass ihr die Führung des Haushalts oft zu viel gewesen war, und dass sie immer wieder gesagt hatte: „Ich habe das alles so satt - ich wünschte mir, ich würde in einem Schrankkoffer leben." Und sie fügte hinzu: „Heute lebe ich in einem Schrankkoffer." Sie hatte sich selbst in einen „Koffer" hineingeredet.

Das Unbewusste hat keinen Sinn für Humor und so passiert es häufig, dass Leute sich durch Dinge, die sie nur so im Spaß sagen, Probleme und Unglück in ihr Leben ziehen.

Ein Beispiel: Eine Frau, die über viel Geld verfügte, sagte oft im Spaß, dass sie bald „reif für das Armenhaus sei". Und innerhalb von wenigen Jahren war sie nahezu mittellos, weil sie ihrem Unbewussten ständig ein Bild von Mangel und Beschränkung eingeimpft hatte.

Zum Glück wirkt das Gesetz in beiden Richtungen, sodass auch ein Zustand des Mangels in einen des Wohlstands verwandelt werden kann.

Ein Beispiel: An einem heißen Sommertag kam eine Frau zu mir und bat mich um eine „Behandlung" für Wohlstand. Sie war ausgelaugt, niedergeschlagen und entmutigt. Sie sagte mir, dass sie gerade noch acht Dollar besäße.

Ich antwortete: „Gut, dann werden wir diese acht Dollar segnen und sie vermehren, so wie Jesus Christus das Brot und die Fische vermehrt hat." Denn er hat uns gelehrt, dass jeder Mensch über die Macht verfügt, zu segnen und zu vermehren, zu heilen und gedeihen zu lassen.

„Was soll ich denn jetzt tun?", wollte sie wissen.

„Folgen Sie Ihrer Intuition", schlug ich ihr vor. „Haben Sie irgendeine Ahnung, die Ihnen sagt, dass Sie etwas Bestimmtes tun oder irgendwohin gehen sollten?" Intuition bedeutet, auf die innere Stimme zu hören oder sich von einem inneren Antrieb leiten zu lassen. Sie ist dem Menschen ein unfehlbarer Führer und ich werde mich in einem späteren Kapitel ausführlicher mit ihren Gesetzen befassen.

Die Frau sagte: „Ich weiß nicht recht - aber mir scheint, ich sollte nach Hause zurückkehren. Mein Geld reicht gerade noch für die Fahrkarte." Sie wohnte in einer anderen Stadt unter sehr beschränkten Umständen, und der Verstand hätte ihr sicher gesagt: „Bleib in New York, such dir Arbeit und sieh zu, dass du Geld verdienst."

„Dann fahren Sie nach Hause", antwortete ich. „Eine Eingebung sollte man nie in den Wind schlagen." Ich sprach die folgenden Worte für sie: *„Unendlicher Geist, mache den Weg für große Fülle für Frau ... frei. Sie ist ein unwiderstehlicher Magnet für all das, was ihr nach göttlichem Recht zusteht."* Ich empfahl ihr, diese Worte immer wieder auch selbst zu sagen. Sie machte sich unverzüglich auf den Heimweg.

Als sie dort bald darauf eine Frau besuchte, kam sie in Kontakt mit einem alten Freund ihrer Familie. Über diesen Freund erhielt sie auf höchst wundersame Weise Tausende von Dollar. Sie hat oft zu mir gesagt: „Erzählen Sie den Leuten von der Frau, die mit acht Dollar und einer Eingebung zu Ihnen kam."

Auf dem Lebensweg des Menschen gibt es stets Fülle; aber sie kann sich nur durch Wunsch, Glaube oder das gesprochene Wort manifestieren. Jesus Christus hat deutlich zu verstehen gegeben, dass der Mensch *den ersten* Schritt tun muss.

„*Bittet*, so wird euch gegeben; suchet, so werdet ihr finden; klopfet an, so wird euch aufgetan."[7]

---

7   Matthäus 7,7 – Luther-Bibel 1912

In der Heiligen Schrift lesen wir auch: „Weist meine Kinder und das Werk meiner Hände zu mir!"[8]

Die Unendliche Intelligenz, Gott, ist immer bereit, die kleinsten und die größten Bitten des Menschen zu erfüllen.

Jeder Wunsch, in Worte gefasst oder unausgesprochen, ist eine Bitte. Oft sind wir verblüfft, wenn sich ein Wunsch ganz plötzlich und wie von selbst erfüllt.

Ein Beispiel: Ich hatte einmal vor Ostern in den Schaufenstern der Blumenläden so viele wunderschöne Rosenstöcke gesehen, dass ich mir wünschte, einen geschenkt zu bekommen, und für einen kurzen Moment sah ich vor meinem inneren Auge, wie einer an meiner Tür abgeliefert wurde.

Ostern kam und brachte mir einen herrlichen Rosenstock. Ich bedankte mich am nächsten Tag bei meiner Freundin dafür und erwähnte, dass ein Rosenstock genau das sei, was ich mir gewünscht hatte.

„Ich habe dir keinen Rosenstock geschenkt", antwortete sie. „Ich habe dir Lilien geschickt!"

Offensichtlich hatte der Gärtner die Bestellungen verwechselt und mir einen Rosenstock gebracht, weil ich das Gesetz aktiviert hatte und deshalb *einen Rosenstock bekommen musste*.

Nichts steht zwischen einem Menschen und seinen höchsten Idealen oder seinen Herzenswünschen, als Zweifel und Furcht. Wenn ein Mensch sich etwas ohne jeden Zweifel am Ergebnis zu wünschen vermag, wird ihm jeder Wunsch augenblicklich erfüllt.

Die wissenschaftlichen Gründe dafür und wie die Furcht aus dem Bewusstsein gelöscht werden muss, werde ich in einem späteren Kapitel ausführlicher erläutern.

---

[8] Jesaja 45,11 – Luther-Bibel 1912

Die Furcht ist der einzige Feind des Menschen - Furcht vor Mangel, Furcht vor Misserfolg, Furcht vor Krankheit, Furcht vor Verlust oder ein Gefühl der *Unsicherheit in irgendeinem Bereich*. Jesus Christus sagte: „Ihr Kleingläubigen, warum seid ihr so furchtsam?"[9] Wir sehen also, dass wir Furcht durch Glauben ersetzen müssen, denn Furcht ist nichts anderes als verkehrter Glaube; sie ist der Glaube an das Übel anstatt an das Gute.

Ziel des Lebensspiels ist es, klar und deutlich das Gute in sich selbst zu erkennen und alle negativen mentalen Bilder auszulöschen. Dies geschieht dadurch, dass man dem Unbewussten einprägt, Gutes zu verwirklichen.

Ein brillanter und sehr erfolgreicher Mann erzählte mir einmal, dass alle Furcht auf einen Schlag aus seinem Unterbewussten verschwand, als er ein Schild las, das in einem Zimmer an der Wand hing. Darauf stand in großen Lettern:

„Warum sich sorgen? Es wird wahrscheinlich nie passieren."

Diese Botschaft hatte sich unauslöschlich seinem Unbewussten eingeprägt, und der Mann ist seitdem der festen Überzeugung, dass nur Gutes in sein Leben kommen und sich deshalb auch *nur Gutes manifestieren kann*.

Im folgenden Kapitel werde ich mich mit den verschiedenen Methoden, dem Unbewussten etwas einzuprägen, befassen. Es ist dem Menschen ein treuer Diener, man muss jedoch darauf achten, ihm die richtigen Anweisungen zu geben. Der Mensch hat jederzeit einen schweigenden Zuhörer an seiner Seite - sein Unbewusstes.

Jeder Gedanke, jedes Wort prägt sich ihm ein und wird von ihm mit erstaunlicher Genauigkeit ausgeführt. Es ist wie bei einem Sänger, der eine Schallplatte aufnimmt. Seine Stimme wird Ton für Ton auf der Platte festgehalten. Wenn er hustet oder zögert, wird dies eben-

---

9 Matthäus 8,26 – Luther-Bibel 1912

falls aufgenommen. Wir sollten deshalb alle schlechten alten Schallplatten in unserem Unbewussten zerbrechen, all jene „Aufnahmen" aus unserem Leben also, die wir nicht länger behalten möchten, und stattdessen wunderschöne neue produzieren.

Sprechen Sie mit Macht und Überzeugung folgende Worte laut: „Ich zerbreche und vernichte (durch mein gesprochenes Wort) jede unwahre Aufnahme in meinem Unbewussten. Sie sollen auf die Müllhalde ihrer ursprünglichen Bedeutungslosigkeit zurückkehren, denn sie entstammen meiner eigenen Einbildung. Ich erstelle jetzt durch den Christus in mir perfekte Aufzeichnungen, die Gesundheit, Wohlstand, Liebe und vollkommene Selbstverwirklichung beinhalten." Dies ist *The Square of Life* (das Quadrat des Lebens) - das Spiel des Lebens in Vollendung.

In den folgenden Kapiteln erläutere ich, wie der Mensch *seine Lebensumstände ändern kann, indem er seine Aussagen ändert*. Jeder, der die Macht des Wortes nicht erkennt, lebt hinter der Zeit.

„Tod und Leben steht in der Zunge Gewalt."[10]

---

10 Sprüche 18,21 – Luther-Bibel 1912

Das Gesetz des Wohlstands

„So wird der Allmächtige dein Gold sein und wie Silber,
das dir zugehäuft wird."[11]

Eine der großartigsten Botschaften der Heiligen Schrift an die Menschheit ist die, dass Gott die unerschöpfliche Quelle der Versorgung ist, und dass der Mensch *durch das gesprochene Wort* alles daraus anfordern kann, was ihm nach göttlichem Recht zusteht. Allerdings muss er dazu *ganz und gar darauf vertrauen*.

Jesaja sagte: „Also soll das Wort, so aus meinem Munde geht, auch sein. Es soll nicht wieder zu mir leer kommen, sondern tun, was mir gefällt, und soll ihm gelingen, dazu ich's sende."[12]

Wir wissen heute, dass Worte und Gedanken eine mächtige schwingende Energie darstellen, die ständig den Körper und die Angelegenheiten des Menschen formen.

Eine Frau kam in großer Not zu mir und berichtete, dass sie am Fünfzehnten des Monats auf die Zahlung von dreitausend Dollar verklagt werden würde. Sie hatte keine Ahnung, wo sie das Geld hernehmen sollte, und war deshalb völlig verzweifelt.

Ich erklärte ihr, dass Gott ihre Quelle sei, und *dass es für jedes Bedürfnis Erfüllung gebe.*

Also sprach ich das Wort! Ich sagte Dank dafür, dass die Frau rechtzeitig und auf rechte Weise dreitausend Dollar erhalten würde. Ich erklärte ihr, dass sie rückhaltlos an die Erfüllung ihres Wunsches glauben und *entsprechend handeln* müsse. Der Fünfzehnte kam, aber kein Geld.

Sie rief mich an und fragte mich, was sie nun tun solle.

---

11 Hiob 22,25 – Luther-Bibel 1912
12 Jesaja 55,11 – Luther-Bibel 1912

Ich antwortete: „Heute ist Samstag, also werden Sie heute auf keinen Fall verklagt. Ihre Aufgabe ist es, so zu handeln, als wären Sie reich, um dadurch Ihren Glauben daran zu beweisen, dass Sie das Geld bis zum Montag haben werden."

Sie lud mich mittags zum Essen ein, um ihr zu helfen, den Mut nicht zu verlieren. Als ich sie im Restaurant traf, sagte ich: „Sie sollten jetzt auf keinen Fall sparen. Bestellen Sie etwas Teures, tun Sie ganz so, als hätten sie die dreitausend Dollar bereits erhalten."

„Und alles, was ihr bittet im Gebet, so ihr *glaubet*, werdet ihr's empfangen."[13] „Sie müssen so tun, als hätten sie es *bereits* empfangen." Am nächsten Morgen rief sie mich an und bat mich, den Tag mit ihr zu verbringen. „Nein", sagte ich, „sie werden göttlich beschützt und Gott kommt nie zu spät."

Am Abend desselben Tages rief sich mich völlig aufgeregt noch einmal an. „Meine Liebe, ein Wunder ist geschehen! Ich saß heute Vormittag in meinem Zimmer, als es an der Tür klingelte. Ich sagte zu meinem Mädchen: ‚Lass niemanden herein.' Doch das Mädchen schaute zum Fenster hinaus und sagte: ‚Es ist Ihr Vetter mit dem langen weißen Bart.'

Also wies ich es an: ‚Lauf ihm nach. Ich würde ihn gerne sehen.' Er war schon fast um die Ecke, als er das Mädchen rufen hörte, und kam zurück.

Wir unterhielten uns eine Stunde lang und als er ging sagte er: ‚Ach, übrigens, wie sieht's denn mit deinen Finanzen aus?'

Ich erklärte ihm, dass ich dringend dreitausend Dollar benötigte und er antwortete: ‚Nun, meine Liebe, ich kann sie dir am nächsten Ersten geben.'

Ich wollte ihm nichts davon sagen, dass ich verklagt werden würde. Was soll ich jetzt nur tun? Ich werde das Geld nicht vor dem Ersten

---

13 Matthäus 21,22 – Luther-Bibel 1912

des Monats bekommen, brauche es aber doch schon morgen."

„Ich werde Sie weiterhin ‚behandeln'", antwortete ich und fügte hinzu: „Der Geist kommt nie zu spät. Ich danke dafür, dass sie das Geld im unsichtbaren Reich schon erhalten hat und dass es sich rechtzeitig manifestieren wird."

Am nächsten Morgen rief ihr Vetter sie an und sagte: „Komm heute Vormittag zu mir ins Büro und ich gebe dir das Geld."

Am selben Nachmittag hatte sie dreitausend Dollar auf ihrem Bankkonto und schrieb, so schnell ihre Aufregung es erlaubte, Schecks aus.

Wenn jemand um Erfolg bittet, sich aber auf Misserfolg einstellt, wird er die Situation erreichen, auf die er vorbereitet ist.

Ein Beispiel: Ein Mann suchte mich auf und bat mich, das Wort dafür zu sprechen, dass eine bestimmte Schuld getilgt werde. Ich stellte aber fest, dass er viel Zeit darauf verwendete, sich zurechtzulegen, was er dem Gläubiger sagen würde, wenn er dessen Forderung nicht bezahlte, wodurch er meine Worte wirkungslos werden ließ. Stattdessen hätte er sich ausmalen sollen, wie er die Schuld beglich.

Die Bibel liefert uns in der Geschichte von den drei Königen in der Wüste, die kein Wasser für ihr Gefolge und ihre Pferde hatten, ein wunderbares Beispiel hierfür. Sie baten den Propheten Elisha um Rat, der ihnen diese erstaunliche Antwort gab:

„So spricht Jehova: Machet in diesem Tale Grube an Grube."[14] „Ihr werdet keinen Wind und keinen Regen sehen, und doch wird dieses Tal sich mit Wasser füllen."[15]

Der Mensch muss sich auf das vorbereiten, worum er gebeten hat, *selbst wenn nicht das kleinste Anzeichen davon zu sehen ist.*

Ein Beispiel: Eine Frau musste sich in einem Jahr, in dem in New York

---

14 2. Könige 3,16 – Elberfelder Bibel 1905
15 2. Könige 3,17 – Elberfelder Bibel 1905

akuter Wohnungsmangel herrschte, eine Wohnung suchen. Eine zu finden, erschien ihr nahezu unmöglich. Ihre Freundinnen bemitleideten sie und meinten: „Wir schrecklich, du wirst deine Möbel einlagern und in einem Hotel wohnen müssen." Sie erwiderte: *„Ihr braucht euch deswegen keine Sorgen machen, ich bin eine Superfrau und werde eine Wohnung bekommen."*

Sie sprach folgende Worte: *„Unendlicher Geist, mach mir den Weg für die richtige Wohnung frei."* In der festen Überzeugung, dass es für jeden Bedarf Erfüllung gibt, arbeitete sie ohne zu zweifeln auf der geistigen Ebene in dem Bewusstsein, dass „ein Mensch im Einklang mit Gott eine Mehrheit bildet."[16]

Sie trug sich mit dem Gedanken, neue Bettdecken zu kaufen, als der „Versucher", ihr widerstrebender rationaler Verstand, ihr einflüsterte: „Kauf die Decken lieber nicht, denn womöglich bekommst du ja doch keine Wohnung und hast dann keine Verwendung für sie."

Sofort sagte sie sich: „Ich grabe meine Gruben, indem ich die Bettdecken kaufe!" So bereitete sie sich auf ihre neue Wohnung vor - sie handelte, als ob sie sie bereits hätte.

Auf wunderbare Weise fand sie tatsächlich eine Wohnung und bekam sie, *obwohl es über zweihundert Bewerber dafür gab.*

Der Kauf der Bettdecken hatte ihren festen Glauben bewiesen.

Eigentlich unnötig zu erwähnen ist, dass sich die Gruben, die die drei Könige in der Wüste ausheben ließen, bis zum Überlaufen mit Wasser füllten.[17]

Mit den Schwingungen der geistigen Ebene in Einklang zu kommen, ist für den durchschnittlichen Menschen nicht einfach. Ständig drängen widrige Gedanken des Zweifels und der Furcht aus dem Unbewussten an die Oberfläche. Sie sind die „fremden Armeen", die in die

---

16 Wendell Phillips (1811 - 1884) - US-amerikanischer Politiker und Abolitionist
17 Nachzulesen in: 2. Könige 3,20

Flucht geschlagen werden müssen. Dies ist der Grund dafür, dass es vor der Morgendämmerung so oft am dunkelsten ist.

Einer großen Manifestation gehen gewöhnlich quälende Gedanken voraus.

Spricht man eine hohe geistige Wahrheit aus, fordert man die alten Glaubenssätze im Unbewussten heraus und legt dadurch Irrtümer frei, die es auszumerzen gilt.

Dies ist der Zeitpunkt, zu dem man die Wahrheit immer wieder durch Affirmationen bekräftigen, sich über das, was man bereits erhalten hat, freuen und dafür bedanken muss. „Ehe sie rufen, will ich antworten."[18] Das bedeutet, dass „jede gute und perfekte Gabe" dem Menschen bereits gehört und darauf wartet, akzeptiert zu werden.

Der Mensch kann nur empfangen, was er sich selbst empfangen sieht.

Den Kindern Israels wurde gesagt, dass sie alles Land besitzen könnten, das sie sahen. Dies gilt für jeden Menschen. Ihm steht aber nur das Land zur Verfügung, in dessen Besitz er sich im Geiste sieht. Jedes große Werk und jede großartige Errungenschaft wurde dadurch verwirklicht, dass die Urheber eisern an ihrer Vision festhielten, und es geschieht häufig, dass Menschen kurz bevor sie ihr Ziel erreichen, mit scheinbarem Misserfolg und Enttäuschung konfrontiert werden.

Als die Kinder Israels das „gelobte Land" erreichten, fürchteten sie sich davor, es zu betreten, weil sie sagten, es wäre von Riesen bevölkert, zwischen denen sie sich selbst wie Grashüpfer vorkommen würden. „Wir sahen auch Riesen daselbst, [...] und wir waren vor unsern Augen wie Heuschrecken."[19] Fast jeder Mensch macht diese Erfahrung.

Doch wer das geistige Gesetz kennt, bleibt von derlei Erscheinungen unbeeindruckt und freut sich bereits, während er „noch in Fesseln

---

18 Jesaja 65,24 – Luther-Bibel 1912
19 4. Mose 13,33 – Luther-Bibel 1912

liegt". Das bedeutet, dass er an seiner Vision festhält und sich dafür bedankt, dass er sein Ziel schon erreicht und das Gewünschte bekommen hat.

Jesus Christus hat uns ein wunderbares Beispiel dafür gegeben. Er sagte zu seinen Jüngern: „Saget ihr nicht: Es sind noch vier Monate, so kommt die Ernte? Siehe, ich sage euch: Hebet eure Augen auf und sehet in das Feld; denn es ist schon weiß zur Ernte."[20]

Sein hellsichtiger Blick durchdrang die „Welt der Materie" und er sah deutlich die Welt der vierten Dimension, sah die Dinge, wie sie wirklich sind, vollkommen und vollständig im Göttlichen Geist.

So muss auch der Mensch stets das Endziel seiner Reise als klare Vision vor Augen haben und die Verwirklichung dessen fordern, was er bereits erhalten hat. Dies können vollkommene Gesundheit, Liebe, die Erfüllung seiner Bedürfnisse, Selbstverwirklichung, ein Heim oder Freunde sein.

Dies alles sind vollendete und vollkommene Ideen, die im Göttlichen Geist (dem eigenen Überbewusstsein) gespeichert sind und die durch ihn kommen müssen, nicht zu ihm.

Ein Beispiel: Ein Mann suchte mich auf und bat um eine „Behandlung" für Erfolg. Es war unbedingt erforderlich, dass er innerhalb eine bestimmten Zeitspanne fünfzigtausend Dollar für ein Geschäft aufbrachte. Die Frist war nahezu abgelaufen, als er verzweifelt zu mir kam. Niemand wollte in sein Unternehmen investieren und die Bank hatte die Vergabe eines Kredits rundweg abgelehnt.

Ich sagte: „Ich schätze, Sie haben in der Bank Ihre Beherrschung und damit Ihre Energie verloren. Sie können die Kontrolle über jede Situation bewahren, solange Sie sich selbst beherrschen."

„Gehen Sie noch einmal zur Bank", setzte ich hinzu. „Und ich werde Sie geistig unterstützen." Zu seiner Unterstützung sagte ich im Stil-

---

20 Johannes 4,35 – Luther-Bibel 1912

len: „Sie sind in Liebe mit dem Geist eines jeden in der Bank verbunden. Lassen Sie zu, dass sich die göttliche Idee in dieser Angelegenheit verwirklicht."

„Gute Frau", erwiderte er, „was Sie da vorschlagen ist völlig unmöglich. Morgen ist Samstag; die Bank schließt um zwölf und mein Zug kommt nicht vor zehn Uhr an, die Frist läuft morgen ab und die Bank wird sowieso auf keinen Fall mitspielen. Es ist zu spät."

„Gott braucht keine Zeit und er kommt nie zu spät. Bei ihm ist alles möglich", sagte ich und setzte hinzu: „Ich verstehe nichts von Geschäften, aber ich weiß alles über Gott."

„Das hört sich alles schön gut an, solange ich hier sitze und Ihnen zuhöre", antwortete er. „Aber sobald ich Ihr Haus verlasse, ist es schrecklich."

Er lebte in einer anderen Stadt und eine Woche lang hörte ich nichts von ihm. Dann kam ein Brief. Darin schrieb er: „Sie hatten recht. Ich habe das Geld aufgetrieben und ich werde nie wieder an der Wahrheit all dessen, was Sie mir gesagt haben, zweifeln."

Einige Wochen später sah ich ihn wieder und fragte: „Was ist passiert? Offensichtlich hatten Sie doch noch genügend Zeit."

„Mein Zug hatte Verspätung", antwortete er, „und ich kam erst um Viertel vor zwölf an. Ich ging ganz gelassen in die Bank und sagte: ‚Ich komme wegen des Kredits', und sie haben ihn mir ohne Fragen zu stellen gewährt."

Es waren ihm nur noch fünfzehn Minuten geblieben und der Unendliche Geist war nicht zu spät gekommen. In diesem Fall hätte der Man unmöglich alleine Erfolg gehabt. Er brauchte jemanden, der ihm half, an seiner Vision festzuhalten. Dies zeigt, was ein Mensch für einen anderen tun kann.

Jesus Christus kannte diese Wahrheit. Er sagte: „Wo zwei unter euch eins werden, warum es ist, dass sie bitten wollen, das soll ihnen widerfahren von meinem Vater im Himmel."²¹ Ein Einzelner steht seinen eigenen Angelegenheiten oft zu nahe und neigt dazu, zu zweifeln und zu zagen.

Ein Freund oder ein „Heiler" sieht den Erfolg, die Gesundheit oder den Wohlstand deutlich und wankt niemals, weil er den nötigen Abstand zu der Angelegenheit hat.

Es ist viel einfacher, etwas für einen anderen zu manifestieren, deshalb sollte man nicht zögern, um Hilfe zu bitten, wenn man merkt, dass man unsicher wird.

Ein scharfsinniger Beobachter des Lebens hat einmal gesagt: „Kein Mensch kann versagen, wenn auch nur ein anderer ihn als erfolgreich sieht." Die Macht der Vision ist immens, und viele große Männer verdanken ihren Erfolg ihrer Frau, einer Schwester oder einem Freund - jemandem, der „fest an ihn glaubte" und ohne zu zweifeln am geistigen Bild eines erfolgreichen Ausgangs festhielt.

---

21   Matthäus 18,19 – Luther-Bibel 1912

Die Macht des Wortes

„Aus deinen Worten wirst du gerechtfertigt werden,
und aus deinen Worten wirst du verdammt werden."[22]

Ein Mensch, der mit der Macht des Wortes vertraut ist, achtet sorgfältig auf alles, was er sagt. Er braucht nur die Wirkung seiner Worte zu beobachten, um zu wissen, dass sie „nicht folgenlos" bleiben. Durch das, was er sagt, schafft sich der Mensch laufend seine eigenen Gesetze.

Ich kannte einen Mann, der von sich sagte: „Ich verpasse ständig die Straßenbahn. Sie fährt jedes Mal gerade ab, wenn ich an der Haltestelle ankomme." Seine Tochter hingegen berichtete: „Ich erwische die Tram immer. Sie kommt immer genau dann, wenn ich an der Haltestelle eintreffe." Das lief so jahrelang.

Beide hatten sich selbst ein Gesetz geschaffen, der Vater eines, das zu Misserfolg, die Tochter eines, das zu Erfolg führte. Dies ist die Psychologie des Aberglaubens.

Weder Hufeisen noch Hasenpfoten verfügen über Macht, doch das gesprochene Wort des Menschen und sein Glaube daran, dass diese Dinge ihm Glück bringen, erzeugen im Unbewussten die entsprechende Erwartung und ziehen dadurch „glückliche Umstände" an. Ich habe jedoch festgestellt, dass dies nicht mehr funktioniert, sobald man sich spirituell weiterentwickelt und ein höheres Gesetz kennengelernt hat. Man kann dann nicht mehr zurückkehren und muss sich von derlei „Götzenbildern" trennen.

Ein Beispiel: Zwei Männer in einem meiner Kurse hatten monatelang großen geschäftlichen Erfolg, als plötzlich alles „den Bach hinunterging". Wir versuchten, die Situation zu analysieren, und ich fand her-

---

22 Matthäus 12,37 – Luther-Bibel 1912

aus, dass jeder von ihnen, statt ihren Erfolg und Wohlstand mit Affirmationen zu bekräftigen und auf Gott zu vertrauen, sich einen „Glücksaffen" gekauft hatte.

Ich sagte: „Mir scheint, Sie haben angefangen, sich lieber auf die Glücksaffen zu verlassen, als auf Gott. Trennen Sie sich von diesen Affen und wenden Sie das Gesetz der Vergebung an", denn der Mensch hat die Macht, sich selbst seine Fehler zu vergeben und sie dadurch unwirksam zu machen.

Die beiden beschlossen, die Glücksaffen auf den Müll zu werfen, und von da an lief alles wieder gut. Dies bedeutet nun nicht, dass man alle Glücksbringer, die man im Haus hat, wegwerfen müsste, doch man muss sich darüber im klaren sein, dass die Kraft, die in ihnen zu stecken scheint, einzig und allein von Gott kommt, und dass die Objekte dem Menschen lediglich das Gefühl der Erwartung vermitteln.

Ich war einmal mit einer Freundin unterwegs, die ziemlich niedergeschlagen war. Als wir die Straße überquerten, klaubte sie ein Hufeisen auf, das dort lag. Sofort war sie mit Freude und Hoffnung erfüllt. Sie sagte, Gott habe ihr das Hufeisen geschickt, um ihr wieder Mut zu machen.

Das Hufeisen war wohl tatsächlich das einzige, was ihr Unbewusstes in ihrer Situation beeindrucken konnte. Ihre Hoffnung wurde zum Glauben, und ihr gelang schließlich eine wundervolle Verwirklichung. Ich möchte betonen, dass die beiden oben erwähnten Männer alleine auf die Glücksaffen bauten, während diese Frau die Macht hinter dem Hufeisen erkannte.

Ich weiß noch, dass es bei mir selbst lange dauerte, den Glauben daran abzulegen, dass eine bestimmte Sache Enttäuschung verursachen würde. Jedes Mal wenn sie eintrat, endete sie ausnahmslos in Frustration. Ich fand heraus, dass die einzige Möglichkeit, eine Änderung in meinem Unbewussten zu erreichen, darin bestand, mir selbst zu sagen: „Es gibt nicht zwei Mächte, sondern nur eine: Gott. Deshalb gibt es keine Enttäuschungen, und diese Sache bedeutet für mich eine erfreuliche Überraschung." Ich bemerkte sofort eine Veränderung und von da an erfuhr ich eine freudige Überraschung nach der anderen.

Ich habe eine Freundin, die erklärte, dass nichts und niemand sie dazu bringen könne, unter einer Leiter hindurchzugehen. Ich entgegnete ihr: „Wenn du dich fürchtest, nährst du die Vorstellung, dass es zwei Mächte statt einer gibt: Gut und Böse. Da Gott allumfassend ist, kann es keine Macht neben ihm geben, solange der Mensch sich das Böse nicht selbst schafft. Um deinen Glauben an die einzige Macht, Gott, und daran, dass das Böse weder existiert noch Macht hat, zu beweisen, solltest du unter der nächsten Leiter hindurchgehen, die dir begegnet."

Bald darauf ging sie zu ihrer Bank, um ihr Schließfach zu öffnen. Doch dort stand ihr eine Leiter im Weg. Es war ihr unmöglich, an das Schließfach zu gelangen, ohne unter der Leiter hindurchzugehen. Ihre Angst übermannte sie und sie machte kehrt. Sie brachte es nicht fertig, dem Löwen auf ihrem Weg entgegenzutreten.

Doch draußen auf der Straße angekommen, kamen ihr meine Worte wieder in den Sinn, und sie entschloss sich, in die Bank zurückzukehren und unter der Leiter hindurchzugehen. Es war ein großer Augenblick in ihrem Leben, weil Leitern sie jahrelang eingeschränkt hatten. Doch als sie zum Schließfach zurückkehrte, war die Leiter verschwunden! So etwas geschieht wirklich häufig! Wenn jemand willens und bereit ist, etwas zu tun, wovor er Angst hat, erledigt sich die Sache oft von selbst.

Dies liegt am Gesetz der Widerstandslosigkeit, das so wenig verstanden wird.

Jemand hat einmal gesagt, dass Mut Genius und Magie enthält. Treten Sie einer Sache furchtlos entgegen und sie löst sich in Luft auf.

Erklären lässt sich die Geschichte mit der Leiter so: Ihre Angst hat der Frau die Leiter in den Weg gestellt und ihre Furchtlosigkeit hat sie entfernt.

So arbeiten die unsichtbaren Kräfte für den Menschen, der stets „die Fäden in der Hand hält", auch wenn es ihm nicht bewusst ist. Aufgrund der Schwingungskraft der Worte, wird alles, was ein Mensch ausspricht, von ihm angezogen. Leute, die ständig über Krankheiten reden, ziehen diese unweigerlich an.

Hat ein Mensch diese Wahrheit erst einmal erkannt, kann er mit seinen Worten gar nicht vorsichtig genug sein.

Ein Beispiel: Ich habe eine Freundin, die oft am Telefon sagt: „Besuch mich doch mal wieder, dann können wir ein nettes Schwätzchen halten so wie früher." Bei dieser Art von Geplauder fallen im Verlauf einer Stunde etwa 500 bis 1000 negative Worte, weil dabei in der Regel vor allem über Verlust, Mangel, Misserfolg und Krankheit geredet wird.

Ich antworte darauf immer: „Nein, danke. Von solchen Schwätzchen hatte ich in meinen Leben schon viel zu viele, sie kommen einen teuer zu stehen. Aber ich komme gerne auf ein Schwätzchen der neuen Art und wir reden über das, was wir uns wünschen, anstatt über das Gegenteil."

Ein altes Sprichwort sagt, der Mensch solle nur zu drei Zwecken sprechen: um zu „heilen, zu segnen oder gedeihen zu lassen". Was ein Mensch über andere sagt, wird über ihn gesagt, und was er anderen wünscht, wünscht er sich selbst.

„Flüche kommen wie Hühner zum Schlafen nach Hause."[23]

Wenn jemand einem anderen Unglück wünscht, kann er sicher sein, selbst Unglück anzuziehen. Wenn er jemandem Erfolg wünscht, unterstützt er sich hingegen selbst auf dem Weg zu Erfolg.

---

23 Arabisches Sprichwort

Der Körper kann durch das gesprochene Wort und eine klare Vision erneuert und verwandelt, Krankheit kann vollständig aus dem Bewusstsein gelöscht werden. Der Metaphysiker weiß, dass jede Krankheit eine geistige Entsprechung hat, und dass man, um den Körper zu kurieren, erst die „Seele heilen" muss.

Die Seele ist das Unbewusste, und sie muss vor falschem Denken bewahrt werden.

In Psalm 23,3 lesen wir: „Er erquicket meine Seele." Das bedeutet, dass das Unbewusste oder die Seele mit den richtigen Ideen aufgefrischt werden muss, und dass die „mystische Hochzeit" die Vermählung von Seele und Geist oder des Unbewussten mit dem Überbewusstsein ist. Sie müssen eins werden. Wenn die vollkommenen Ideen des Überbewusstseins das Unbewusste durchfluten, werden Gott und Mensch eins.

„Ich und der Vater sind eins."[24] Das bedeutet, er ist eins mit dem Reich der vollkommenen Ideen; er ist der Mensch, der als Ebenbild Gottes erschaffen wurde, und er erhält die Macht über alle erschaffenen Dinge, seinen Geist, seinen Körper und sein Leben.

Man kann mit Fug und Recht sagen, dass alle Krankheit und alles Unglück aus der Verletzung des Gesetzes der Liebe herrührt. „Ein neues Gebot gebe ich euch, dass ihr euch untereinander liebet."[25] Und im Spiel des Lebens gewinnt immer, wer auf Liebe oder guten Willen setzt.

Ein Beispiel: Ich kenne eine Frau, die jahrelang unter einer schlimmen Hautkrankheit litt. Die Ärzte hatten ihr erklärt, dass die Krankheit unheilbar sei, und sie war verzweifelt deswegen. Sie war Schauspielerin und fürchtete, ihren Beruf schon bald aufgeben zu müssen, hatte aber keine anderen Einnahmequellen.

---

24 Johannes 10,30 – Luther-Bibel 1912
25 Johannes 13,34 – Luther-Bibel 1912

Trotzdem gelang es ihr, eine gute Rolle zu bekommen und der Premierenabend war ein voller Erfolg. Sie erhielt begeisterte Kritiken und war vor Freude ganz aus dem Häuschen.

Doch schon am nächsten Tag erhielt sie ihre Entlassung. Ein Mann aus dem Ensemble hatte ihr den Erfolg geneidet und dafür gesorgt, dass man ihr kündigte. Als sie spürte, wie Hass und Verbitterung Besitz von ihr ergriffen, rief sie: „Oh mein Gott, lass mich diesen Mann nicht hassen." In jener Nacht arbeitete sie stundenlang „in der Stille".

Sie erzählte: „Ich erreichte rasch eine sehr tiefe Stille. Ich schien mich mit mir selbst, dem Mann und der ganzen Welt in Frieden zu befinden. In den beiden darauffolgenden Nächten wiederholte ich meine Meditation und am dritten Tag stellte ich fest, dass meine Hauterkrankung vollständig geheilt war!" Durch ihre Bitte um Liebe und guten Willen hatte sie das Gesetz erfüllt („So ist nun die Liebe des Gesetzes Erfüllung."[26]), und die Erkrankung (die aus unbewusstem Groll resultierte) war ausgelöscht.

Ständiges Kritisieren verursacht Rheumatismus, da kritische, unharmonische Gedanken unnatürliche Ablagerungen im Blut produzieren, die sich in den Gelenken festsetzen.

Geschwülste werden durch Neid, Hass, Unversöhnlichkeit, Furcht und ähnliche Gefühle verursacht. Jede Krankheit wird durch einen Geist bewirkt, der nicht mit sich im Reinen ist. Ich sagte einmal in einem meiner Kurse: „Es macht keinen Sinn, jemanden zu fragen: ‚Was ist los mit dir?'. Genauso gut könnten wir sagen: ‚Wer ist los mit dir?' Unversöhnlichkeit ist der häufigste Auslöser von Krankheiten. Sie verhärtet die Arterien und die Leber und beeinträchtigt das Sehvermögen. Sie zieht einen Rattenschwanz von Krankheiten hinter sich her.

---

26 Römer 13,10 – Luther-Bibel 1912

Eines Tages besuchte ich eine Frau, die mir sagte, sie wäre krank, weil sie eine giftige Auster gegessen habe. „Oh, nein, die Auster war harmlos", entgegnete ich. „Sie haben die Auster giftig werden lassen. Was fehlt Ihnen?" „Etwa neunzehn Leute", antwortete sie. Sie hatte sich mit neunzehn Leuten verkracht und war dadurch so aus der Harmonie geraten, dass sie die schlechte Auster angezogen hatte.

Disharmonien im Äußeren weisen darauf hin, dass die geistige Harmonie aus den Fugen geraten ist. „Wie innen, so außen."[27]

Die einzigen Feinde des Menschen sind in ihm selbst. „Und des Menschen Feinde werden seine eigenen Hausgenossen sein."[28] Die eigene Persönlichkeit ist einer der letzten Feinde, die überwunden werden müssen, während unser Planet in die Liebe eingeweiht wird. Dies war Christus' Botschaft: „Friede auf Erden und den Menschen ein Wohlgefallen."[29] Der erleuchtete Mensch bemüht sich deshalb, sich durch seine Nachbarn zu vervollkommnen. Er arbeitet an sich selbst, bestrebt, Wohlwollen und Segen an jeden Mitmenschen auszusenden, und das Phantastische daran ist, dass jemand, den man segnet, keine Macht hat, einem zu schaden.

Ein Beispiel: Ein Mann kam zu mir und bat mich um eine „Behandlung" für den Erfolg seines Geschäfts. Er verkaufte Maschinen und ein Konkurrent war mit einer - wie er behauptete - besseren Maschine auf dem Markt aufgetaucht. Mein Freund befürchtete deshalb einen starken Rückgang seines Geschäfts.

Ich erklärte ihm: „Zuerst einmal müssen wir alle Angst auslöschen und uns vergegenwärtigen, dass Gott Ihre Interessen schützt, und dass sich die göttliche Idee in der Angelegenheit durchsetzen wird. Das bedeutet, dass sich die richtige Maschine verkaufen wird - vom richtigen Mann an die richtigen Kunden." Und ich fügte hinzu: „He-

---

27 Hermesianax
28 Matthäus 10,36 – Luther-Bibel 1912
29 Lukas 2,14 – Luther-Bibel 1912

gen Sie keine kritischen Gedanken gegen Ihren Konkurrenten. Segnen Sie ihn den ganzen Tag lang und seien Sie bereit, Ihre Maschine nicht länger zu verkaufen, falls sie nicht der göttlichen Idee entspricht."

Und so ging er furchtlos und frei von inneren Widerständen zu einem Meeting, auf dem beide Anbieter ihre Maschinen präsentierten, und segnete seinen Konkurrenten. Das Ergebnis der Präsentation war, wie er mir erzählte, erstaunlich. Die Maschine seines Konkurrenten verweigerte den Dienst, und er verkaufte seine ohne Probleme.

„Ich aber sage euch: Liebet eure Feinde; segnet, die euch fluchen; tut wohl denen, die euch hassen; bittet für die, so euch beleidigen und verfolgen."[30]

Wohlwollen breitet eine starke schützende Aura um den aus, der es ausstrahlt. „Einer jeglichen Waffe, die wider dich zubereitet wird, soll es nicht gelingen."[31] Mit anderen Worten: Liebe und Wohlwollen vernichten die Feinde in einem selbst, und man hat deshalb keine Feinde im Äußeren!

„Es herrscht Frieden auf Erden für den, der den Menschen wohlgesinnt ist!"

---

30 Matthäus 5,44 – Luther-Bibel 1912
31 Jesaja 54,17 – Luther-Bibel 1912

Das Gesetz der Widerstandslosigkeit

„Widerstrebt nicht dem Übel."[32]

„Lass dich nicht vom Bösen überwinden, sondern überwinde das Böse mit Gutem."[33]

Nichts auf der Welt kann einem völlig widerstandslosen Menschen widerstehen.

Die Chinesen sagen, das Wasser sei das mächtigste Element, weil es vollkommen widerstandslos ist. Es kann einen Felsen abtragen und alles aus dem Weg räumen.

Jesus Christus sagte: „Widerstrebt nicht dem Übel"[34], denn er wusste, dass es in Wirklichkeit kein Übel gibt, und damit nichts, dem man sich widersetzen könnte. Das Übel entstammt der Einbildung der Menschen oder dem Glauben an zwei Mächte: das Gute und das Böse.

Einer alten Legende nach haben Adam und und Eva von „Maya, dem Baum der Illusion" gegessen und sahen deshalb zwei Mächte anstelle von einer: Gott.

Deshalb ist das Böse ein falsches Konzept, das sich der Mensch durch den Seelenschlaf selbst geschaffen hat. Seelenschlaf bedeutet, dass die Seele des Menschen vom Glauben der Menschheit (an Sünde, Krankheit, Tod, etc.), hypnotisiert ist, der diesseitigem, sterblichem Denken entspringt, und dass seine Lebensumstände seine Illusionen widerspiegeln.

Wir haben in einem der vorangegangenen Kapitel gelesen, dass die Seele des Menschen sein Unbewusstes ist, und dass, was immer der Mensch tief empfindet, - sei es gut oder böse - von diesem treuen Die-

---

32 Matthäus 5,39
33 Römer 12,21 – Elberfelder Bibel 1905
34 Matthäus 5,39

ner in die Außenwelt gespiegelt wird. Sein Körper und seine Lebensumstände zeigen, was der Mensch sich bildlich vorgestellt hat. Der Kranke hat sich Krankheiten ausgemalt, der Arme Armut und der Reiche Reichtum.

Leute fragen oft: „Wie kann es sein, dass ein kleines Kind eine Krankheit anzieht, wo es doch noch zu jung ist, um zu wissen, was das bedeutet?"

Ich antworte darauf, dass Kinder sehr feinfühlig und empfänglich für die Gedanken anderer um sie herum sind und oft die Ängste ihrer Eltern widerspiegeln.

Ich habe einmal einen Metaphysiker sagen gehört: „Wenn du dein Unbewusstes nicht selbst beherrscht, wird es ein anderer für dich tun."

Mütter ziehen häufig unbewusst Krankheiten und Unheil für ihre Kinder an, indem sie ständig Befürchtungen äußern und nach Symptomen Ausschau halten.

Ein Beispiel: Eine Freundin fragte eine Frau, ob ihre kleine Tochter die Masern gehabt hätte. Prompt antwortete die: „Noch nicht!" Damit zeigte sie, dass sie die Krankheit für ihr Kind erwartete, und bereitete damit den Weg für etwas, das sie weder für sich noch für ihr Kind wollte.

Ein Mensch jedoch, der im richtigen Denken verankert ist, ein Mensch, der seinen Mitmenschen nur Gutes will und ohne Furcht ist, kann *von den negativen Gedanken anderer nicht berührt oder gar beeinflusst werden*. Tatsächlich kann er nur gute Gedanken empfangen, weil er selbst nur gute Gedanken aussendet.

Widerstand ist die Hölle, weil er den Menschen in einen „Zustand der Qual" versetzt.

Ein Metaphysiker gab mir einmal ein wunderbares Rezept dafür an die Hand, mit allem im Leben fertig zu werden - die höchste Form der Widerstandslosigkeit. Er vermittelte es mir so: „Früher habe ich viele

Kinder auf viele verschiedene Namen getauft. Heute taufe ich keine Kinder mehr, sondern Ereignisse. Dabei *gebe ich aber jedem Ereignis denselben Namen.* Wenn ich Misserfolg habe, taufe ich ihn Erfolg - im Namen des Vaters, des Sohnes und des Heiligen Geistes!"

Darin sehen wir das großartige Gesetz der Umwandlung wirken, das auf Widerstandslosigkeit gründet. Durch sein gesprochenes Wort wurde jeder Misserfolg in einen Erfolg verwandelt.

Ein Beispiel: Eine Frau, die Geld benötigte und die geistigen Gesetze des Wohlstands kannte, kam aus geschäftlichen Gründen immer wieder mit einem Mann in Berührung, der ihr das Gefühl vermittelte, sehr arm zu sein. Er redete ständig von Mangel und Beschränkung und sie fing an, seine Armutsgedanken zu übernehmen. Sie konnte ihn deshalb nicht gut leiden und gab ihm alle Schuld an ihren Misserfolgen. Ihr war aber auch bewusst, dass sie erst das Gefühl empfinden musste, empfangen zu haben, bevor sich Wohlstand verwirklichen konnte - *das Gefühl von Reichtum muss dessen Verwirklichung vorausgehen.*

Eines Tages dämmerte es ihr, dass sie der Situation Widerstand leistete und damit zwei Mächte anerkannte, anstatt eine. Deshalb segnete sie den Mann und nannte die Situation „Erfolg"! Sie sagte sich: „Weil es nur eine Macht gibt, Gott, ist dieser Mann gut für mich und dient meinem Wohlstand" (obwohl er den gegenteiligen Eindruck machte). Bald darauf lernte sie *über diesen Mann* eine Frau kennen, die ihr für eine Dienstleistung ein paar tausend Dollar bezahlte. Der Mann aber zog in eine andere Stadt um und verschwand auf harmonische Weise aus ihrem Leben.

Sagen Sie sich: „Jeder Mensch ist ein goldenes Glied in der Kette meines Wohles", denn Gott manifestiert sich in jedem Menschen und *wartet darauf, dass der Mensch selbst ihm Gelegenheit gibt, dem göttlichen Plan seines Lebens zu dienen.*

„Segne deinen Feind und du raubst ihm dadurch die Munition." Sein Pfeil verwandelt sich in Segen.

Dieses Gesetz gilt für Nationen wie für einzelne Menschen. Segne eine Nation, sende jedem ihrer Bürger Liebe und Wohlwollen, und du beraubst sie damit ihrer Macht zu schaden.

Dem Menschen erschließt sich das Konzept der Widerstandslosigkeit nur durch spirituelles Verständnis. Meine Schüler sagen oft: „Ich will aber kein Fußabstreifer sein." Darauf erwidere ich: „Wenn ihr Widerstandslosigkeit mit Weisheit einsetzt, ist niemand in der Lage, euch zu treten."

Ein anderes Beispiel: Eines Tages wartete ich ungeduldig auf einen wichtigen Telefonanruf. Ich wies jeden anderen Anruf ab und rief auch selbst niemandem an, da ich befürchtete, sonst den Anruf zu verpassen, auf den ich wartete.

Anstatt zu sagen: „Göttliche Ideen bewirken niemals Konflikte, der Anruf wird zu rechten Zeit kommen", und das Wann und Wie der Unendlichen Intelligenz zu überlassen, begann ich damit, die Sache in die eigene Hand zu nehmen - ich machte den Kampf zu meinem, anstatt ihn Gott zu überlassen, und blieb angespannt und besorgt.

Nachdem es etwa eine Stunde lang nicht einmal klingelte, warf ich einen Blick auf das Telefon und stellte fest, dass der Hörer die ganze Zeit über nicht richtig aufgelegt und der Anschluss mittlerweile gesperrt war. Meine Befürchtung, meine Besorgnis und der Glaube daran, dass etwas den Anruf verhindern könnte, hatten dafür gesorgt, dass das Telefon vom Netz getrennt worden war. Als mir klar wurde, was ich getan hatte, begann ich sofort, die Situation zu segnen; ich taufte sie „Erfolg" und sagte mir inständig: „Ich kann keinen Anruf, der mir nach göttlichem Recht zusteht, verpassen; ich lebe unter Gnade und nicht unter einem Gesetz."

Eine Freundin eilte los zum nächsten Telefon, um die Telefongesellschaft zu bitten, die Leitung wieder freizuschalten.

Sie ging in einen Lebensmittelladen. Obwohl das Geschäft voll war, ließ der Besitzer seine Kunden warten, um persönlich bei der Telefongesellschaft anzurufen. Mein Telefon wurde sofort wieder freigeschaltet. Zwei Minuten später erhielt ich einen sehr wichtigen Anruf und eine Stunde später kam der, den ich so dringend erwartet hatte.

Unsere Schiffe kommen über ruhige See in den Hafen.

Solange sich ein Mensch einer Situation widersetzt, wird sie bleiben. Läuft er vor ihr davon, wird sie ihm auf dem Fuß folgen.

Ein Beispiel: Ich erzählte dies einmal einer Frau und sie sagte: „Das ist so wahr! Ich war zuhause unglücklich, weil ich mit meiner Mutter nicht klar kam, die nörglerisch und tyrannisch war. Also lief ich davon und heiratete. Doch ich heiratete meine Mutter, denn mein Ehemann war genau wie meine Mutter, und ich steckte in derselben Situation wie zuvor."

„Sei willfährig deinem Widersacher bald."[35]

Dies bedeutet: Erkennen Sie an, dass eine widrige Situation gut ist und bleiben Sie davon unberührt, dann wird sie sich von selbst auflösen. „Nichts von alledem berührt mich", ist eine wunderbare Affirmation.

Unharmonische Situationen resultieren aus Disharmonien im Inneren.

Wenn man in einer unharmonischen Situation nicht mit entsprechenden Emotionen reagiert, verschwindet diese für immer aus dem Leben.

Wir sehen also, dass der Mensch fortwährend an sich selbst arbeiten muss.

Immer wieder werde ich gebeten: „Bitte ‚behandeln' sie meinen Ehemann oder meinen Bruder, damit er sich ändert." Ich erwidere dann jedes Mal: „Nein, ich *behandle Sie, damit Sie sich ändern;* denn wenn Sie

---
35 Matthäus 5,25 – Luther-Bibel 1912

sich ändern, wird sich auch ihr Mann oder ihr Bruder ändern."

Eine meiner Schülerinnen hatte die üble Angewohnheit zu lügen. Ich erklärte ihr, dass dies zu nichts Gutem führen könne, und dass sie, wenn sie log, auch belogen werden würde. „Das ist mir egal", antwortete sie. „Aber ohne zu lügen, komme ich einfach nicht zurecht."

Eines Tages telefonierte sie mit einem Mann, den sie sehr liebte. Sie wandte sich zu mir und flüsterte: „Ich traue ihm nicht. Ich bin mir sicher, dass er mich belügt."

Ich antwortete: „Nun, du lügst selbst, also muss dich jemand belügen, und du kannst dir sicher sein, dass das genau die Person sein wird, von der du eigentlich die Wahrheit hören willst."

Als ich sie einige Zeit später wiedersah, sagte sie: „Ich bin vom Lügen kuriert."

„Was hat dich denn geheilt?", wollte ich wissen.

„Ich lebe mit einer Frau zusammen, die noch schlimmer lügt als ich", antwortete sie.

Man wird oft von Fehlern geheilt, wenn man sie bei anderen sieht.

Das Leben ist ein Spiegel, und wir sehen in den Menschen um uns herum nur unser eigenes Spiegelbild.

In der Vergangenheit zu leben, führt zu Misserfolgen, und man verletzt damit ein geistiges Gesetz.

Paulus sagte: „Sehet, jetzt ist die angenehme Zeit, jetzt ist der Tag des Heils!"[36]

Lots Frau blickte zurück und wurde zur Salzsäule.

Die Vergangenheit und die Zukunft sind Zeitdiebe. Der Mensch sollte die Vergangenheit segnen und vergessen, wenn sie ihn gefesselt hält; die Zukunft sollte er segnen in dem Bewusstsein, dass sie endlose Freuden für ihn bereithält; leben aber sollte er *voll und ganz im Jetzt*.

---

36 2. Korinther 6,2 – Luther-Bibel 1912

Ein Beispiel: Eine Frau kam zu mir und beklagte sich darüber, dass sie kein Geld hätte, um Weihnachtsgeschenke zu kaufen. „Letztes Jahr war alles anders", sagte sie. „Ich hatte jede Menge Geld und habe wunderschöne Dinge verschenkt. Doch dieses Jahr habe ich keinen Cent."

Ich erwiderte: „Sie werden kein Geld haben, solange sie sich selbst bemitleiden und in der Vergangenheit leben. Leben Sie voll und ganz im *Jetzt* und bereiten sie sich darauf vor, *Weihnachtsgeschenke zu verteilen.* Graben Sie Gräben, dann wird das Geld auch kommen."

„Ich weiß, was ich tue!", rief sie aufgeregt. „Ich kaufe Weihnachtspapier, Schleifen und Geschenkanhänger."

„Tun Sie das", antwortete ich, „und die *Geschenke werden kommen und sich wie von selbst an die Anhänger heften.*"

Sie zeigte mit ihrer Vorgehensweise finanzielle Furchtlosigkeit und Glauben an Gott, während der rationale Verstand ihr sagte: „Halte jeden Cent, den du besitzt, fest, da du nicht sicher sein kannst, dass du mehr Geld bekommst."

So kaufte sie Anhänger, Geschenkpapier und Schleifen und einige Tage vor Weihnachten bekam sie ein paar hundert Dollar geschenkt. Durch den Kauf von Papier und Schleifen hatte sie ihrem Unbewussten eine Erwartung eingeprägt und den Weg für Geld freigemacht, das in ihr Leben trat. Es blieb ihr sogar noch genug Zeit, um alle Geschenke zu kaufen.

Der Mensch muss auf den Augenblick eingestellt leben.

„Achte deshalb gut auf den heutigen Tag! So heißt du den heraufziehenden Tag willkommen", heißt es in einem alten Hindu-Gebet.[37]

Der Mensch muss geistig wach sein, jederzeit Führung erwarten und jede Gelegenheit nutzen.

Eines Tages sagte ich im Stillen immer wieder zu mir selbst: „Unend-

---

37 The Salutation of the Dawn

licher Geist, lass mich keine Chance übersehen", und schon am selben Abend wurde mir etwas sehr Wichtiges mitgeteilt. Es ist wesentlich, den Tag mit den richtigen Worten zu beginnen.

Sprechen Sie gleich beim Aufwachen eine Affirmation. Zum Beispiel diese: *„Dein Wille geschehe an diesem Tag! Heute ist der Tag der Vollendung; ich danke für diesen vollkommenen Tag. Ein Wunder wird dem anderen folgen, und sie werden niemals versiegen."*

Wenn Sie sich dies zur Gewohnheit machen, werden in Ihrem Leben schon bald kleine und große Wunder geschehen.

Eines Morgens nahm ich ein Buch zur Hand und las: „Blicke voller Staunen auf das, was vor dir liegt!" Dieser Satz schien meine Botschaft des Tages zu sein, deshalb wiederholte ich ihn im Stillen immer wieder: „Blicke voller Staunen auf das, was vor dir liegt!"

Gegen Mittag erhielt ich eine große Geldsumme, die ich mir für einen bestimmten Zweck gewünscht hatte.

Im letzten Kapitel dieses Buches führe ich einige Affirmationen an, die sich als sehr wirksam erwiesen haben. Allerdings sollte man nur Affirmationen sprechen, von denen man völlig überzeugt ist. Deshalb werden Affirmationen häufig abgeändert und an die jeweiligen Bedürfnisse angepasst.

Eine Affirmation wie diese hat schon vielen Erfolg gebracht:

> „Mein Job ist wirklich wunderbar
> und passt zu meiner Welt.
> Ich gebe gern mein Bestes
> und verdiene gutes Geld!"

In dieser Aussage *steckt sehr viel Macht*, weil gute Arbeit immer angemessen entlohnt werden sollte, und weil sich ein Reim dem Unbewussten besonders leicht einprägt. Eine meiner Schülerin sang diese Affirmation oft laut und fand schon bald einen wunderbaren Job, der hervorragend zu ihr passte. Sie gab ihr Bestes und verdiente gutes Geld.

Ein anderer Schüler, der ein eigenes Geschäft hatte, änderte sie so ab, dass sie zu seiner Situation passte. Er wiederholte eines Morgens immer wieder:

> „Mein Geschäft läuft wirklich wunderbar,
> es passt zu meiner Welt.
> Ich gebe gern mein Bestes
> und verdiene gutes Geld!"

Schon am selben Nachmittag schloss er ein großes Geschäft ab, nachdem er vorher monatelang völlig unbeschäftigt war.

Jede Affirmation muss sorgfältig formuliert werden und den Wunsch vollständig abdecken.

Ein Beispiel: Ich kannte eine Frau, die sich in finanzieller Not befand, und sich lediglich Arbeit wünschte. Sie bekam reichlich Arbeit, wurde aber nie dafür bezahlt. Deshalb ergänzte sie ihre Affirmation um den Satz: „Ich gebe gern mein Bestes und verdiene gutes Geld!"

Es ist das göttliche Recht des Menschen, genug zu haben! Mehr als genug sogar!

„So werden deine Scheunen voll werden und deine Kelter mit Most übergehen."[38] Dies ist Gottes großartige Idee für uns Menschen und wenn der Mensch die Schranken des Mangels in seinem eigenen Bewusstsein niederreißt, bricht für ihn ein Goldenes Zeitalter an, und jeder seiner Herzenswünsche wird ihm, so er rechtschaffen ist, erfüllt!

---

38 Sprüche 3,10 – Luther-Bibel 1912

Die Gesetze des Karmas und der Vergebung

Der Mensch bekommt nur das, was er gibt. Das Spiel des Lebens ist ein Bumerangspiel. Die Gedanken, Worte und Taten eines Menschen kehren früher oder später zu ihm zurück - mit erstaunlicher Akkuratesse.

Dies ist das Gesetz des Karmas (das Sanskrit-Wort steht für „Wiederkehr"). „Denn was der Mensch sät, das wird er ernten."[39]

Ein Beispiel: Eine Freundin erzählte mir eine Geschichte über sich selbst, die das Gesetz illustriert. „Ich erlebe mein Karma an meiner Tante. Was immer ich zu ihr sage, sagt bald darauf jemand zu mir. Ich bin zu Hause oft sehr reizbar und eines Tages sagte ich zu meiner Tante, als sie mir während des Abendessens zu viel erzählte: ,*Hör bitte auf zu reden. Ich würde gerne in Ruhe essen.*'

Am nächsten Tag ging ich mittags mit einer Frau essen, auf die ich einen guten Eindruck machen wollte. Ich sprach angeregt mit ihr, als sie zu mir sagte: ,Hören Sie bitte auf zu reden. Ich würde gerne in Ruhe essen!'"

Meine Freundin hat ein hoch entwickeltes Bewusstsein, deshalb kehrt ihr Karma viel rascher zu ihr zurück, als das bei spirituell weniger entwickelten Menschen der Fall ist.

Je mehr jemand weiß, desto mehr ist er für sein Tun verantwortlich, und wenn ein Mensch das Spirituelle Gesetz kennt, aber nicht anwendet, wird er darunter sehr zu leiden haben. „Der Weisheit Anfang ist des Herrn Furcht."[40] Wenn wir das Wort „Herr" als „Gesetz" lesen, werden viele Stellen in der Bibel erheblich klarer.

„Die Rache ist mein; ich will vergelten, spricht der Herr (das

---

39 Galater 6,7 – Luther-Bibel 1912
40 Sprüche 9,10 – Luther-Bibel 1912

Gesetz)."[41] Es ist das Gesetz, das Rache nimmt, nicht Gott. Gott sieht den Menschen als vollkommen, „ihm zum Bilde" und „ausgestattet mit Stärke und Macht."

Dies ist die vollkommene Idee vom Menschen, die im Göttlichen Geist verewigt ist und nur darauf wartet, vom Menschen erkannt und anerkannt zu werden. Denn der Mensch kann nur das sein, als was er sich selbst sieht, und nur erlangen, was er sich selbst erlangen sieht.

„Nichts geschieht je ohne einen Zuschauer", sagt ein altes Sprichwort. Der Mensch sieht seinen Erfolg oder Misserfolg, seine Freude oder seine Sorge im Geiste, bevor die Szenen aus seiner Vorstellung in der Außenwelt sichtbar werden. Wir haben dies bei der Mutter beobachtet, sie sich eine Krankheit für ihr Kind ausmalte, und bei der Frau, die sich den Erfolg ihres Ehemannes bildlich vorstellte.

Jesus Christus sagte: „Und ihr werdet die Wahrheit erkennen, und die Wahrheit wird euch frei machen."[42]

Wir sehen also, dass Freiheit (von allen unglücklichen Konditionen) aus dem Wissen resultiert - dem Wissen um das Spirituelle Gesetz.

Gehorsam geht der Macht voraus, und das Gesetz fügt sich dem Menschen, wenn er das Gesetz respektiert. Das Gesetz der Elektrizität muss befolgt werden, ehe die Elektrizität dem Menschen dienstbar wird. Unkundig genutzt wird sie zum tödlichen Feind des Menschen. *So ist es auch mit den geistigen Gesetzen!*

Ein Beispiel: Eine Frau mit einem starken persönlichen Willen wünschte sich, ein Haus zu besitzen, das einem Bekannten gehörte, und sie stellte sich oft bildlich vor, wie sie selbst in dem Haus wohnte. Nach einiger Zeit starb der Mann und sie zog in das Haus ein. Einige Jahre später, als sie die Spirituellen Gesetze kennengelernt hatte,

---

41 Römer 12,19 – Luther-Bibel 1912
42 Johannes 8,32 – Luther-Bibel 1912

fragte sie mich: „Glauben Sie, dass ich irgendetwas mit dem Tod dieses Mannes zu tun habe?"

„Ja", antwortete ich, „Ihr Wille war so stark, dass ihm alles Platz machte, aber Sie haben Ihre karmische Schuld bereits beglichen. Ihr Ehemann, den Sie so geliebt haben, ist bald danach gestorben, und das Haus war für Sie lange Zeit eine schwere finanzielle Belastung."

Weder der Vorbesitzer noch ihr Mann wären jedoch von ihren Gedanken beeinflusst worden, hätten sie auf die Wahrheit gebaut, doch sie unterstanden beide dem Gesetz des Karmas. Die Frau hätte (als sie das Haus unbedingt haben wollte) sagen sollen: „Unendliche Intelligenz, gib mir das richtige Haus, ebenso so bezaubernd wie dieses, *das nach göttlichem Recht meines ist.*"

Die göttliche Wahl hätte alles perfekt geregelt und allen Gutes gebracht. Sich nach dem göttlichen Plan zu richten, ist der einzige Weg, sicher zum Ziel zu kommen.

Ein starker Wunsch stellt eine gewaltige Macht dar, die in die richtigen Kanäle geleitet werden muss, damit sie kein Chaos verursacht.

Will man etwas verwirklichen, besteht der erste und wichtigste Schritt darin, „richtig zu bitten".

Der Mensch sollte immer nur etwas fordern, das ihm nach göttlichem Gesetz zusteht.

Um zu unserem Beispiel zurückzukehren: Hätte die Frau die Haltung eingenommen: „Wenn dieses Haus, das ich mir wünsche, meines ist, kann ich es nicht verlieren, wenn es das aber nicht ist, gib mir ein gleichwertiges", hätte der Mann sich vielleicht dazu entschieden, harmonisch auszuziehen (wenn das Haus die göttliche Wahl für sie gewesen wäre), oder die Frau hätte ein passendes Ersatzhaus gefunden. Alles, was durch den persönlichen Willen erzwungen manifestiert wird, ist immer „unrechtmäßig" erworben und ein „Misserfolg".

Der Mensch wird ermahnt: „Mein Wille geschehe und nicht deiner", und das Seltsame dabei ist, dass der Mensch immer bekommt, was er sich wünscht, wenn er darauf verzichtet, seinen persönlichen Willen durchzusetzen, und auf diese Weise der Unendlichen Intelligenz die Möglichkeit gibt, durch ihn zu wirken.

„Stehet fest und sehet zu, was für ein Heil der Herr (das Gesetz) heute an euch tun wird."[43]

Ein Beispiel: Eine Frau kam verzweifelt zu mir. Ihre Tochter hatte beschlossen, eine sehr gefährliche Reise zu unternehmen, und die Mutter war deswegen voller Angst. Sie sagte, sie habe es mit jedem erdenklichen Argument versucht, habe die Tochter auf die damit verbundenen Gefahren hingewiesen und ihr schließlich sogar verboten, die Reise anzutreten, doch die Tochter sei dadurch nur halsstarriger und entschlossener geworden.

Ich erklärte der Mutter: „Sie versuchen, Ihrer Tochter Ihren Willen aufzuzwingen, wozu Sie kein Recht haben, und mit Ihrer Angst vor dieser Reise ziehen Sie die Gefahren förmlich an, denn der Mensch zieht das an, wovor er sich fürchtet." Und ich fügte hinzu: „Lassen Sie los und ziehen Sie Ihre geistigen Hände zurück; *legen Sie die Angelegenheit in Gottes Hand und affirmieren Sie:* ‚Ich lege die Sache in die Hände der Unendlichen Liebe und Weisheit; wenn die Reise dem göttlichen Plan entspricht, segne ich sie und werde mich ihr nicht länger widersetzen; wenn sie aber nicht dem göttlichen Plan entspricht, sage ich Dank dafür, dass das Vorhaben jetzt vom Tisch ist und sich erledigt hat.'"

Einen oder zwei Tage später sagte ihre Tochter zu ihr: „Mutter, ich habe meine Reisepläne aufgegeben", und die Angelegenheit kehrte damit in ihre „natürliche Bedeutungslosigkeit" zurück.

Zu lernen, „fest zu stehen", scheint dem Menschen sehr schwer zu fallen. Ich habe dieses Gesetz im Kapitel über die Widerstandslosigkeit bereits ausführlich behandelt.

---

43 2. Mose 14,13 – Luther-Bibel 1912

Ich gebe Ihnen ein weiteres Beispiel für das Säen und Ernten, das auf höchst sonderbare Weise zustande kam.

Eine Frau suchte mich auf und erzählte mir, dass man ihr in der Bank einen falschen Zwanzig-Dollar-Schein ausgezahlt habe. Sie war ziemlich beunruhigt deswegen, denn sie meinte: „Die Leute in der Bank werden ihren Fehler bestimmt nicht zugeben."

Ich antwortete: „Lassen Sie uns die Situation analysieren und herausfinden, wieso Sie diese Situation angezogen haben."

Sie dachte ein paar Augenblicke lang nach und rief dann: „Ich weiß, wieso! Ich habe einer Freundin ein Bündel Spielgeld geschickt, nur so zum Spaß." Und so hatte ihr das Gesetz unechtes Geld geschickt, weil es keinen Spaß versteht.

„Dann rufen wir jetzt das Gesetz der Vergebung an und neutralisieren die Angelegenheit", schlug ich vor.

Das Christentum ist auf dem Gesetz der Vergebung gegründet - Christus hat uns vom Fluch des karmischen Gesetzes erlöst und der Christus in jedem Menschen ist sein Erlöser und seine Rettung aus jeder unharmonischen Situation.

Deshalb sagte ich: „Unendlicher Geist, wir berufen uns auf das Gesetz der Vergebung und sagen Dank dafür, dass die Frau unter der Gnade steht und nicht unter dem Gesetz, und dass sie die zwanzig Dollar nicht verlieren kann, weil sie ihr nach göttlichem Recht gehören."

„Und nun", schloss ich, „gehen Sie zurück zu der Bank und sagen den Leuten dort ganz ohne Furcht, dass sie Ihnen irrtümlich einen falschen Geldschein gegeben haben."

Sie befolgte meinen Rat und zu ihrer Überraschung entschuldigten sich die Leute in der Bank bei ihr, tauschten die falsche gegen eine echte Banknote aus und behandelten sie ausgesucht höflich.

So gibt das Wissen um die Gesetze dem Menschen die Macht, „seine Fehler auszulöschen". Doch er kann die Außenwelt nicht dazu zwingen, das zu sein, was er selbst nicht ist.

Wenn er sich Reichtum wünscht, muss er zuerst im Bewusstsein reich sein.

Ein Beispiel: Eine Frau kam zu mir und bat mich um eine „Behandlung" für Wohlstand. Sie hatte wenig Interesse an der Führung ihres Haushaltes und in ihrem Heim herrschte große Unordnung.

Ich erklärte ihr: „Wenn Sie reich werden wollen, müssen Sie Ordnung halten. Alle Menschen mit großem Reichtum sind ordentlich - und Ordnung ist des Himmels erstes Gesetz." Und ich fügte hinzu: „Sie werden nie reich werden, solange ein abgebranntes Streichholz in Ihrem Nadelkissen steckt."

Sie hatte Sinn für Humor und begann sofort damit, ihr Haus in Ordnung zu bringen. Sie stellte die Möbel um, mistete Schubladen aus, reinigte die Teppiche und erlebte schon bald darauf eine große finanzielle Manifestation - ein Geschenk von einem Verwandten. Die Frau änderte sich auch selbst und bekam ihre Finanzen in den Griff, indem sie stets auf *das Äußere* achtete und Wohlstand erwartete in dem Wissen, *dass Gott die Quelle ihrer Versorgung ist*.

Vielen Menschen ist die Tatsache unbekannt, dass Geschenke und Dinge Investitionen sind, und dass Horten und Geizen unweigerlich zu Verlusten führt.

„Einer teilt aus und hat immer mehr; ein anderer kargt, da er nicht soll, und wird doch ärmer."[44]

Ein Beispiel: Ich kannte einen Mann, der sich einen pelzgefütterten Mantel kaufen wollte. Er ging mit seiner Frau in verschiedene Läden, fand aber keinen Mantel, der ihm gefiel. Er sagte, sie sähen alle billig aus. Zu guter Letzt wurde ihm einer gezeigt, der, wie ihm der Verkäu-

---

44 Sprüche 11,24 – Luther-Bibel 1912

fer erklärte, eigentlich tausend Dollar kostete, den man ihm aber für fünfhundert verkaufen würde, weil es auf das Ende des Winters zuging.

Er besaß etwa siebenhundert Dollar. Der Verstand hätte ihm gesagt: „Du kannst es dir nicht leisten, fast dein ganzes Geld für einen Mantel auszugeben", doch er war sehr intuitiv und überlegte nie lange.

Er wandte sich an seine Frau und sagte: „Wenn ich diesen Mantel bekomme, werde ich eine Menge Geld verdienen!" Da stimmte seine Frau, wenn auch zögerlich, zu.

Etwa einen Monat später erhielt er eine Provision von zehntausend Dollar. Der neue Mantel hatte ihm das Gefühl vermittelt, reich zu sein, und ihn dadurch mit Erfolg und Reichtum verbunden. Ohne den Mantel hätte er die Provision nicht verdient. Der Mantel hatte sich als Investition erwiesen, die reiche Dividenden abwarf!

Wenn der Mensch diese innere Stimme ignoriert, die ihn zum Ausgeben oder Schenken anregt, wird er den entsprechenden Betrag auf andere, uninteressante oder unerfreuliche Art und Weise loswerden.

Ein Beispiel: Eine Frau erzählte mir, sie hätte ihrer Familie am Thanksgiving-Tag mitgeteilt, dass sie sich dieses Mal kein Festmahl leisten könnten. Sie hatte das Geld dafür zwar gehabt, sich aber dafür entschieden, es lieber zu sparen.

Einige Tage später schlich sich jemand in ihr Zimmer und entwendete einen Betrag, der dem entsprach, den ein Festmahl gekostet hätte.

Ein Mensch, der Geld ohne Furcht und mit Weisheit ausgibt, hat das Gesetz immer hinter sich.

Ein Beispiel: Eine meiner Schülerinnen machte mit ihrem kleinen Neffen Einkäufe. Der Junge wollte unbedingt ein bestimmtes Spielzeug haben, doch sie erklärte ihm, sie könne sich den Kauf leider nicht leisten.

Plötzlich dämmerte es ihr, dass sie den Mangel suchte, statt Gott als Quelle ihrer Versorgung anzuerkennen!

Da kaufte sie das Spielzeug, und auf dem Heimweg *fand sie auf der Straße Geld - genau den Betrag, den sie für das Spielzeug ausgegeben hatte.*

Die Versorgung des Menschen ist unerschöpflich und zuverlässig, solange man auf sie vertraut; allerdings müssen Glaube und Vertrauen der Manifestation vorausgehen. „Euch geschehe nach eurem Glauben."[45] „Es ist aber der Glaube eine gewisse Zuversicht dessen, das man hofft, und ein Nichtzweifeln an dem, das man nicht sieht."[46] Denn der Glaube hält die Vision aufrecht, entgegenstehende Bilder werden aufgelöst und verbannt und „zu seiner Zeit werden wir auch ernten ohne Aufhören."[47]

Jesus Christus hat uns die gute Botschaft (das Evangelium) gebracht, dass es ein höheres Gesetz als das Gesetz des Karmas gibt - und dass dieses Gesetz das karmische an Macht bei weitem übertrifft. Es ist das Gesetz der Gnade oder Vergebung. Dies ist das Gesetz, das den Menschen vom Gesetz von Ursache und Wirkung - dem Gesetz der Konsequenzen - befreit. „Sintemal ihr nicht unter dem Gesetz seid, sondern unter der Gnade."[48]

Es wird uns gesagt, dass der Mensch auf Erden erntet, wo er nicht gesät hat; die Gaben Gottes werden einfach über ihn ausgeschüttet. „Alles, was das Reich zu bieten hat, ist sein." Dieser andauernde Zustand des Glücks erwartet den Menschen, der die Denkweise der Menschheit (oder der Welt) überwunden hat.

Das irdische Denken wird von Kummer und Sorgen beherrscht, doch Jesus Christus sagte: „Seid getrost, ich habe die Welt überwunden."[49]

---

45   Matthäus 9,29 – Luther-Bibel 1912
46   Hebräer 11,1 – Luther-Bibel 1912
47   Galater 6,9 – Luther-Bibel 1912
48   Römer 6,14 – Luther-Bibel 1912
49   Johannes 16,33 – Luther-Bibel 1912

Irdische Gedanken beschäftigen sich mit Sünde, Krankheit und Tod. Christus jedoch erkannte die Unwirklichkeit dieses Denkens und sagte, dass Krankheit und Leid vergehen werden, und dass selbst der letzte Feind, der Tod, überwunden wird.

Wir wissen heute, von einem wissenschaftlichen Standpunkt aus betrachtet, dass der Tod überwunden werden kann, indem wir unserem Unbewussten den überzeugten Glauben an ewige Jugend und ewiges Lebens einprägen.

Das Unbewusste führt, als mächtiges Energiefeld ohne eigene Zielrichtung, *Anweisungen aus, ohne Fragen zu stellen.*

Unter der Leitung des Überbewusstseins (des dem Menschen innewohnenden Christus oder Gottes) wäre es möglich, die „Auferstehung des Leibes" zu vollbringen.

Der Mensch würde dann nicht länger den Körper im Tod ablegen; stattdessen würde dieser in den „Energiekörper" transformiert werden, den Walt Whitman[50] besang, denn das Christentum gründet auf der Vergebung der Sünden und „einem leeren Grab."

---

50 Walt Whitman (1819 – 1892) – US-amerikanischer Dichter: I sing the body electric

Die Last abwerfen

Die Prägung des Unbewussten

Wenn der Mensch die eigene Macht erkennt und versteht, wie er denkt, dann ist sein Wunsch groß, einen einfachen und schnellen Weg zu finden, seinem Unbewussten positive Einstellungen einzuprägen, denn intellektuelle Kenntnis der Wahrheit allein führt zu keinen Ergebnissen.

In meinem Fall fand ich heraus, dass der einfachste Weg dazu war, „die Last abzuwerfen".

Ein Metaphysiker erklärte es einmal so: „Das einzige, das in der Natur etwas Gewicht verleiht, ist das Gesetz der Schwerkraft, und wenn ein Felsbrocken hoch genug über den Planeten gehoben werden könnte, hätte er kein Gewicht." Und das ist es, was Jesus Christus meinte, als er sagte: „Denn mein Joch ist sanft, und meine Last ist leicht."[51]

Er hatte die irdischen Schwingungen überwunden und agierte im Reich der vierten Dimension, wo es nur Vollkommenheit, Vollständigkeit, Leben und Freude gibt.

Er sagte: „Kommet her zu mir alle, die ihr mühselig und beladen seid; ich will euch erquicken."[52] „Nehmet auf euch mein Joch und lernet von mir"[53]; „denn mein Joch ist sanft, und meine Last ist leicht."[54]

In Psalm 55 wird uns auch gesagt: „Wirf dein Anliegen auf den Herrn."[55] Viele Stellen in der Bibel weisen daraufhin, dass der *Kampf* Gottes Sache und nicht die des Menschen sei, und empfehlen dem

---

51 Matthäus 11,30 – Luther-Bibel 1912
52 Matthäus 11,28 – Luther-Bibel 1912
53 Matthäus 11,29 – Luther-Bibel 1912
54 Matthäus 11,30 – Luther-Bibel 1912
55 Psalm 55,23 – Luther-Bibel 1912

Menschen: „Stehet fest und sehet zu, was für ein Heil der Herr heute an euch tun wird."[56]

Dies bedeutet, dass es dem Überbewusstsein (oder dem uns innewohnenden Christus) obliegt, die „Kämpfe" des Menschen auszutragen und ihm Bürden abzunehmen.

Wir sehen also, dass der Mensch das Gesetz verletzt, wenn er Bürden mit sich herumträgt, womit hier negative Gedanken und Einstellungen gemeint sind, die in seinem Unbewussten wurzeln.

Es scheint nahezu unmöglich zu sein, Fortschritte darin zu machen, das Unbewusste über das Bewusstsein oder den Verstand zu steuern, weil der Verstand (Intellekt) in seinen Begriffen und Vorstellungen zu begrenzt und von Zweifeln und Ängsten erfüllt ist.

Da ist es doch nur vernünftig, eine Bürde an das Überbewusstsein (oder den innewohnenden Christus) abzugeben, wo sie „leicht" gemacht wird oder sich in ihre „ursprüngliche Bedeutungslosigkeit auflöst".

Ein Beispiel: Eine Frau, die dringend Geld benötigte, machte ihr Anliegen zu einer „leichten Sache", indem sie es mit den Worten: „Ich werfe den Mangel in meinem Leben auf Christus (in mir) und bin damit frei, im Überfluss zu empfangen!", dem ihr innewohnenden Christus, ihrem Überbewusstsein, übergab.

Ihr Glaube daran, Mangel zu leiden, war ihre Bürde, und als sie diese an ihr Überbewusstsein abgab, in dem die Vorstellung von Überfluss herrscht, löste sie damit eine kleine finanzielle Lawine aus.

Wir lesen: „Christus in euch, der da ist die Hoffnung der Herrlichkeit."[57]

Ein weiteres Beispiel: Eine meiner Studentinnen bekam ein neues Klavier geschenkt, hatte in ihrem Studio jedoch keinen Platz dafür,

---

56 2. Moses 14,13 – Luther-Bibel 1912
57 Kolosser 1,27 – Luther-Bibel 1912

bevor sie nicht das alte entfernte. Sie war ratlos. Sie hätte das alte Klavier gerne behalten, hatte aber keine Idee, wohin damit. Als der Liefertermin immer näher rückte, begann sie zu verzweifeln. Schließlich war das neue Klavier auf dem Weg zu ihr, und sie hatte noch immer keinen Platz, es aufzustellen. Sie erzählte mir, dass ihr plötzlich in den Sinn gekommen war, sich wieder und wieder zu sagen: „Ich übergebe das Problem Christus in mir und bin frei davon."

Kurz darauf klingelte ihr Telefon und eine Freundin fragte, ob sie das alte Klavier mieten könne. Rasch wurde das alte Klavier fortgebracht, nur Minuten, bevor das neue eintraf.

Ich kannte eine Frau, deren „Last" Groll und Verbitterung war. Sie sagte: „Ich werfe meinen Groll auf den Christus in mir und bin frei, um zu lieben, in Harmonie zu leben und glücklich zu sein." Das allmächtige Überbewusstsein überflutete ihr Unbewusstes mit Liebe und ihr ganzes Leben veränderte sich. Jahrelang hatte ihr Groll sie in einer qualvollen Gemütsverfassung und ihre Seele (ihr Unbewusstes) gefangen gehalten.

Diese Affirmation sollte ständig wiederholt werden, wenn nötig stundenlang, still oder laut, in Ruhe und mit Entschlossenheit.

Ich habe das oft mit dem Aufziehen eines Grammophons verglichen. Wir müssen uns selbst mit dem gesprochenen Wort „aufziehen".

Ich habe festgestellt, dass man schon bald, nachdem man sein „Anliegen abgeworfen hat", klar zu sehen scheint. Es ist unmöglich, eine klare Sicht zu haben, solange man in der qualvollen Enge des irdischen Geistes gefangen ist. Zweifel und Angst vergiften den Geist und den Körper; die Phantasie läuft Amok und man zieht Unglück und Krankheit an.

Indem man ständig die Affirmation „Ich werfe mein Anliegen auf den Christus in mir und bin frei" wiederholt, klärt sich die Sicht, verbunden mit einem tiefen Gefühl der Erleichterung, und früher oder später *verwirklicht sich Gutes, sei es Gesundheit, Glück oder materielle Dinge.*

Eine meiner Schülerinnen bat mich einmal zu erklären, wieso es „vor der Morgendämmerung am dunkelsten ist." In einem vorangegangenen Kapitel habe ich darauf hingewiesen, dass vor einer großen Manifestation häufig „alles schiefzugehen scheint" und tiefe Depression das Bewusstsein verdunkelt. Das liegt daran, dass aus dem Unbewussten Zweifel und Ängste aus vergangenen Zeiten aufsteigen. Diese schädlichen alten Relikte drängen aus dem Unbewussten an die Oberfläche, um entfernt zu werden.

Dies ist der Zeitpunkt, zu dem der Mensch wie Joschafat die Cymbeln schlagen und dafür danken sollte, dass er gerettet ist, selbst wenn er vom Feind (Mangel oder Krankheit) noch umzingelt zu sein scheint. „Wie lange muss man im Dunkel ausharren?", wollte die Studentin weiter wissen und ich antwortete: *„Bis man in der Dunkelheit sehen kann. Denn durch das Abwerfen des Anliegens wird man dazu befähigt, im Dunkeln zu sehen."*

Um das Unbewusste zu beeindrucken, ist tätiger Glaube unerlässlich. „Also ist auch der Glaube ohne die Werke tot."[58] In den vorangegangenen Kapiteln habe ich mich bemüht, dies deutlich zu machen. Jesus Christus zeigte tätigen Glauben: „Er hieß das Volk sich lagern auf die Erde"[59], bevor er für das Brot und die Fische Dank sagte. Ich will noch ein weiteres Beispiel anführen, das zeigt, wie wichtig dieser Schritt ist. Tatsächlich bildet tätiger Glaube die Brücke, über die der Mensch in das Gelobte Land hinüberschreitet.

Aufgrund eines Missverständnisses hatte sich ein Mann von seiner Frau getrennt, die ihn sehr liebte. Er ging auf keines ihrer Angebote zu einer Versöhnung ein und lehnte jeden Kontakt zu ihr ab.

Als sie die Geistigen Gesetze kennenlernte, weigerte sie sich, die Trennung als Tatsache zu akzeptieren. Stattdessen affirmierte sie den

---

58 Jakobus 2,26 – Elberfelder Bibel 1905
59 Matthäus 15,35 – Luther-Bibel 1912

Satz: „Im göttlichen Geist gibt es keine Trennung, also kann ich von der Liebe und der Partnerschaft, die mir nach göttlichem Recht zustehen, nicht getrennt sein."

Sie zeigte tätigen Glauben, indem sie täglich einen Platz für ihren Mann am Tisch deckte, wodurch sie ihrem Unbewussten das Bild von seiner *Rückkehr* einprägte. Mehr als ein Jahr verging auf diese Weise; doch sie ließ sich nicht beirren, bis ihr Mann *eines Tages tatsächlich wieder nach Hause kam*.

Das Unbewusste wird oft von Musik beeindruckt. Musik verfügt über Eigenschaften der vierten Dimension und befreit die Seele aus ihrer Gefangenschaft. Sie lässt wundervolle Dinge *als möglich und einfach zu vollbringen* erscheinen!

Ich habe eine Freundin, die ihr Grammophon täglich zu diesem Zweck benützt. Es versetzt sie in vollkommene Harmonie und verleiht ihrer Vorstellungskraft Flügel.

Eine andere Frau tanzt häufig, während sie ihre Affirmationen spricht. Der Rhythmus und die Harmonie von Musik und Bewegung tragen ihre Worte mit enormer Macht weiter.

Der Schüler sollte immer daran denken, den „Tag der kleinen Dinge" nicht gering zu schätzen.

Ohne Ausnahme tauchen vor jeder Manifestation „Anzeichen von Land" auf.

Bevor Kolumbus Amerika erreichte, sah er Vögel und Zweige im Wasser, die ihm zeigten, dass Land nahe war. Mit Manifestationen verhält es sich genauso; aber Schüler halten die Vorzeichen häufig für die eigentliche Manifestation und sind enttäuscht.

Ein Beispiel: Eine Frau „sprach das Wort" für ein neues Essservice. Kurz darauf schenkte ihr eine Freundin einen Teller, der alt und angeschlagen war.

Sie kam zu mir und sagte: „Nun, ich habe mir ein neues Service gewünscht und alles, was ich bekommen habe, ist ein alter Teller mit Sprüngen."

„Dieser Teller war nur ein Zeichen von Land", antwortete ich. „Er zeigt, dass das Service kommen wird - betrachten Sie ihn als Vögel und Seetang". Nicht lange danach bekam sie ihr Geschirr.

Wenn man das Ergebnis in der Vorstellung immer wieder vorwegnimmt, beeindruckt man damit das Unbewusste. Sieht sich jemand in seiner Vorstellung als wohlhabend und erfolgreich, „wird er zu seiner Zeit auch ernten".[60]

Kinder tun im Spiel gerne „so als ob" und es steht geschrieben: „Es sei denn, dass ihr umkehret und werdet wie die Kinder, so werdet ihr nicht ins Himmelreich kommen."[61]

Ein Beispiel: Ich weiß von einer Frau, die zwar sehr arm war, sich aber durch nichts dazu bringen ließ, *sich arm zu fühlen*. Sie verdiente ein wenig Geld bei reichen Freunden, die sie ständig an ihre Armut erinnerten und ihr rieten, auf ihre Finanzen zu achten und sparsam zu sein. Ungeachtet dieser Ermahnungen gab sie gerne alles, was sie verdiente, für einen Hut aus, oder um jemanden ein Geschenk zu machen, und war stets voller Freude. Ihre Gedanken drehten sich ständig um hübsche Kleider, Schmuck und andere schöne Dinge, ohne dabei aber andere zu beneiden.

Sie lebte in einer wundersamen Welt und nur Reichtum erschien ihr real. Es dauerte nicht lange, bis sie einen reichen Mann heiratete und all die schönen Dinge sichtbar wurden. Ich weiß nicht, ob der Mann die „göttliche Wahl" war, aber Wohlstand musste sich in ihrem Leben manifestieren, nachdem sie sich immer nur Wohlstand vorgestellt hatte.

Es gibt für einen Menschen weder Frieden noch Glück, solange er

---

60 Galater 6,9
61 Matthäus 18,3 – Luther-Bibel 1912

nicht alle Furcht aus seinem Unbewussten gelöscht hat. Furcht ist fehlgeleitete Energie und muss in die richtige Bahn gelenkt oder in Glauben verwandelt werden.

Jesus Christus sagte: „Wie seid ihr so furchtsam? Wie, dass ihr keinen Glauben habt?"[62] und „Alle Dinge sind möglich dem, der da glaubt."[63]

Ich werde sehr oft von meinen Schülern gefragt: *„Wie kann ich meine Ängste loswerden?"*

Worauf ich jedes Mal antworte: *„Indem du dem entgegentrittst, vor dem du dich fürchtest."*

„Der Löwe nährt seinen Grimm aus deiner Angst."

Tritt dem Löwen entgegen und er wird verschwinden; lauf vor ihm davon, und er rennt dir hinterher.

In vorangegangenen Kapiteln habe ich gezeigt, wie der Löwe des Mangels verschwindet, wenn ein Mensch sein Geld furchtlos ausgibt, und seinen Glauben daran beweist, dass Gott ihn mit allem versorgt, und dass deshalb niemals Mangel herrschen kann.

Viele meiner Schüler haben sich aus den Fesseln der Armut befreit und sind nun im Überfluss versorgt, weil sie ihre Angst davor, Geld auszugeben, abgeworfen haben. Sie haben ihrem Unbewussten die Wahrheit eingeprägt, dass *Gott der Geber und die Gabe ist*, und dass sie, wenn sie eins mit dem Geber, auch eins mit der Gabe sind. Eine hervorragende Affirmation lautet: „Ich danke jetzt Gott, dem Geber, für Gott, die Gabe."

Dadurch, dass der Mensch ständig an Mangel denkt, hat er sich soweit vom Glauben an Gottes Gaben entfernt, dass es manchmal schon Dynamit braucht, um falsche Vorstellungen aus seinem Unbewussten zu sprengen, und eine große Manifestation stellt dieses „Dynamit" dar.

---

62 Markus 4,40 – Luther-Bibel 1912
63 Markus 9,23 – Luther-Bibel 1912

Im vorangegangenen Beispiel haben wir gesehen, wie ein Mensch, indem er *Furchtlosigkeit zeigte*, von seinen Fesseln befreit wurde.

Der Mensch sollte sich stündlich darauf überprüfen, ob die Motivation, für das was er tut, Furcht oder Glaube entspringt. „Wählet heute, wem wir dienen sollen", der Furcht oder dem Glauben.

Vielleicht fürchten Sie bestimmte Personen. Dann gehen Sie diesen Leuten nicht aus Furcht aus dem Weg, sondern seien Sie bereit, ihnen guter Dinge entgegenzutreten, und sie werden sich entweder als „goldene Glieder in der Kette derer, die Ihrem Besten dienen", erweisen oder harmonisch aus Ihrem Leben verschwinden.

Vielleicht fürchtet sich jemand vor Krankheit oder Erregern. Dann sollte er in Umgebungen, wo Ansteckung droht, furchtlos und unbesorgt bleiben. So wird er dagegen immun.

Man kann sich nur infizieren, wenn man auf derselben Wellenlänge wie die Erreger schwingt, und Angst zieht den Menschen auf die Schwingungsebene von Bakterien hinab. Natürlich ist ein Krankheitserreger ein Produkt des irdischen Geistes, und alle Gedanken müssen sich vergegenständlichen. Im Überbewusstsein, dem Göttlichen Geist, gibt es keine Krankheitserreger, also sind sie nur Trugbilder, die der menschlichen Vorstellung entspringen.

Die Erlösung des Menschen erfolgt in einem Augenblick, sobald er realisiert, *dass das Übel keine Macht hat.*

Dann wird die materielle Welt verblassen und die Welt der vierten Dimension, die „Welt des Wundersamen", wird an ihre Stelle treten.

„Und ich sah einen neuen Himmel und eine neue Erde [...]"[64] „Und der Tod wird nicht mehr sein, noch Leid noch Geschrei noch Schmerz wird mehr sein; denn das Erste ist vergangen."[65]

---

64 Offenbarung 21,1 – Luther-Bibel 1912
65 Offenbarung 21,4 – Luther-Bibel 1912

Liebe

Jeder Mensch auf diesem Planeten wird in die Liebe eingeweiht. „Das ist mein Gebot, dass ihr euch untereinander liebet, gleichwie ich euch liebe."[66] Ouspensky[67] sagt in seinem Werk „Tertium Organum"[68], dass „die Liebe ein kosmisches Phänomen ist", die dem Menschen die Welt der vierten Dimension eröffnet, „die Welt des Wundersamen".

Echte Liebe ist selbstlos und frei von Furcht. Sie ergießt sich über das Objekt der Zuneigung, ohne irgendeine Gegenleistung dafür zu erwarten. Ihre Freude ist die Freude am Geben. Liebe ist eine Manifestation Gottes und die mächtigste Anziehungskraft im Universum. Reine, selbstlose Liebe *zieht das ihr Eigene an*; sie braucht nicht danach zu suchen oder es zu verlangen. Kaum jemand hat auch nur eine vage Vorstellung von wahrer Liebe. Der Mensch ist selbstsüchtig, tyrannisch oder furchtsam in seiner Zuneigung und verliert dadurch das, was er liebt. Eifersucht ist der schlimmste Feind der Liebe, denn wenn die Einbildung mit dem Menschen durchgeht, sieht er, wie die geliebte Person sich zu einem anderen Menschen hingezogen fühlt. Werden diese Ängste nicht neutralisiert, werden sie unweigerlich Wirklichkeit.

Ein Beispiel: Eine Frau kam völlig aufgelöst zu mir. Der Mann, den sie liebte, hatte sie anderer Frauen wegen verlassen und ihr klipp und klar gesagt, dass er sie auf keinen Fall heiraten werde. Eifersucht und Groll nagten schwer an ihr und sie sagte, sie hoffe, dass er so leiden würde, wie sie jetzt seinetwegen litt. „Wie konnte er mich nur verlassen", fügte sie hinzu, „wo ich ihn doch so liebte?"

---

66 Johannes 15,12 – Luther-Bibel 1912
67 P. D. Ouspensky (1878 – 1947) – ursprünglich russischer, später in England wirkender esoterischer Schriftsteller
68 P. D. Ouspensky: Tertium Organum – Der Dritte Kanon des Denkens – Ein Schlüssel zu den Rätseln der Welt

„Sie lieben diesen Mann nicht, sie hassen ihn", antwortete ich. *„Sie können unmöglich erhalten, was Sie nicht selbst gegeben haben. Schenken Sie vollkommene Liebe, dann werden Sie auch vollkommene Liebe empfangen.* Nützen Sie diesen Mann dazu, sich zu vervollkommnen. Schenken Sie ihm vollkommene, *selbstlose* Liebe und erwarten Sie keine Gegenleistung, kritisieren und verdammen Sie ihn nicht, und segnen Sie ihn, wo auch immer er sein mag."

„Nein", erwiderte sie. „Ich werde ihn nicht segnen, solange ich nicht weiß, wo er ist!"

„Nun", sagte ich, „das ist keine wahre Liebe."

„Wenn Sie *wahre Liebe aussenden,* wird wahre Liebe zu Ihnen zurückkehren, entweder von diesem Mann oder von einem ihm gleichwertigen, denn wenn dieser Mann nicht die göttliche Wahl ist, werden Sie ihn nicht haben wollen. Da Sie mit Gott eins sind, sind Sie auch eins mit der Liebe, die Ihnen durch göttliches Recht zusteht."

Monate vergingen, in denen alles beim Alten blieb, doch sie arbeitete gewissenhaft an sich selbst. Ich sagte ihr: „Wenn Sie sich nicht länger wegen seiner Grausamkeit grämen, wird er aufhören, grausam zu sein, weil Sie dies durch Ihre eigenen Gefühle anziehen."

Dann erzählte ich ihr von einer Bruderschaft in Indien, deren Mitglieder sich nie mit „Guten Morgen" begrüßten. Stattdessen wählten sie die Worte: *„Ich grüße die Göttlichkeit in dir."* Sie grüßten die Göttlichkeit in jedem Menschen und in den wilden Tieren des Dschungels, und sie wurden nie verletzt, weil sie in jedem Lebewesen *nur Gott sahen.* Ich empfahl ihr: „Begrüßen Sie die Göttlichkeit in diesem Mann und sagen Sie: ‚Ich sehe nur dein göttliches Selbst. Ich sehe dich wie Gott dich sieht, vollkommen, geschaffen als sein Ebenbild.'"

Sie bemerkte bald, dass sie selbstsicherer wurde und ihren Groll nach und nach verlor.

Eines Tages sagte sie plötzlich: *„Gott segne ihn, wo immer er auch sei."*

„Das ist nun wahre Liebe", stellte ich fest. „Sobald die Situation Sie nicht mehr beeinträchtigt und nervt, werden Sie seine Liebe gewinnen oder eine gleichwertige Liebe anziehen."

Weil ich zu dieser Zeit umzog und kein Telefon hatte, hörte ich einige Wochen lang nichts von ihr. Doch eines Morgens erhielt ich einen Brief von ihr, in dem stand: „Wir haben geheiratet."

Sobald ich die Gelegenheit dazu hatte, besuchte ich sie. Meine ersten Worte waren: „Was ist passiert?"

„Oh", rief sie aufgeregt, „ein Wunder ist geschehen! Eines Morgens wachte ich auf und stellte fest, dass all mein Kummer und mein Schmerz verschwunden waren. Als ich mich am selben Abend mit ihm traf, bat er mich, seine Frau zu werden. Schon eine Woche später heirateten wir und ich habe nie einen hingebungsvolleren Mann gekannt."

Ein altes Sprichwort sagt: „Kein Mensch ist dein Feind, kein Mensch ist dein Freund, jeder Mensch ist dein Lehrer."

Deshalb sollte man unpersönlich an Situationen herangehen und das aufnehmen, was andere einen lehren können. So wird man schon bald seine Lektionen gelernt haben und frei sein.

Der Liebhaber der Frau lehrte sie selbstlose Liebe, etwas, das jeder Mensch früher oder später lernen muss.

Zu leiden, ist für die Entwicklung des Menschen nicht notwendig; es ist eine Folge der Verletzung Spiritueller Gesetze, aber nur wenige Menschen scheinen in der Lage zu sein, ohne Leid aus ihrem „Seelenschlaf" zu erwachen. Wenn Menschen glücklich sind, neigen sie dazu selbstsüchtig zu werden, und setzen damit automatisch das Gesetz des Karmas in Aktion. Menschen erleiden oft einen Verlust durch einen Mangel an Wertschätzung.

Ich kannte eine Frau, die einen sehr netten Ehemann hatte, aber oft sagte: „Dass ich verheiratet bin, bedeutet mir nichts, aber damit will ich nichts gegen meinen Ehemann sagen. Ich bin einfach nicht an einem Eheleben interessiert."

Sie hatte andere Interessen und war sich kaum bewusst, dass sie einen Ehemann hatte. Sie dachte nur an ihn, wenn sie ihn sah. Eines Tages erklärte ihr Ehemann ihr, dass er sich in eine andere Frau verliebt habe, und verließ sie. Aufgelöst und voller Groll kam sie zu mir.

Ich sagte ihr: „Was passiert ist, haben Sie selbst durch ihre Worte veranlasst. Sie haben gesagt, dass die Ehe Ihnen nichts bedeute, deshalb hat ihr Unbewusstes dafür gesorgt, dass die Ehe beendet wurde."

Sie antwortete: „Oh, ich verstehe. Die Leute bekommen, was sie sich wünschen, und dann fühlen sie sich schrecklich verletzt."

Schon bald gelang es ihr, sich harmonisch mit der Situation zu arrangieren, und ihr wurde klar, dass sie beide getrennt viel glücklicher waren.

Wenn eine Frau gleichgültig oder kritisch wird und aufhört, eine Inspiration für ihren Mann zu sein, vermisst er den Reiz aus den Anfängen der Beziehung und wird ruhelos und unglücklich.

Ein Mann kam zu mir, entmutigt, unglücklich und arm. Seine Frau interessierte sich für die „Wissenschaft von den Zahlen" (Numerologie) und hatte sich seine Zahlen deuten lassen. Das Ergebnis schien nicht besonders erfreulich ausgefallen zu sein, denn er sagte: „Meine Frau meint, dass aus mir nie etwas werden wird, weil ich eine Zwei bin."

Ich antwortete: „Mir ist egal, was Ihre Zahl ist. Im göttlichen Geist sind Sie eine vollkommene Idee, und wir werden den Erfolg und den Wohlstand einfordern, der von der Unendlichen Intelligenz *bereits für Sie geplant ist*."

Innerhalb weniger Wochen hatte er eine gute Stelle gefunden und ein, zwei Jahre später hatte er großen Erfolg als Schriftsteller. Niemand hat im Berufsleben Erfolg, solange er seine Arbeit nicht liebt. Nur ein Bild, das ein Künstler aus Liebe (zu seiner Kunst) malt, wird ein Meisterwerk. Für das, was man uninspiriert und nur des Geldes wegen schafft, schämt man sich später oft lange.

Niemand kann Geld anziehen, der es verachtet. Viele Menschen bleiben in Armut, weil sie sagen: „Geld bedeutet mir nichts, und ich verachte Leute, die Geld haben."

Das ist der Grund, warum so viele Künstler arm sind. Ihre Verachtung für Geld trennt sie davon.

Ich erinnere mich daran, wie ein Künstler über einen anderen sagte: „Er ist kein guter Künstler, er hat ein dickes Bankkonto."

Dieses Geisteshaltung trennt den Menschen natürlich von seiner Versorgung; man muss in Harmonie mit etwas sein, um es anzuziehen.

Im Geld manifestiert sich Gott als Freiheit von Mangel und Beschränkung, aber es muss immer in Umlauf bleiben und richtig eingesetzt werden. Horten und Knausern rächen sich unerbittlich.

Das bedeutet nicht, dass der Mensch nicht Häuser und Grundstücke, Aktien und Wertpapiere besitzen soll, denn „die Scheunen der Rechtschaffenen sollen voll werden". Es bedeutet vielmehr, dass der Mensch nicht einmal das Grundkapital schonen sollte, wenn etwas eintritt, wofür dringend Geld erforderlich ist. Indem man es furchtlos und mit Freude weggibt, macht man den Weg für neue Einkünfte frei, weil Gott die unfehlbare und unerschöpfliche Versorgung des Menschen ist.

Dies ist die geistige Einstellung zum Geld, die dafür sorgt, dass die großartige Bank des Universums nie versagt.

Ein gutes Beispiel für das Horten liefert der Film „Greed" (Habgier). Eine Frau gewinnt fünftausend Dollar in der Lotterie, will sie aber nicht ausgeben. Sie hortet das Geld und geizt damit, lässt ihren Ehemann leiden und verhungern, und schrubbt schließlich sogar anderer Leute Böden, um sich den Lebensunterhalt zu verdienen. Sie liebt das Geld des Geldes wegen und stellt es über alles. Doch eines nachts wird sie ermordet und ihr Geld geraubt.

Dies ist ein Beispiel für den Satz: „Denn Geiz ist eine Wurzel allen

Übels."[69] Geld an sich ist gut und nützlich, doch wenn man es für zerstörerische Zwecke einsetzt, es hortet und damit geizt, oder es wichtiger nimmt als die Liebe, bringt es Leid und Unheil und schließlich den Verlust des Geldes.

Folgen Sie dem Pfad der Liebe und alles wird Ihnen zufallen, *denn Gott ist Liebe* und *Gott ist die Versorgung*; folgen Sie dem Pfad der Selbstsucht und der Habgier, und die Versorgung versickert oder Sie werden von ihr getrennt.

Ich kenne zum Beispiel die Geschichte einer sehr reichen Frau, die all ihre Einkünfte hortete. Sie gab kaum etwas davon weg, aber sie kaufte und kaufte und kaufte Dinge für sich selbst.

Sie hatte ein Faible für Halsketten, und als eine Freundin sie einmal fragte, wie viele sie besäße, antwortete sie: „siebenundsechzig". Sie kaufte sie und verwahrte sie sorgfältig in Seidenpapier eingewickelt. Hätte sie die Halsketten getragen, wäre alles in Ordnung gewesen, doch stattdessen verletzte sie das „Gesetz des Gebrauchs". Ihre Schränke waren mit Kleidern gefüllt, die sie nie anzog, und mit reichlich Schmuck, der nie das Licht erblickt hatte.

Die Arme der Frau wurden allmählich gelähmt, weil sie so krampfhaft an Dingen festhielt, und schließlich wurde sie für unmündig erklärt, und ihr Reichtum wurde anderen zu Verwaltung übertragen.

So zieht der Mensch, der das Gesetz nicht kennt oder nicht beachtet, seinen Ruin selbst an.

Alle Krankheit und alles Unglück sind die Folge einer Verletzung des Gesetzes der Liebe. Hass, Groll und Unzufriedenheit, die der Mensch ausstrahlt, kehren mit Krankheit und Sorgen beladen wie Bumerangs zu ihm zurück. Liebe scheint eine fast vergessene Kunst zu sein, doch der Mensch, der das Spirituelle Gesetz kennt, weiß, dass sie wiederer-

---

69 1. Timotheus 6,10 – Luther-Bibel 1912

langt werden muss, denn ohne die Liebe ist er nur „ein tönend Erz oder eine klingende Schelle".[70]

Ein Beispiel: Ich hatte eine Schülerin, die Monat für Monat zu mir kam, um ihren Geist von Groll zu reinigen. Nach einer Weile erreichte sie einen Punkt, an dem sie nur noch einer einzigen Frau gegenüber Groll hegte, aber diese Frau beschäftigte sie sehr. Doch nach und nach wurde sie selbstsicherer und harmonischer, und schließlich war ihr Groll gänzlich ausgelöscht.

Sie kam strahlend zu mir und rief: „Sie können sich nicht vorstellen, wie ich mich fühle! Die Frau hat etwas zu mir gesagt, doch anstatt wütend zu werden, war ich liebevoll und freundlich. Und siehe da: sie hat sich bei mir entschuldigt und war absolut liebenswürdig. Niemand kann sich das wunderbar leichte Gefühl vorstellen, das ich nun empfinde!"

Liebe und Wohlwollen sind im Geschäftsleben von unschätzbarem Wert. Ein Beispiel: Eine Frau kam zu mir und beklagte sich über ihre Chefin. Sie sagte, sie wäre kalt und überkritisch, und sie war sich sicher, dass die Frau ihr ihre Position nicht gönnte.

„Gut", antwortete ich, „dann grüßen Sie das Göttliche in dieser Frau und senden Sie ihr Liebe."

„Das kann ich nicht", erwiderte sie. „Sie ist aus Stein."

Ich antwortete: „Sie erinnern sich bestimmt an die Geschichte von dem Bildhauer, der um einen bestimmten Marmorblock bat. Als er gefragt wurde, warum er ausgerechnet diesen haben wollte, sagte er: ‚Weil ein Engel in diesem Marmorblock steckt.' Und er schuf ein wunderbares Kunstwerk aus dem Stein."

„Nun gut", meinte sie, „dann werde ich es versuchen." Einige Wochen später kam sie wieder und sagte: „Ich habe getan, was Sie mir

---

70 1. Korinther 13,1 – Luther-Bibel 1912

empfohlen haben, und nun ist die Frau sehr nett zu mir und hat sogar einen Ausflug mit dem Auto mit mir gemacht."

Menschen plagt manchmal das schlechte Gewissen, weil sie zu jemandem - vielleicht schon vor Jahren - sehr unfreundlich waren. Wenn sich der Fehler nicht wiedergutmachen lässt, kann man seine Folgen neutralisieren, in dem man jemandem *in der Gegenwart* etwas Gutes tut.

„Ich vergesse, was dahinten ist, und strecke mich zu dem, was da vorne ist."[71]

Kummer, Bedauern und Reue zermürben die Zellen des Körpers und vergiften die Stimmung des Menschen.

Eine Frau sagte niedergeschlagen zu mir: „Behandeln Sie mich, damit ich glücklich und voller Freud werde, weil mich mein Kummer den anderen Familienmitgliedern gegenüber so reizbar macht, dass ich ständig mehr schlechtes Karma ansammle."

Ich wurde gebeten, eine Frau „fernzubehandeln", die um ihre Tochter trauerte. Ich widersprach jedem Glauben an Verlust und Trennung und affirmierte, dass Gott der Frau Freude, Liebe und Frieden war.

Die Frau fand ihr Gleichgewicht rasch wieder, sandte aber ihren Sohn zu mir, um mir ausrichten zu lassen, ich solle sie nicht länger „behandeln", weil sie „glücklicher sei, als sich das gehörte."

Wie wir sehen, neigt der „sterbliche Geist" dazu, an seinem Kummer und seiner Reue festzuhängen.

Ich kannte eine Frau, die gerne mit ihren Problemen „prahlte" und deshalb natürlich immer etwas zu prahlen hatte.

Eine althergebrachte Vorstellung vermittelt, dass eine Frau, die sich um ihre Kinder keine Sorgen macht, keine gute Mutter ist.

---

71 Philipper 3,13 – Luther-Bibel 1912

Heute wissen wir aber, dass die Angst der Mutter für viele der Krankheiten und Unfälle verantwortlich ist, die sich im Leben von Kindern ereignen.

Denn Angst erzeugt lebhafte Bilder einer Krankheit oder einer anderen gefürchteten Situation, und diese Bilder verwandeln sich in Realität, wenn sie nicht neutralisiert werden.

Glücklich ist die Mutter, die aufrichtig von sich sagen kann, dass sie ihr Kind in Gottes Hände gibt, und sich deshalb sicher ist, dass es unter göttlichem Schutz steht.

Ein Beispiel: Eine Frau wachte mitten in der Nacht plötzlich auf und hatte das Gefühl, dass ihr Bruder in großer Gefahr sei. Statt ihrer Angst nachzugeben, begann sie, die Wahrheit zu bekräftigen, indem sie sagte: „Der Mensch ist ein vollkommenes Konzept im göttlichen Geist, und er ist immer am richtigen Ort. Deshalb ist auch mein Bruder am richtigen Ort und steht unter göttlichem Schutz."

Am nächsten Tag erfuhr sie, dass ihr Bruder sich in unmittelbarer Nähe einer Explosion in einem Bergwerk aufgehalten hatte, sich aber auf wunderbare Weise hatte retten können.

So ist der Mensch (im Geiste) der Hüter seines Bruders, und jeder Mensch sollte wissen, dass alles, was er liebt, „unter dem Schirm des Höchsten sitzt und unter dem Schatten des Allmächtigen bleibt."[72]

„Es wird dir kein Übel begegnen, und keine Plage wird zu deiner Hütte sich nahen."[73]

„Völlige Liebe treibt die Furcht aus; [...] Wer sich aber fürchtet, der ist nicht völlig in der Liebe"[74], und „So ist nun die Liebe des Gesetzes Erfüllung."[75]

---

72 Psalm 91,1 – Luther-Bibel 1912
73 Psalm 91,10 – Luther-Bibel 1912
74 1. Johannes 4,18 – Luther-Bibel 1912
75 Römer 13,10 – Luther-Bibel 1912

Intuition oder Führung

„Gedenke an ihn in allen deinen Wegen,
so wird er dich recht führen."[76]

Für einen Menschen, der die Macht seines Wortes kennt und seiner intuitiven Führung folgt, ist keine Aufgabe oder Herausforderung zu groß. Mit seinem Wort setzt er unsichtbare Kräfte in Aktion und kann damit seinen Körper erneuern oder seine Lebensumstände verändern.

Es ist also von größter Wichtigkeit, die richtigen Worte zu wählen. Der Schüler formt deshalb die Affirmationen, die er in das Unsichtbare aussenden will, mit Bedacht.

Er weiß, dass Gott seine Versorgung ist, dass die Versorgung jeden Bedarf decken kann, und dass das gesprochene Wort die Versorgung aktiviert.

„Bittet, so wird euch gegeben."[77]

Der Mensch muss den ersten Schritt tun. „Nahet euch zu Gott, so naht er sich zu euch."[78]

Ich wurde oft gefragt, wie man eine Manifestation bewirkt. Ich antworte darauf: „Sprich das Wort und unternimm daraufhin nichts, bevor du einen deutlichen Hinweis erhalten hast." Bitte um einen Hinweis, indem du sagst: „Unendlicher Geist, offenbare mir den Weg und lass mich wissen, ob es etwas gibt, das ich tun soll."

Die Antwort wird durch die Intuition (oder eine Eingebung) kommen, durch eine zufällige Bemerkung, die jemand fallen lässt, durch eine

---

76 Sprüche 3,6 – Luther-Bibel 1912
77 Matthäus 7,7 – Luther-Bibel 1912
78 Jakobus 4,8 – Luther-Bibel 1912

Stelle in einem Buch oder etwas Ähnliches. Und die Antworten sind manchmal verblüffend exakt.

Ein Beispiel: Eine Frau wünschte sich eine große Summe Geldes. Sie sprach die Worte: „Unendlicher Geist, öffne den Weg für meine sofortige Versorgung, lass jetzt alles, was mir nach göttlichem Recht zusteht, wie eine große Lawine der Fülle zu mir kommen." Und sie fügte hinzu: „Gib mir einen deutlichen Hinweis und lass mich wissen, ob es irgendetwas gibt, das ich tun soll."

Der Gedanke kam rasch: „Schenke einer bestimmten Freundin" (die ihr spirituell geholfen hatte) „hundert Dollar." Sie erzählte der betroffenen Freundin davon, die daraufhin sagte: „Warte auf eine weitere Eingebung, bevor du mir das Geld gibst." Also wartete sie und traf am selben Tag eine Frau, die zu ihr sagte: „Ich habe heute jemandem einen Dollar geschenkt; das war so viel für mich, als ob du jemandem hundert Dollar gegeben hättest."

Das war ein unmissverständlicher Hinweis und sie konnte sicher sein, dass es richtig war, die hundert Dollar zu verschenken. Das Geschenk erwies sich als ausgezeichnete Investition, denn kurze Zeit später kam ihr auf erstaunliche Weise ein großer Geldbetrag zu.

Geben öffnet den Weg dafür, zu empfangen. Um Schwung in die eigenen Finanzen zu bringen, sollte man geben und verschenken. Es ist ein alter jüdischer Brauch, ein Zehntel seines Einkommens zu verschenken; dabei kann man sicher sein, dass sich das eigene Geld vermehrt. Viele der reichsten Menschen im Land haben ein Zehntel ihres Einkommens verschenkt und ich kenne keinen einzigen Fall, bei dem diese Art der Investition erfolglos geblieben wäre.

Das Zehntel wird weggegeben und kehrt gesegnet und vervielfacht zurück. Doch das Geschenk muss mit Liebe und Freude gemacht werden, „denn einen fröhlichen Geber hat Gott lieb."[79] Rechnungen soll-

---

79 2. Korinther 9,7 – Luther-Bibel 1912

ten freudig bezahlt werden und Geld sollte immer furchtlos und mit einem Segenswunsch ausgegeben werden.

Diese Geisteshaltung macht den Menschen zum Meister des Geldes. Es hat ihm zu gehorchen, dann öffnet sein gesprochenes Wort wahre Schatzkammern.

Der Mensch beschränkt seine Versorgung selbst durch sein begrenztes Vorstellungsvermögen. Manchmal hat ein Schüler zwar die Vorstellung von großem Reichtum, schreckt aber davor zurück zu handeln.

Vorstellung und Handeln müssen aber Hand in Hand gehen, wie bei dem Mann, der den pelzgefütterten Mantel kaufte.

Eine Frau kam zu mir und bat mich, „das Wort" für einen neue Arbeitsstelle zu sprechen. Also erklärte ich: „Unendlicher Geist, öffne dieser Frau den Weg zur richtigen Stelle." Bitten Sie nie nur um „einen Job"; bitten Sie um den richtigen Job, die Arbeitsstelle, die der göttliche Geist für Sie vorgesehen hat, denn nur diese Stelle wird Ihnen Zufriedenheit schenken.

Dann sprach ich Dank dafür, dass sie den Job bereits erhalten hatte, und dass er sich rasch manifestieren würde. Schon bald darauf, wurden ihr drei Stellen angeboten, zwei in New York und eine in Palm Beach. Nun wusste sie nicht, welche sie annehmen sollte. Ich empfahl ihr: „Bitten Sie um einen deutlichen Hinweis."

Ihre Bedenkzeit war beinahe abgelaufen und sie hatte sich noch immer nicht entschieden, als sie eines Tages anrief: „Als ich heute morgen aufwachte, konnte ich den Strand von Palm Beach riechen." Sie war schon einmal in Palm Beach gewesen und kannte den typischen Geruch dort.

Ich antwortete: „Nun, wenn Sie Palm Beach von hier aus riechen können, ist das mit Sicherheit der Hinweis, um den Sie gebeten haben." Sie nahm die Stelle an und ihr großer Erfolg bewies, dass sie richtig gewählt hatte. Eingebungen kommen oft zu einem Zeitpunkt, an dem man sie nicht erwartet.

Eines Tages ging ich eine Straße entlang, als es mich plötzlich dazu drängte, zu einer bestimmten Bäckerei zu gehen, die einen oder zwei Straßenblocks entfernt lag.

Mein Verstand wandte ein: „Es gibt dort nichts, was du haben möchtest."

Doch weil ich gelernt hatte, mich meinen Eingebungen nicht zu widersetzen, ging ich trotzdem zu der Bäckerei und sah mir dort alles an. Es gab tatsächlich nichts, was ich haben wollte. Doch als ich den Laden verließ, begegnete ich einer Frau, an die ich oft gedacht hatte, und die dringend Hilfe brauchte, die ich ihr geben konnte.

So macht man sich oft wegen einer Sache auf den Weg und entdeckt dabei eine andere.

Intuition ist eine spirituelle Fähigkeit - sie erklärt nichts, sondern *weist einfach nur den Weg.*

Menschen erhalten oft während einer „Behandlung" einen Hinweis. Die Idee, die ihnen kommt, mag ihnen bedeutungslos erscheinen, aber Gottes Eingebungen sind manchmal „unergründlich".

In einem meiner Kurse habe ich einmal darum „gebetet", dass jeder einzelne Teilnehmer einen deutlichen Hinweis erhalten möge. Im Anschluss wandte sich eine Frau an mich und sagte: „Während Sie Ihre ‚Behandlung' durchgeführt haben, hatte ich die Eingebung, ich solle meine eingelagerten Möbel abholen und eine Wohnung mieten." Die Frau war in den Kurs gekommen, um wegen ihrer Gesundheit behandelt zu werden. Ich sagte ihr, ich sei mir sicher, dass ihre Gesundheit sich verbessern würde, wenn sie sich eine eigene Wohnung nähme. „Ich glaube", fügte ich hinzu, „dass Ihre gesundheitlichen Probleme, die auf Blockierungen beruhen, daher rühren, dass Sie Ihre Sachen ausgelagert haben. Wenn Dinge nicht im Fluss sind, spiegelt der Körper dies wider. Sie haben das Gesetz des Gebrauchs verletzt und ihr Körper zahlt die Strafe dafür."

Dann sagte ich Dank dafür, dass nun „*die göttliche Ordnung in ihrem Geist, ihrem Körper und in ihren Angelegenheiten herrschte*".

Die meisten Menschen haben kaum eine Vorstellung davon, wie sich ihre äußeren Angelegenheiten auf ihren Körper auswirken. Jede Krankheit hat eine Entsprechung im Geiste. Es ist möglich, dass ein Mensch eine spontane Heilung erfährt, wenn er begreift, dass sein Körper ein vollkommenes Bild im göttlichen Geist und deshalb vollständig und vollkommen ist. Fährt er allerdings mit seinem destruktivem Denken, mit Horten, Hass, Angst und Verachtung fort, wird seine Krankheit wiederkehren.

Jesus Christus wusste, dass alle Krankheit von Sünde herrührt; deshalb ermahnte er den Aussätzigen nach dessen Heilung: „Sündige hinfort nicht mehr, dass dir nicht etwas Ärgeres widerfahre."[80]

Die Seele (oder das Unbewusste) des Menschen muss für eine dauerhafte Heilung also weißer als Schnee gewaschen werden; und der Metaphysiker forscht immer tief, um „geistige Entsprechungen" zu entdecken.

Jesus Christus sagte: „Richtet nicht, so werdet ihr auch nicht gerichtet. Verdammet nicht, so werdet ihr nicht verdammt."[81]

Viele Menschen haben dadurch Krankheit und Unglück angezogen, dass sie andere verurteilt haben. Denn was man an anderen verachtet und verurteilt, holt man sich ins eigene Leben.

Ein Beispiel: Eine Freundin kam wütend und verzweifelt zu mir, weil ihr Mann sie wegen einer anderen Frau verlassen hatte. Sie verurteilte die andere Frau deswegen und sagte ständig: „Sie wusste, dass er

---

80 Johannes 5,14 – Luther-Bibel 1912
81 Lukas 6,37 – Luther-Bibel 1912

verheiratet war, und sie hatte kein Recht, sich auf seine Aufmerksamkeiten einzulassen."

Ich sagte: „Hören Sie auf, die Frau zu verdammen, segnen Sie sie und lassen Sie die Angelegenheit los, andernfalls ziehen Sie eine ähnliche Situation für sich selbst an."

Doch sie war taub für meine Worte, und ein oder zwei Jahre später verliebte sie sich selbst in einen verheirateten Mann.

Wenn man andere kritisiert und verurteilt, fasst man einen Draht an, der unter Strom steht, und muss damit rechnen, einen elektrischen Schlag zu bekommen.

Unentschlossenheit erweist sich für viele als Hindernis auf dem Weg. Um sie zu überwinden, sprechen Sie immer wieder diese Affirmation: *„Ich bin stets göttlich inspiriert; ich treffe rasch richtige Entscheidungen."*

Diese Worte prägen sich dem Unbewussten ein und Sie werden bald feststellen, dass Sie wachsam und aufmerksam sind und ohne zu zögern die richtigen Schritte tun. Ich finde es destruktiv, auf der physischen Ebene nach Führung zu suchen, denn es ist die Ebene vieler Geister und nicht die des „einen Geistes."

Öffnet der Mensch seinen Geist der Subjektivität, wird er zur Zielscheibe zerstörerischer Kräfte. Die Welt des Physischen ist ein Produkt des sterblichen Geistes des Menschen und befindet sich auf der „Ebene der Gegensätze". Er kann gute oder schlechte Botschaften empfangen.

Die Wissenschaft von den Zahlen und das Lesen von Horoskopen halten den Menschen auf der niederen mentalen (oder sterblichen) Ebene fest, weil sie sich nur mit dem karmischen Aspekt des Lebens befassen.

Ich kenne einen Mann, der seinem Horoskop zufolge schon seit Jahren tot sein müsste, der aber noch immer lebt und zu den Führungspersönlichkeiten einer der größten Bewegungen in diesem Land gehört, die sich um die geistige Entwicklung der Menschheit bemühen.

Es bedarf eines starken Geistes, um eine unheilvolle Prophezeiung zu neutralisieren. Der Schüler sollte affirmieren: „Jede falsche Prophezeiung ist nichtig; was nicht vom himmlischen Vater geplant ist, löst sich auf und verschwindet, und die göttliche Idee verwirklicht sich jetzt."

Wenn Sie aber irgendwann eine positive Botschaft erhalten haben, die bevorstehendes Glück oder Wohlstand verhieß, halten Sie daran fest und erwarten Sie, dass sie eintrifft, denn sie wird sich aufgrund das Gesetzes der Erwartung früher oder später verwirklichen.

Der Wille des Menschen sollte dazu eingesetzt werden, den universellen Willen zu unterstützen. „Ich will, dass der Wille Gottes geschehe."

Es ist Gottes Wille, jedem Menschen jeden rechtschaffenen Herzenswunsch zu erfüllen, und der Wille des Menschen sollte dazu eingesetzt werden, die vollkommene Vision ohne Wanken festzuhalten.

Der verlorene Sohn sagte: „Ich will mich aufmachen und zu meinem Vater gehen."[82]

Ja, es erfordert oft eine Willensanstrengung, die Irrungen und Wirrungen des sterblichen Denkens hinter sich zu lassen. Es ist für den durchschnittlichen Menschen viel einfacher, Angst statt Glauben zu hegen; der *Glaube erfordert deshalb eine Willensanstrengung.*

Wenn der Mensch spirituell erwacht, erkennt er, dass jede äußere auf einer entsprechenden geistigen Disharmonie beruht. Wenn er stolpert oder fällt, wird ihm klar, dass er in seinem Bewusstsein stolpert oder fällt.

Eines Tages ging eine Schülerin die Straße entlang und verurteilte jemanden in Gedanken. Sie dachte gerade: „Diese Frau ist der unsympathischste Mensch auf der Welt", als drei Pfadfinder um die Ecke gestürmt kamen und sie beinahe umrannten. Sie verurteilte die Pfadfinder nicht dafür, sondern rief sich sofort das Gesetz der Vergebung

---

82 Lukas 15,18 – Luther-Bibel 1912

in Erinnerung und „begrüßte das Göttliche" in der Frau. Die Wege der Weisheit sind freundlich und ihre Pfade schenken Frieden.

Wenn jemand etwas vom universellen Geist fordert, muss er sich auf Überraschungen gefasst machen. Obwohl alles schiefzugehen scheint, geht in Wirklichkeit alles glatt.

Ein Beispiel: Einer Frau wurde erklärt, dass es im göttlichen Geist keinen Verlust gäbe und dass sie deshalb nichts verlieren könnte, was ihr gehörte; wenn ihr etwas verloren ginge, käme es wieder zurück, oder sie würde etwas Vergleichbares erhalten.

Einige Jahre davor hatte sie zweitausend Dollar verloren. Sie hatte das Geld einer Verwandten zu deren Lebzeiten geliehen, doch die Schuldnerin war gestorben und hatte in ihrem Testament nichts davon erwähnt. Die Frau war verärgert und voller Groll, und weil sie keinen schriftlichen Beleg für die Transaktion hatte, bekam sie das Geld nie zurück. Deshalb beschloss sie, den Verlust nicht zu akzeptieren und sich die zweitausend Dollar von der „Universalen Bank" zu holen. Sie musste damit beginnen, der verstorbenen Frau zu vergeben, weil Groll und Unversöhnlichkeit die Türen dieser wunderbaren Bank verschließen.

Sie affirmierte folgende Erklärung: „Ich akzeptiere den Verlust nicht, denn im göttlichen Geist gibt es keinen Verlust. Deshalb kann ich die zweitausend Dollar nicht verloren haben, die mir nach göttlichem Recht zustehen." *Wenn sich eine Tür schließt, öffnet sich eine andere.*

Sie wohnte in einem Mietshaus, das zum Verkauf stand, und in ihrem Vertrag gab es eine Klausel, die besagte, dass die Mieter im Falle des Verkaufs innerhalb von neunzig Tagen ausziehen müssten.

Aus heiterem Himmel beendete der Vermieter die Verträge und erhöhte die Miete. Wieder trat ihr eine Ungerechtigkeit in den Weg, doch dieses Mal blieb die Frau gelassen. Sie segnete den Vermieter und sagte: „Wenn die Miete erhöht wurde, bedeutet das, dass ich entsprechend reicher werde, denn ich werde von Gott versorgt."

Neue Verträge, die die Mieterhöhung festschrieben, wurden geschlossen, doch durch einen „göttlichen" Fehler wurde vergessen, die Neunzig-Tage-Klausel in die neuen Verträge zu übernehmen. Bald darauf hatte der Vermieter die Gelegenheit, das Haus zu verkaufen. Doch aufgrund des Fehlers in den Mietverträgen konnten die Mieter ein Jahr länger wohnen bleiben.

Der Makler bot jedem Mieter zweihundert Dollar an, der bereit war, sofort auszuziehen. Einige Familien zogen aus, aber drei Parteien blieben. Die Frau war eine davon. Ein, zwei Monate vergingen, da tauchte der Makler erneut auf. Diesmal sagte er zu der Frau: „Sind Sie bereit, den Mietvertrag für fünfzehnhundert Dollar zu beenden?" Da schoss es ihr durch den Kopf: „Hier kommen die zweitausend Dollar."

Sie erinnerte sich daran, dass sie zu ihren Freunden in dem Haus gesagt hatte: „Wir werden alle gemeinsam handeln, wenn wir noch einmal aufs Ausziehen angesprochen werden." Sie beschloss deshalb, sich mit ihren Freunden zu beraten.

Ihre Freunde sagten: „Nun, wenn sie dir fünfzehnhundert Dollar angeboten haben, sind sie sicher auch bereit, dir zweitausend zu zahlen." Und sie erhielt tatsächlich einen Scheck über zweitausend Dollar dafür, dass sie ihre Wohnung aufgab. Das Gesetz hatte auf bemerkenswerte Weise gewirkt und die scheinbare Ungerechtigkeit, die ihr widerfahren war, erwies sich nun als Türöffner für die Verwirklichung ihrer Erwartung.

Diese Episode belegt, dass es keinen Verlust gibt, und wenn der Mensch eine spirituelle Haltung einnimmt, empfängt er aus dem großen Füllhorn des Guten, was ihm zusteht.

„Und ich will euch die Jahre erstatten, welche die Heuschrecken [...] gefressen haben."[83]

---

83 Joel 2,25 – Luther-Bibel 1912

Die Heuschrecken sind die Zweifel und Ängste, der Groll und der Kummer des sterblichen Bewusstseins.

Allein dieses negative Denken beraubt den Menschen, denn „niemand gibt dem Menschen etwas, außer er selbst, und niemand nimmt dem Menschen etwas, außer er selbst."

Der Mensch ist hier, um Gott und die Wahrheit zu bezeugen, und das kann er nur, indem er Mangel in Fülle und Untergerechtigkeit in Gerechtigkeit transformiert.

„Prüft mich hierin, spricht der Herr Zebaoth, ob ich euch nicht des Himmels Fenster auftun werde und Segen herabschütten die Fülle."[84]

---

[84] Maleachi 3,10 – Luther-Bibel 1912

Perfekter Selbstausdruck oder der Göttliche Plan

„Kein Wind kann mein Boot vom Kurs abbringen
oder die Gezeiten des Schicksals ändern."[85]

Für jeden Menschen gibt es den perfekten Selbstausdruck. Es gibt einen Platz, den er ausfüllen soll, und den niemand anderes ausfüllen kann, etwas, das er zu tun hat, was niemand sonst zu tun vermag; es ist seine Bestimmung!

Diese Aufgabe ist als vollkommene Idee im Göttlichen Geist festgelegt und wartet darauf, dass der Mensch sie erkennt und übernimmt. Da Vorstellungsvermögen und Kreativität eng miteinander verbunden sind, muss der Mensch eine Idee erst klar vor Augen haben, bevor sie sich verwirklichen kann.

Deshalb ist es für den Menschen von höchster Wichtigkeit, die *Göttliche Bestimmung in seinem Leben zu erkennen.*

Auch wenn der Mensch nicht die geringste Ahnung von seiner Bestimmung hat, verfügt er doch sehr wahrscheinlich über ein wunderbares Talent, das tief in ihm verborgen liegt.

Er sollte deshalb affirmieren: *„Unendlicher Geist, öffne dem Göttlichen Plan für mein Leben den Weg, sich zu manifestieren; lege meine Begabung frei; lass mich den vollkommenen Plan deutlich erkennen."*

Im vollkommenen Plan sind Gesundheit, Wohlstand, Liebe und vollendeter Selbstausdruck vorgesehen. Diese vier Faktoren bilden das *Quadrat des Lebens,* das vollkommenes Glück bringt. Wer seine göttliche Bestimmung findet, wird wahrscheinlich feststellen, dass sich in seinem Leben große Veränderungen vollziehen, denn die allermeisten Menschen wandeln weit außerhalb des Göttlichen Plans.

---

85   Zitat aus dem Gedicht „Waiting" von John Burroughs (US-amerikanischer literarischer Naturforscher / 1837-1931)

Ich weiß von einer Frau, bei der die Veränderung wirkte, als hätte ein Orkan all ihre Angelegenheiten völlig durcheinander gewirbelt. Doch schon bald fügte sich alles richtig zusammen und wunderbare neue Lebensumstände traten an die Stelle der alten.

Vollkommener Selbstausdruck ist nie mühevolle Arbeit, sondern eine faszinierende Aufgabe, in der man so aufgeht, dass sie einem beinahe wie ein Spiel vorkommt. Der Schüler weiß auch, dass der Mensch, sobald er in die von Gott ausgestattete Welt eintritt, rechtzeitig mit allem versorgt wird, was er für seinen vollkommenen Selbstausdruck benötigt.

Viele begabte Menschen schlagen sich jahrelang mit dem Problem der Versorgung herum, obwohl ihr gesprochenes Wort und ihr Glaube sie rasch mit allem Nötigen versorgen würde.

Zum Beispiel: Eines Tages kam nach einer Unterrichtsstunde ein Mann zu mir und gab mir einen Cent. Er sagte: „Alles, was ich habe, sind sieben Cent. Ich gebe Ihnen einen davon, denn ich glaube fest an die Macht des von Ihnen gesprochenen Wortes. Ich möchte, dass Sie für mich das Wort für meinen vollkommenen Selbstausdruck und für Wohlstand sprechen."

Ich erfüllte ihm den Wunsch und sah ihn erst ein Jahr später wieder. Er kam eines Tages, erfolgreich, glücklich und mit einem Bündel Geld in der Tasche zu mir. „Bald nachdem Sie das Wort für mich gesprochen hatten, wurde mir ein Job in einer anderen Stadt angeboten, und alles hat sich verwirklicht. Ich bin nun gesund, glücklich und mit allem versorgt."

Der perfekte Selbstausdruck kann für eine Frau auch darin bestehen, eine perfekte Ehefrau, Mutter oder Hausfrau zu werden und nicht notwendigerweise darin, Karriere zu machen.

Bitten Sie um deutliche Hinweise, und der Weg wird Ihnen leichtgemacht und von Erfolg gekrönt sein.

Man sollte nicht versuchen, selbst ein geistiges Bild zu erzeugen oder eine Vision zu erzwingen. Wenn Sie darum bitten, dass Ihnen der Göttliche Plan bewusst wird, werden Sie Inspirationen erhalten und vor Ihrem inneren Auge sehen, wie Sie Großes erreichen. Dies ist die bildhafte Vorstellung oder Idee, an der Sie unbeirrt festhalten müssen.

Das, was der Mensch sucht, sucht ihn - *das Telefon hat Graham Bell gesucht!*

Eltern sollten ihren Kindern niemals Karrieren oder Berufe aufzwingen. Wer mit der spirituellen Wahrheit vertraut ist, kann den Göttlichen Plan schon in der frühen Kindheit und sogar vor der Geburt für ein Kind „anfordern".

Sprechen Sie für eine vorgeburtliche „Behandlung" folgende Worte: „Lass das Göttliche in diesem Kind vollkommenen Ausdruck finden; lass den Göttlichen Plan für seinen Geist, seinen Körper und seine Angelegenheiten sich sein ganzes Leben und in alle Ewigkeit in ihm verwirklichen."

Gottes Wille geschehe, nicht der des Menschen; Gottes Plan, nicht der des Menschen lautet die Anweisung, die sich durch alle Schriften zieht, und die Bibel ist ein Buch, dass sich mit der Wissenschaft vom Bewusstsein befasst. Sie sagt dem Menschen, wie er seine Seele (oder sein Unbewusstes) aus ihren Fesseln befreien kann.

Die geschilderten Kämpfe sind Bilder von Menschen, die gegen ihre sterblichen Gedanken zu Felde ziehen. „Des Menschen Feinde werden seine eigenen Hausgenossen sein."[86] Jeder Mensch ist Josaphat und jeder Mensch ist David, der Goliath (das sterbliche Denken) mit dem kleinen weißen Stein (seinem Glauben) besiegt.

Deshalb muss der Mensch aufpassen, dass er nicht zum „Schalk und faulen Knecht"[87] wird, der seine Talente in der Erde vergräbt. Eine

---

86 Matthäus 10,36 – Luther-Bibel 1912
87 Matthäus 25,26 – Luther-Bibel 1912

schreckliche Strafe droht dem, der seine Fähigkeiten nicht nutzt.

Oft steht Angst zwischen einem Menschen und seinem vollkommenen Selbstausdruck. Lampenfieber hat schon viele begabte Menschen behindert. Diese Angst kann durch Affirmationen oder eine Behandlung überwunden werden. Die betroffene Person verliert dann jegliche persönliche Befangenheit und empfindet sich lediglich als Kanal für die Unendliche Intelligenz, die sich durch ihn ausdrückt.

Sie steht unter direkter Eingebung, furchtlos und selbstsicher, denn sie spürt, dass es der „Vater in ihr" ist, der das Werk vollbringt.

Ein Junge kam oft mit seiner Mutter zum Unterricht. Er bat mich, „das Wort" für die bevorstehenden Prüfungen in der Schule für ihn „zu sprechen".

Ich empfahl ihm, folgende Affirmation zu wiederholen: „Ich bin eins mit der Unendlichen Intelligenz. Ich weiß alles, was ich in diesem Fach wissen muss." Er war sehr gut in Geschichte, aber mit dem Rechnen haperte es etwas bei ihm. Als ich ihn einige Zeit später wieder traf, erzählte er mir: „Ich habe die Affirmation für die Mathematikprüfung gesprochen und sehr gut abgeschnitten; aber ich dachte, dass ich mich in Geschichte ganz auf mich selbst verlassen könne, und habe eine schlechte Note bekommen." Der Mensch erfährt oft einen Rückschlag, wenn er „sich seiner selbst zu sicher" ist, was bedeutet, dass er seiner Persönlichkeit mehr vertraut, als dem „Vater in ihm".

Eine meiner Schülerinnen gab mir ein Beispiel dafür. Sie unternahm während eines Sommers eine ausgedehnte Reise und besuchte viele Länder, in denen sie die Sprache nicht verstand. Sie bat immer wieder um Führung und Schutz, und alles lief glatt und wunderbar. Ihr Gepäck kam niemals zu spät an und ging auch nie verloren! In den besten Hotels war immer ein Zimmer für sie frei und wo immer sie hinkam, erhielt sie perfekten Service. Schließlich kehrte sie nach New York zurück. Weil es hier kein Sprachproblem gab, hatte sie das

Gefühl, Gott wäre nicht länger nötig, und sie erledigte ihre Angelegenheiten wieder auf die übliche Weise.

Nun lief alles schief, ihr Gepäck kam zu spät an und auch sonst ging es drunter und drüber. Der Schüler muss es sich zur Gewohnheit machen, die „Gegenwart Gottes" jederzeit und in allem wahrzunehmen. „Gedenke an ihn in allen deinen Wegen"[88]; nichts ist zu klein oder zu groß.

Manchmal kann sich ein unscheinbares Ereignis als Wendepunkt im Leben eines Menschen erweisen.

Robert Fulton „sah" ein Dampfschiff, als er beobachtete, wie Wasser in einem Teekessel kochte!

Ich erlebe oft, wie ein Schüler die Verwirklichung von etwas hemmt, weil er Widerstand leistet oder versucht, den Ablauf zu bestimmen.

Der Betreffende fixiert seinen Glauben auf einen einzigen „Kanal" und legt damit genau fest, *wie* eine Verwirklichung ablaufen soll. Doch damit bringt er den Vorgang zum Stillstand.

„Mein Weg, nicht deiner!", lautet die Weisung der Unendlichen Intelligenz an uns. Wie jede Form von Energie, sei es Dampf oder Strom, benötigt sie für ihr Wirken eine Maschine oder ein Werkzeug, das ihr keinen Widerstand entgegensetzt. Der Mensch ist ein solches Werkzeug.

Wieder und wieder wird dem Menschen nahegelegt, „still zu stehen". „Aber ihr werdet nicht streiten in dieser Sache. Tretet nur hin und steht und seht das Heil des Herrn, der mit euch ist, Juda und Jerusalem. Fürchtet euch nicht und zaget nicht. Morgen zieht aus wider sie; der Herr ist mit euch."[89]

Wir sehen dies an der Frau, die ihre zweitausend Dollar über den Vermieter erhielt, als sie *ihren Widerstand aufgab und sich unbeirrt zeigte,*

---

88 Sprüche 3,6 – Luther-Bibel 1912
89 2. Chronik 20,17 – Luther-Bibel 1912

und in der Geschichte der anderen Frau, die die Liebe ihres Mannes wiedergewann, „nachdem alles Leiden zu Ende war."

Das Ziel des Schülers ist vor allem *Gelassenheit! Gelassenheit ist Kraft*, denn sie gibt der Gotteskraft die Möglichkeit, durch den Menschen zu strömen, „denn Gott ist's, der in euch wirkt beides, das Wollen und das Vollbringen, nach seinem Wohlgefallen."[90]

Mit Gelassenheit denkt er klar und trifft „rasch die richtigen Entscheidungen". Er wird sich keine Chance entgehen lassen.

Ärger verschleiert die Sicht, vergiftet das Blut, ist die Ursache vieler Krankheiten und veranlasst falsche Entscheidungen, die zu Misserfolg führen.

Er wurde oft als eine der schlimmsten „Sünden" bezeichnet, da seine Wirkung so schädlich ist. Der Schüler lernt, dass der Begriff Sünde in der Metaphysik eine viel weiter reichende Bedeutung als in der alten Lehre hat. „Was aber nicht aus dem Glauben geht, das ist Sünde."[91]

Er stellt fest, dass Angst und Sorge tödliche Sünden sind. Sie sind ins Gegenteil verkehrter Glaube, und durch die verzerrten mentalen Bilder, die sie bewirken, bringen sie das hervor, was der Betreffende fürchtet. Die Arbeit des Schülers besteht darin, diese Feinde (aus seinem Unbewussten) zu verjagen. „Wenn der Mensch *furchtlos ist, ist er vollkommen!*" Maeterlinck[92] sagt: „Der Mensch ist Gott in Angst."

Fassen wir zusammen, was wir in den vorangegangenen Kapiteln gelesen haben: Der Mensch kann seine Angst nur bezwingen, wenn er dem entgegentritt, das er fürchtet. Als Josaphat und sein Heer sich darauf vorbereiteten, dem Feind entgegenzutreten, und dabei sangen: „Danket dem Herrn; denn seine Barmherzigkeit währet ewig-

---

90 Philipper 2,13 – Luther-Bibel 1912
91 Römer 14,23 – Luther-Bibel 1912
92 *Graf* Maurice *Polydore Marie Bernard* Maeterlinck (1862-1949): belgischer Schriftsteller und Dramatiker französischer Sprache, Nobelpreisträger Literatur (1911)

lich."[93], stellten sie fest, dass ihre Feinde sich gegenseitig vernichtet hatten, und dass niemand übrig geblieben war, gegen den sie kämpfen mussten.

Ein Beispiel: Eine Frau bat eine Freundin, einer anderen Freundin etwas auszurichten. Die Freundin fürchtete sich davor, die Botschaft weiterzugeben, weil ihr Verstand ihr sagte: „Lass dich nicht in diese Angelegenheit hineinziehen, richte die Botschaft nicht aus."

Weil sie aber ihrer Freundin ein Versprechen gegeben hatte, plagte sie ein schlechtes Gewissen. Schließlich beschloss sie, „dem Löwen entgegenzutreten", und auf das Gesetz des Göttlichen Schutzes zu vertrauen. Sie traf sich mit der Freundin, der sie die Botschaft ausrichten sollte. Als sie den Mund dazu öffnete, sagte die Freundin: „Der-und-der hat die Stadt verlassen." Damit war die Botschaft, die sie hätte weitergeben sollen, hinfällig geworden, weil sie nur von Bedeutung gewesen war, solange sich die Person in der Stadt aufgehalten hatte. Als sie bereit war, die Botschaft auszurichten, war es nicht mehr nötig; als sie ihre Angst davor aufgegeben hatte, löste sich die Sache von alleine auf.

Schüler verzögern eine Verwirklichung oft dadurch, dass sie nicht an die Vollendung glauben. Sie sollten folgendes affirmieren: „Der Göttliche Geist kennt nur Vollkommenheit, deshalb ist meine Manifestation bereits vollendet: mein optimaler Job, mein perfektes Heim, meine vollkommene Gesundheit."

Was immer der Mensch fordert, ist eine vollkommene Idee im Göttlichen Geist und muss sich „unter Gnade auf vollkommene Weise" verwirklichen. Deshalb dankt der Schüler dafür, dass er sein Wunschobjekt - wenn auch noch unsichtbar - bereits empfangen hat, und bereitet sich aktiv darauf vor, dass er es in sichtbarer Form erhält.

Eine meiner Schülerinnen brauchte dringend eine finanzielle Mani-

---

93   2. Chronik 20,21 – Luther-Bibel 1912

festation. Sie kam zu mir und fragte mich, wieso diese sich nicht vollende.

Ich antwortete: „Vielleicht haben Sie die Angewohnheit, vieles nicht zu Ende zu führen, und Ihr Unbewusstes hat Ihre Gewohnheit übernommen, Dinge unvollendet zu lassen (wie im Äußeren, so im Inneren)."

Sie sagte: „Sie haben recht. Ich beginne oft etwas, bringe es aber nicht zu Ende. Ich gehe gleich nach Hause und mache etwas fertig, das ich vor Wochen begonnen habe, und ich bin sicher, dass dies symbolisch für meine Manifestation wirken wird."

Also begann sie emsig zu nähen, und das Kleidungsstück war bald fertig. Kurz darauf bekam sie das Geld, das sie erwartete, auf ungewöhnliche Weise.

Ihr Mann erhielt sein Gehalt in diesem Monat zweimal ausbezahlt. Er wies die Firma auf den Fehler hin, bekam aber mitgeteilt, er solle das Geld behalten.

Wenn der Mensch bittet und *fest an die Erfüllung glaubt, muss er empfangen*, weil Gott sich seine eigenen Kanäle schafft!

Ich werde manchmal gefragt: „Angenommen, jemand hat zwei Begabungen, wie weiß er dann, welche er wählen soll?" Meine Antwort darauf lautet: „Bitte um eindeutige Hinweise." Sage: „Unendlicher Geist, gib mir einen eindeutigen Hinweis und offenbare mir meinen vollkommenen Selbstausdruck; zeige mir, welche Begabung ich nun einsetzen soll."

Ich habe Menschen erlebt, die plötzlich eine neue Berufsrichtung einschlugen und dafür trotz geringer Vorbildung mit allem Nötigen ausgestattet waren. Affirmieren Sie deshalb: *„Ich bin für den Göttlichen Plan meines Lebens komplett ausgestattet"*, und nehmen Sie Gelegenheiten, die sich Ihnen bieten, ohne Furcht wahr.

Manche Menschen geben mit Freude, sträuben sich aber zu nehmen. Sie weisen Geschenke aus Stolz oder anderen negativen Gründen zurück, blockieren damit ihre Kanäle und haben früher oder später unweigerlich nur Wenig oder Nichts.

Ein Beispiel: Einer Frau, die sehr viel Geld verschenkt hatte, wurden einige Tausend Dollar als Geschenk angeboten. Sie lehnte ab es anzunehmen, mit der Begründung, es nicht zu brauchen. Bald darauf wurden ihre Finanzen knapp, und sie hatte Schulden in Höhe des Betrags, der ihr als Geschenk angeboten worden war. Der Mensch sollte „das Brot, das über das Wasser zu ihm zurückkehrt"[94], dankbar annehmen - „umsonst habt ihr gegeben, umsonst werdet ihr empfangen."

Es gibt immer ein perfektes Gleichgewicht zwischen Geben und Empfangen. Auch wenn der Mensch beim Geben nicht daran denken sollte, dass er etwas dafür bekommt, verletzt er trotzdem das Gesetz, wenn er nicht annimmt, was zu ihm zurückkehrt. Denn alle Geschenke kommen von Gott, der Mensch ist lediglich ein Kanal.

Ein Geschenk sollte nie geringgeschätzt werden.

Ein Beispiel: Als der Mann mir den einen Cent gab, sagte ich nicht: „Armer Mann, er kann es sich nicht leisten, ihn mir zu geben." Ich sah ihn als reichen und wohlhabenden Mann, dem zufloss, was er brauchte.

Es war dieser Gedanke, der ihn dazu machte. Wenn jemand ein schlechter Empfänger ist, muss er zu einem guten werden, und selbst eine Briefmarke annehmen, die ihm jemand schenkt, um den Kanal fürs Empfangen zu öffnen.

Gott liebt einen freudigen Empfänger genauso wie einen freudigen Geber.[95]

Ich werde oft gefragt, warum ein Mensch reich und gesund geboren wird und ein anderer arm und krank. Alles was geschieht, hat eine Ursache; einen Zufall gibt es nicht.

---

94 In Anlehnung an: Prediger 11,1
95 In Anlehnung an: 2. Korinther 9,7

Die Antwort auf diese Frage liefert das Gesetz der Reinkarnation. Der Mensch durchläuft viele Geburten und Tode, bis er die Wahrheit erkennt, die in aus dem Kreislauf befreit.

Er kehrt wieder und wieder auf die irdische Ebene zurück, angezogen von unerfülltem Verlangen, um seine karmischen Schulden zu begleichen oder um „sein Schicksal zu erfüllen".

Der Mensch, der reich und gesund geboren wird, hatte in seinem vorangegangenen Leben Bilder von Gesundheit und Reichtum in seinem Unbewussten gespeichert; der arme und kranke Mensch Bilder von Krankheit und Armut. Der Mensch manifestiert auf jeder Ebene alles, woran sein Unbewusstes glaubt.

Geburt und Tod sind vom Menschen aufgestellte Gesetze, denn „der Tod ist der Sünde Sold"[96]; der „Sündenfall" resultiert aus dem Glauben der Menschen an *zwei Mächte*. Der wahre, der spirituelle Mensch ist ohne Geburt und Tod! Er wurde nie geboren und ist nie gestorben - „Wie er am Anfang war, ist er jetzt und wird es in alle Ewigkeit sein!"

Durch die Wahrheit wird der Mensch also vom Gesetz des Karmas, von Sünde und Tod befreit und verwirklicht den Menschen, der „ihm zum Bilde"[97] ist. Der Mensch erhält seine Freiheit, indem er sein Schicksal erfüllt und den Göttlichen Plan seines Lebens verwirklicht.

„Da sprach sein Herr zu ihm: Ei, du frommer und getreuer Knecht, du bist über wenigem getreu gewesen, ich will dich über viel (sogar über den Tod) setzen; gehe ein zu deines Herrn Freude (in das ewige Leben)!"[98]

---

96 Römer 6,23 – Luther-Bibel 1912
97 1. Mose 1,27 – Luther-Bibel 1912
98 Matthäus 25,21 – Luther-Bibel 1912

Über Verneinungen und Affirmationen

„Was du wirst vornehmen, wird er dir lassen gelingen."[99]

Alles Gute, das im Leben des Menschen geschehen soll, ist im göttlichen Geist bereits vollbracht und verwirklicht sich auf der irdischen Ebene dadurch, dass der Mensch es in Gedanken oder durch das gesprochene Wort anerkennt. Der Mensch muss deshalb gewissenhaft darauf achten, dass nur die göttliche Idee verwirklicht wird, denn oft zieht er durch seine „unbedachten Worte" Misserfolg und Unglück an. Es ist deshalb von größter Wichtigkeit, dass er seine Wünsche, wie bereits in einem vorangegangenen Kapitel beschrieben, korrekt formuliert.

Wenn man sich ein Haus, einen Freund, eine berufliche Position oder etwas anderes Gutes wünscht, muss man darauf achten, den Wunsch mit der „göttlichen Wahl" zu verknüpfen.

Ein Beispiel: „Unendlicher Geist, öffne mir den Weg zum richtigen Haus, zum richtigen Freund, zur richtigen Stelle. Ich sage Dank dafür, dass *sich mein Wunschobjekt jetzt unter Gnade auf perfekte Weise in meinem Leben manifestiert.*"

Der zweite Teil der Wunschformulierung ist dabei sehr wichtig. Ich kannte zum Beispiel eine Frau, die sich tausend Dollar wünschte. Ihre Tochter wurde verletzt und sie erhielten tausend Dollar als Entschädigung. Das Geld kam also, aber nicht auf „perfekte Weise". Sie hätte ihren Wunsch etwa so formulieren sollen: „Unendlicher Geist, ich danke dafür, dass die tausend Dollar, die mir nach göttlichem Recht zustehen, nun freigegeben werden und mir unter Gnade auf perfekte Weise zufließen."

Während ein Mensch sein finanzielles Bewusstsein entwickelt, sollte

---

99   Hiob 22,28 – Luther-Bibel 1912

er darum bitten, dass die enormen Geldsummen, die ihm nach göttlichen Recht zustehen, unter Gnade auf perfekte Weise zu ihm kommen.

Kein Mensch kann mehr anziehen, als er selbst für möglich hält, weil ihm die beschränkten Erwartungen seines Unbewussten Grenzen setzen. Er muss seine Erwartungen ausdehnen, um in größerem Umfang zu empfangen.

Der Mensch schränkt sich in seinen Wünsche häufig selbst ein. Ein Beispiel: Ein Schüler wünschte sich zu einem bestimmten Termin sechshundert Dollar. Er bekam sie auch, doch kurz darauf erfuhr er, dass er beinahe tausend Dollar erhalten hätte, aber aufgrund seines Wunsches nur sechshundert bekam.

„Und sie kränkten den Heiligen Israels."[100] Wohlstand ist eine Frage des Bewusstseins. Es gibt eine alte Geschichte aus Frankreich, die als gutes Beispiel dafür dient: Ein armer Mann ging die Straße entlang, als er einem Reisenden begegnete, der ihn anhielt und zu ihm sagte: „Mein guter Freund, ich sehe du bist arm. Nimm diesen Goldklumpen, verkaufe ihn und du wirst bis zum Ende deiner Tage reich sein."

Der Mann war hocherfreut über sein großes Glück und nahm den Goldklumpen mit nach Hause. Er fand sofort einen Job und verdiente bald so gut, dass er den Goldklumpen nie verkaufte. Jahre vergingen und er wurde ein sehr reicher Mann.

Eines Tages begegnete er auf der Straße einem armen Mann. Er hielt ihn an und sagte: „Guter Freund, ich schenke dir diesen Goldklumpen. Wenn du ihn verkaufst, wird er dich so reich machen, dass du es dein Leben lang bleibst." Der Bettler nahm den Goldklumpen, ließ ihn schätzen und erfuhr, dass er nur aus Messing bestand. Wir sehen also, dass der erste Mann reich wurde, weil er sich, im festen Glauben, einen Goldklumpen zu besitzen, reich fühlte.

---

100 Psalm 78,41 – Elberfelder Bibel 1905

Jeder Mensch trägt einen Goldklumpen in sich; *es ist das Bewusstsein von Gold, von Reichtum und Überfluss, das Reichtum in sein Leben bringt.* Indem er die Erfüllung seiner Wünsche fordert, beginnt der Mensch am *Ende seiner Reise,* das heißt: er erklärt, dass er bereits empfangen hat. *„Ehe sie rufen, will ich antworten!"*[101]
Durch wiederholte Affirmationen verwurzelt sich der Glaube im Unbewussten.

Es wäre nicht einmal notwendig, eine Affirmation mehr als einmal auszusprechen, wenn der Betreffende nur den vollkommenen Glauben hätte! Man sollte nicht betteln oder flehen, sondern sich stattdessen immer wieder dafür bedanken, dass man das Gewünschte bereits erhalten hat.

„Das dürre Land wird fröhlich stehen und wird blühen wie die Lilien."[102]

Die Freude über das, was sich noch im „dürren Land" (im Bewusstseinszustand) befindet, öffnet den Weg zu dessen Manifestation.

Das Vaterunser ist in der Form von Forderungen abgefasst: „Unser tägliches Brot gib uns heute; und vergib uns unsre Schuld, wie auch wir vergeben unsren Schuldigern". Und es endet mit der Lobpreisung: „Denn Dein ist das Reich und die Kraft und die Herrlichkeit in Ewigkeit. Amen."

„Weist [...] das Werk meiner Hände zu mir!"[103]

Gebete sind also Anforderungen, Lobpreis und Dank. Die Aufgabe des Schülers besteht darin, sich selbst in den Glauben zu versetzen, dass „mit Gott alle Dinge möglich sind."

Theoretisch ist dies alles leicht gesagt; erheblich schwieriger wird es jedoch, wenn man vor einem konkreten Problem steht. Ein Beispiel:

---

101 Jesaja 65,24 – Luther-Bibel 1912
102 Jesaja 35,1 – Luther-Bibel 1912
103 Jesaja 45,11 – Luther-Bibel 1912

Eine Frau benötigte einen großen Geldbetrag, der sich innerhalb eines bestimmten Zeitraums manifestieren sollte. Ihr war klar, dass sie *etwas tun musste*, damit sich ihr Wunsch erfüllen konnte, und sie bat um einen „Hinweis".

Als sie durch ein Kaufhaus schlenderte, entdeckte sie einen wunderschönen rosa emaillierten Brieföffner. Sie fühlte sich von ihm förmlich angezogen, und ihr ging der Gedanke durch den Kopf: „Ich habe gar keinen Brieföffner, der gut genug wäre, Umschläge mit großen Schecks zu öffnen."

Also kaufte sie sich den Brieföffner, obwohl ihr Verstand ihn als extravagant und zu teuer ansah. Während sie ihn in der Hand hielt, blitzte vor ihrem inneren Auge ein Bild auf, in dem sie mit dem Brieföffner einen Umschlag aufschnitt, der einen großen Scheck enthielt. Einige Wochen später erhielt sie den Betrag. Der rosa Brieföffner hatte ihr als greifbares Symbol ihres unerschütterlichen Glaubens gedient.

Es gibt viele Geschichten, die von der Macht des Unbewussten erzählen, das vom Glauben geleitet wird.

Ein Beispiel: Ein Mann verbrachte die Nacht in einem Bauernhaus. Das Fenster des Zimmers war zugenagelt. Mitten in der Nacht hatte der Mann das Gefühl, ersticken zu müssen, deshalb tappte er im Dunkeln zum Fenster. Weil er es nicht öffnen konnte, schlug er mit der Faust die Scheibe ein, atmete in tiefen Zügen die frische Luft ein und schlief den Rest der Nacht wunderbar.

Am nächsten Morgen stellte er fest, dass er im Dunkeln die Scheibe eines Bücherschranks eingeschlagen hatte, und dass das Fenster die ganze Nacht über fest verschlossen gewesen war. Er hatte *sich mit dem bloßen Gedanken daran selbst mit Sauerstoff versorgt.*

Wenn ein Schüler einmal mit einer Manifestation begonnen hat, sollte er auf keinen Fall davon zurücktreten. „Denn wer da zweifelt ..."[104] „Solcher Mensch denke nicht, dass er etwas von dem Herrn empfangen werde."[105]

Ein Schüler gab einmal folgende wundervolle Erklärung ab: „Wenn ich den Vater um etwas bitte, stampfe ich mit dem Fuß auf und sage: Vater, ich werde mich auf keinen Fall mit weniger zufrieden geben, als worum ich gebeten habe, aber mit mehr!" Der Mensch sollte also nie Kompromisse machen: „Wenn alles getan ist - steh still."[106] Dies ist manchmal die schwierigste Phase bei einer Manifestation, in der man leicht in Versuchung gerät, aufzugeben oder Kompromisse zu machen.

„Auch der dient, der nur steht und wartet."[107]

Manifestationen verwirklichen sich oft erst in der elften Stunde, weil der Mensch dann loslässt und aufhört, sich Gedanken zu machen. Nun hat die Unendliche Intelligenz die Gelegenheit zu wirken.

„Lustlose Wünsche eines Menschen werden lustlos beantwortet, und seine ungeduldigen Wünsche werden mit langer Verzögerung oder gewalttätig erfüllt."

Ein Beispiel: Eine Frau fragte mich, warum sie ständig ihre Brille verlor oder zerbrach. Wir fanden heraus, dass sie oft ärgerlich zu sich selbst oder zu anderen sagte: „Ich wünschte mir, ich könnte meine Brille loswerden." Und ihr ungeduldiger Wunsch wurde auf gewaltsame Weise erfüllt. Sie hätte sich vollkommene Sehfähigkeit wünschen sollen, doch was sie ihrem Unbewussten einprägte, war nur der ungeduldige Wunsch, ihre Brille loszuwerden. Die Brille wurde deshalb immer wieder zerbrochen oder ging verloren.

Zwei Geisteshaltungen verursachen Verlust: Missbilligung wie in dem

---

104 Jakobus 1,6 – Luther-Bibel 1912
105 Jakobus 1,7 – Luther-Bibel 1912
106 In Anlehnung an 2. Chronik 20,17
107 John Milton: Sonnet XIX: When I Consider How my Light is Spent

Fall der Frau, die ihren Ehemann nicht zu schätzen wusste, oder *Verlustängste*, die dem Unbewussten ein Bild des Verlustes einprägen.

Wenn es dem Schüler gelingt, sein Problem loszulassen (seine Last abzuwerfen), wird er eine Manifestation nach der anderen erleben.

Ein Beispiel: Eine Frau war an einem sehr stürmischen Tag unterwegs und ihr Regenschirm wurde vom Wind umgestülpt und zerrissen. Sie war auf dem Weg zu Leuten, die sie zum ersten Mal traf, und sie wollte dort nicht mit einem kaputten Regenschirm vor der Türe stehen. Sie konnte ihn aber auch nicht wegwerfen, weil er ihr nicht gehörte. Deshalb rief sie in ihrer Verzweiflung: „Oh, Gott, kümmere du dich um den Regenschirm, ich weiß nicht, was ich tun soll."

Einen Augenblick später hörte sie hinter sich eine Stimme sagen: „Meine Dame, möchten Sie ihren Schirm repariert haben?" Sie wandte sich um, und da stand ein Schirmflicker.

„Ja", antwortete sie, „das wäre mir sehr lieb."

Der Mann reparierte den Regenschirm, während sie in das Haus ging, um ihren Besuch abzustatten, und als sie zurückkam, hatte sie wieder einen intakten Regenschirm. Auf dem Lebensweg des Menschen ist immer ein Schirmflicker zur Stelle, wenn man seinen Schirm (oder die jeweilige Situation) in Gottes Hände legt.

Auf eine Ablehnung oder Zurückweisung sollte man immer eine Affirmation folgen lassen.

Ein Beispiel: Eines Tages wurde ich spät am Abend angerufen und gebeten, einen Mann „zu behandeln", der mir nie begegnet war. Er war offensichtlich schwer krank. Ich sprach die Worte: „Ich weise das Auftreten dieser Krankheit zurück. Sie ist unwirklich und kann sich deshalb nicht in seinem Bewusstsein einnisten. Dieser Mann ist eine vollkommene Idee im göttlichen Geist, ein reines Wesen, das Vollkommenheit ausdrückt."

Im göttlichen Geist gibt es weder Raum noch Zeit, deshalb erreicht das Wort sein Ziel augenblicklich und „kehrt nicht leer zurück"[108]. Ich habe Patienten in Europa aus der Ferne behandelt und festgestellt, dass sich das Resultat augenblicklich einstellte.

Ich werde oft gefragt, worin der Unterschied zwischen einer Visualisierung und einer Vision besteht. Etwas zu visualisieren, ist ein mentaler Vorgang, der durch den Verstand oder bewusstes Denken gelenkt wird; eine Vision ist ein spiritueller Vorgang, der von der Intuition oder dem Unbewussten beherrscht wird. Der Schüler sollte seinen Geist dahingehend trainieren, dass er solche aufblitzenden Inspirationen empfängt, und die „göttlichen Bilder" mithilfe deutlicher Hinweise ausarbeitet.

Wenn ein Mensch von sich sagen kann: „Ich wünsche mir nur das, was Gott für mich wünscht", verblassen die falschen Wünsche in seinem Bewusstsein und verschwinden daraus, und er erhält vom Meisterarchitekten, Gott in seinem Inneren, einen Satz neuer Blaupausen. Gottes Plan für jeden einzelnen Menschen sprengt und überwindet die Beschränkungen des Verstandes und sieht immer Gesundheit, Wohlstand, Liebe und vollkommene Selbstverwirklichung vor. Mancher Mensch baut sich in seiner Vorstellung einen Bungalow, anstatt sich einen Palast zu errichten.

Wenn ein Schüler versucht, eine Manifestation (durch den Verstand) zu erzwingen, bringt er sie zum Stillstand. „Ich werde es beschleunigen", spricht der Herr. Der Schüler sollte nur aufgrund seiner Intuition oder eindeutiger Hinweise handeln. „Sei stille dem Herrn und warte auf ihn;[109] ... und hoffe auf ihn, er wird's wohl machen."[110]

Ich habe das Gesetz wieder und wieder auf die erstaunlichste Weise wirken gesehen. Ein Beispiel: Eine Schülerin sagte mir, dass sie bis zum nächsten Tag hundert Dollar haben müsse. Es ging um eine drin-

---

108 In Anlehnung an Jesaja 55,11
109 Psalm 37,7 – Luther-Bibel 1912
110 Psalm 37,5 – Luther-Bibel 1912

gende Schuld, die sie unbedingt begleichen musste. Ich „sprach das Wort" für sie und erklärte, dass der Geist sich nie verspäte und dass das Geld, das sie benötigte, schon bereitläge.

Am selben Abend rief sich mich an, um mir von einem Wunder zu berichten. Sie erzählte mir, dass ihr der Gedanke gekommen sei, zu ihrem Bankschließfach zu gehen, um einige Unterlagen zu überprüfen. Sie sah die Papiere durch und entdeckte dabei ganz unten in der Box einen neuen Hundert-Dollar-Schein. Sie war verblüfft darüber und sagte, dass sie sicher sei, die Banknote nicht in die Box gelegt zu haben; sie hatte die Unterlagen schon öfter durchgesehen und der Schein war ihr dabei nie aufgefallen.

Es mag eine Materialisierung gewesen sein, so wie bei Jesus Christus, unter dessen Händen sich Brot und Fisch materialisierten. Irgendwann wird der Mensch die Stufe erreichen, auf der „das Wort zu Fleisch wird", das heißt, sich augenblicklich materialisiert. „Das Feld, reif zur Ernte", wird sich sofort materialisieren, so wie es bei allen Wundern, die Jesus Christus wirkte, der Fall war.

Allein in dem Namen Jesus Christus steckt eine gewaltige Macht. Er steht für die *Fleisch gewordene Wahrheit*. Er sagte: „So ihr den Vater etwas bitten werdet in meinem Namen, so wird er's euch geben."[111]

Die Macht dieses Namens erhebt den Schüler in die vierte Dimension, wo er von allen irdischen und psychischen Einflüssen befreit wird, um „von allem unabhängig und absolut" zu werden, so wie Gott „von allem unabhängig und absolut ist."

Ich habe viele Heilungen erlebt, die durch die Worte „Im Namen Jesu Christi" erzielt wurden.

Christus war sowohl eine Person als auch ein Prinzip; und der Christus, der jedem Menschen innewohnt, ist dessen Retter und Erlöser.

Der innewohnende Christus ist das eigene Selbst in der vierten Di-

---

[111] Johannes 16,23 – Luther-Bibel 1912

mension, der Mensch, der „nach dem Bilde Gottes"[112] geschaffen wurde. Dies ist das Selbst, das niemals versagt, weder Krankheit noch Leid kennt, das nie geboren wurde und das niemals stirbt. Es ist die „Auferstehung und das Leben" eines jeden Menschen! „Niemand kommt zum Vater denn durch den Sohn"[113], bedeutet, dass Gott, der Universale, der anstelle des Einzelnen wirkt, zum Christus im Menschen wird. Heiliger Geist bedeutet: Gott in Aktion. So manifestiert der Mensch Tag für Tag die Dreieinigkeit von Vater, Sohn und Heiligem Geist.

Der Mensch sollte aus dem Denken eine Kunst machen. Der Meisterdenker ist ein Künstler, der sorgsam darauf achtet, nur göttliche Bilder auf die Leinwand seines Bewusstseins zu malen. Er malt diese Bilder mit meisterhaften Strichen voller Kraft und Entschlossenheit und in dem vollkommenen Glauben, dass es keine Macht gibt, die ihre Perfektion beeinträchtigen könnte, und dass sie sich in seinem Leben manifestieren werden, indem das Ideale zur Wirklichkeit wird.

Dem Menschen ist alle Macht gegeben (durch richtiges Denken), *seinen Himmel* auf *seine Erde* zu holen, und dies ist das Ziel im *„Spiel des Lebens."*

Die einfachen Regeln fordern furchtlosen Glauben, Widerstandslosigkeit und Liebe!

Möge jeder Leser jetzt von dem befreit werden, was ihn seit Urzeiten in Fesseln hielt und was zwischen ihm und dem, was ihm zusteht, stand, und „die Wahrheit erkennen, die ihn frei macht", seine Bestimmung zu erfüllen und den *„göttlichen Plan seines Lebens*, Gesundheit, Wohlstand, Liebe und den vollkommenen Selbstausdruck" zu verwirklichen.

„Verändert euch durch die Erneuerung eures Sinnes."[114]

---

112 1. Mose 5,1 – Luther-Bibel 1912
113 In Anlehnung an Johannes 14,6 – Luther-Bibel 1912
114 Römer 12,2 – Luther-Bibel 1912

Affirmationen

Für Wohlstand
Meine Versorgung durch Gott ist unerschöpflich. Große Geldsummen kommen rasch, unter Gnade und auf vollkommene Weise.

Für günstige Umstände
Jeder Plan, der nicht vom Vater im Himmel stammt, löst sich auf und verschwindet, und die Göttliche Idee tritt jetzt in Erscheinung.

Nur was für Gott zutrifft, trifft für mich zu, denn der Vater und ich sind eins.

Göttliche Liebe löscht nun jeden falschen Zustand in meinem Bewusstsein, meinem Körper und meinen Angelegenheiten aus. Göttliche Liebe ist die mächtigste Chemikalie im Universum und *löst alles auf*, was nicht aus ihr selbst kommt!

Für Glauben
Da ich eins bin mit Gott, bin ich eins mit meinem Guten, denn Gott ist *Geber* und *Gabe* zugleich.

Gesundheit
Göttliche Liebe überflutet mein Bewusstsein mit Gesundheit, und jede Zelle meines Körpers ist von Licht erfüllt.

Führung

Ich achte auf göttliche Eingebungen und füge mich sofort Deinem Willen.

Sehkraft

Meine Augen sind Gottes Augen, ich sehe mit den Augen des Geistes. Ich sehe deutlich den offenen Weg, auf dem es keine Hindernisse gibt und erkenne klar den vollkommenen Plan.

Hörkraft

Meine Ohren sind die Ohren Gottes, ich höre mit den Ohren des Geistes. Ich bin widerstandslos und willens, mich führen zu lassen. Ich höre Botschaften, die mir Freude bereiten.

Arbeit

    Ich habe wundersamerweise
    den Job meiner Träume entdeckt.
    Ich leiste hervorragende Arbeit,
    die Bezahlung ist perfekt.

Loslassen

Ich werfe dieses Anliegen auf den Christus in mir und bin frei!

Florence Scovel Shinn

Dein Wort hat Macht und Magie

Your Word is Your Wand

aus dem Amerikanischen von

Günter W. Kienitz

Über dieses Buch

Mehr als mit irgendeinem anderen Menschen, reden wir mit uns selbst. Wir führen ständig Selbstgespräche, auch wenn wir uns dessen nicht immer bewusst sind und die inneren Dialoge zeitweise nur als Hintergrundrauschen oder gar nicht wahrnehmen.

Mit diesen internen Zwiegesprächen beschreiben, affirmieren, schaffen und gestalten wir unsere Welt und unsere Lebensumstände.

Ein Beispiel: Sie haben eine wichtige Besprechung in der Firma gleich zu Arbeitsbeginn und wollen um jeden Preis pünktlich erscheinen. Gleich beim Aufstehen geht es los: „Ich darf heute auf keinen Fall zu spät kommen", sagen Sie sich in Gedanken.

Diesen und ähnliche Sätze wiederholen Sie innerlich wieder und wieder. Dass Sie in den vergangenen Monaten nicht ein einziges Mal unpünktlich am Arbeitsplatz erschienen sind, haben Sie in Ihrer Aufregung völlig vergessen. Heute zählt für Sie nur eines: bloß nicht zu spät kommen!

Ihre Aufmerksamkeit ist auf eine Sache fixiert: aufs Zuspätkommen. Damit füttern Sie Ihr Unbewusstes, das Ihre Sorge zu einer simplen Information zusammenfasst: zu spät kommen. Weil es sein Job ist, Ihre Anweisungen blind auszuführen, wird es alles tun, damit Sie tatsächlich zu spät kommen. Sie kennen das: die Kaffeemaschine läuft über, der Toaster streikt, Ihr Handy ist nicht da, wo es sein sollte, der Schlüssel rutscht Ihnen aus der Hand und verkriecht sich unter dem Schuhregal, der Wagen springt nicht an, etc. - Dinge, die passieren können, Ihnen aber ewig nicht passiert sind.

Und natürlich kommen Sie zu spät an diesem verflixten Morgen, den Sie sich, ohne sich darüber im Klaren zu sein, durch Ihre Gedanken selbst eingebrockt haben.

Hätten Sie stattdessen: „Ich bin heute so pünktlich wie jeden Tag" affirmiert, hätte Ihnen Ihr Unbewusstes – genauso blind - auch diesen Wunsch erfüllt.

„Dein Wort ist Dein Zauberstab", schreibt Florence Scovel Shinn, und meint damit: Was Sie denken und sagen, hat Auswirkungen auf Ihre Lebensumstände – positive oder negative, je nachdem, was sie erwarten oder befürchten.

Dass Gedanken Wirkung haben, ist uns immer dann bewusst, wenn wir sie aussprechen, um ein Gegenüber zu etwas zu veranlassen. Wenn Sie beispielsweise sagen: „Heute bist du aber mal dran, den Müll rauszubringen!", dann erwarten Sie, dass etwas geschieht und der Abfall in der Tonne landet.

Über unausgesprochene Gedanken dagegen macht sich kaum jemand Gedanken, weil sie allgemein als wirkungslos betrachtet werden. Ein weitverbreiteter Irrtum.

Gedanken sind nachhaltig. Sie lösen sich nicht etwa in Nichts auf, sondern bleiben in Ihrem Unbewussten erhalten und beeinflussen von dort aus unbemerkt und unkontrolliert Ihr Denken, Ihr Handeln, Ihren körperlichen Zustand und Ihre Wahrnehmung. Sie wirken also, und manchmal über sehr lange Zeit. Wenn Sie hin und wieder etwas tun, von dem Sie hinterher selbst nicht verstehen, warum, dann hat das Ihr Unbewusstes veranlasst.

Florence Scovel Shinn, eine bekannte metaphysische Lehrerin und Lebensberaterin ihrer Zeit, deren Einfluss auch in der heutigen Erfolgsliteratur noch deutlich spürbar ist, erklärt in dem vorliegenden Buch, wie sich Ihre Gedanken und Worte in der äußeren Welt manifestieren, und wie Sie mit Affirmationen Ihre Lebensumstände bewusst zu Ihrem Vorteil beeinflussen und gestalten können. Um ihre Aussagen zu illustrieren, greift die Autorin auf Anekdoten aus dem eigenen Umfeld und vor allem auf Zitate aus der Heiligen Schrift zurück. Dazu liefert sie zahlreiche Affirmationen aus ihrer täglichen Praxis.

Gehen Sie kreativ damit um - sie sind nicht in Stein gemeißelt - und passen Sie sie so Ihren Lebensumständen an, dass sie sich stimmig anfühlen und für Sie glaubwürdig sind. Schreiben Sie sich die Affirmationen, die Sie am meisten ansprechen, am besten auf kleine Karten ab, die Sie immer griffbereit haben.

Dass das Buch fast hundert Jahre nach der Erstveröffentlichung heute ein wenig antiquiert klingt, tut dem zeitlosen Wert der Kernaussagen keinen Abbruch, erleichtert es Ihnen durch den Abstand zu Ihrem alltäglichen Leben aber, dem Inhalt offen gegenüber zu stehen. Sie werden feststellen, dass Ihr skeptischer Verstand Wunder in ferner Vergangenheit viel bereitwilliger akzeptiert, als Wunder in der Jetztzeit. Und der Text animiert Sie zu gründlichem Nachdenken, weil sich Ihnen nicht alles, was Sie hier lesen, sofort und automatisch erschließt.

Wie für jegliche Literatur zur Persönlichkeitsentwicklung gilt natürlich auch für dieses Buch: Mit dem Lesen allein ist es nicht getan. Erfolge werden Sie erst dann erzielen, wenn Sie den Inhalt beherzigen und bewusst in Ihr Leben integrieren. Sobald Ihnen das gelungen ist, können Sie sich auf Ihr erstes Wunder freuen, das Sie mit der Macht und Magie Ihres Wortes bewirkt haben.

Ich wünsche Ihnen einen offenen Geist, viel Erfolg und ein Leben, wie Sie es sich wünschen!

November 2016 – Günter W. Kienitz

Dein Wort ist Dein Zauberstab

Des Menschen Wort ist sein Zauberstab,
gefüllt mit Macht und Magie!

Jesus Christus betont die Macht des Wortes: „Denn aus deinen Worten wirst du gerechtfertigt werden, und aus deinen Worten wirst du verdammt werden"[1], und „Tod und Leben sind in der Gewalt der Zunge."[2]

Der Mensch hat also die Macht, unglückliche Umstände zu ändern, indem er den Zauberstab seines Wortes darüber schwingt.

Anstelle von Sorge erscheint Freude, anstelle von Krankheit manifestiert sich Gesundheit, und anstelle von Mangel breitet sich Fülle aus.

Ein Beispiel: Eine Frau kam zu einer Behandlung für Wohlstand zu mir. Alles Geld, das sie besaß, waren zwei Dollar.

Ich sagte: „Wir segnen die beiden Dollar und wissen, dass Sie die magische Geldbörse des Geistes besitzen. Diese Börse kann niemals geleert werden. Wenn Geld ausgegeben wird, kommt sofort neues nach – unter Gnade und auf perfekte Weise.

Ich sehe, dass sie immer prall gefüllt mit Geld ist: mit gelben und grünen Scheinen, rosa, blauen und weißen Schecks, mit Gold, Silber und Münzen. Ich sehe, die Börse ist so voll, dass sie fast aus allen Nähten platzt!"

Sie antwortete: „Ich fühle, dass meine Tasche schwer von Geld ist", und war von solchem Glauben erfüllt, dass sie mir einen ihrer beiden Dollar als Spende gab. Ich wagte nicht, das Geld abzulehnen und damit Mangel für sie zu sehen, weil es wichtig war, dass ich an einem Bild der Fülle festhielt.

---

1 Matthäus 12,37 – Elberfelder Bibel 1905
2 Sprüche 18,21 – Elberfelder Bibel 1905

Bald darauf erhielt sie sechstausend Dollar als Geschenk. Das hatten furchtloser Glaube und das gesprochene Wort bewirkt.

Die Affirmation der magischen Geldbörse ist sehr machtvoll, weil sie dem Bewusstsein ein lebhaftes Bild vermittelt. Es ist unmöglich, kein Bild davon vor Augen zu haben, wie sich Ihre Geldbörse oder Brieftasche mit Geld füllt, wenn Sie die Worte „prall gefüllt mit Geld" affirmieren.

Unser Vorstellungsvermögen ist unsere schöpferische geistige Fähigkeit, und es ist sehr wichtig, Worte zu wählen, die ein Bild von der Erfüllung unserer Wünsche bewirken.

Erzwingen Sie nie ein bestimmtes Bild, indem Sie es visualisieren. Lassen Sie stattdessen die göttliche Idee in Ihrem Bewusstsein aufblitzen. Denn so wirkt der Schüler in Einklang mit dem göttlichen Design.[3]

Jesus Christus sagte: „Und ihr werdet die Wahrheit erkennen, und die Wahrheit wird euch frei machen."[4]

Das bedeutet, dass der Mensch die Wahrheit jeder Situation kennen muss, mit der er konfrontiert wird.

Es liegt keine Wahrheit in Mangel oder Begrenztheit. Der Mensch schwingt den Zauberstab seines Wortes darüber und die Wüste erwacht zum Leben und erblüht wie eine Rose.

Furcht, Zweifel, Sorge, Ärger und Feindseligkeit schädigen die Zellen des Körpers, erschüttern das Nervensystem und sind Ursache von Krankheit und Unglück.

Glück und Gesundheit müssen verdient werden durch die absolute Kontrolle der emotionalen Natur.

Macht bewegt, wird aber nie bewegt. Wenn ein Mensch auch dann heiter und gelassen bleibt, glücklich und zufrieden ist und guten Ap-

---

3   Mehr dazu in: „Das Lebensspiel und wie man es spielt"
4   Johannes 8,32 – Elberfelder Bibel 1905

petit hat, wenn sich äußere Umstände gegen ihn richten, hat er die Meisterschaft erreicht. Dann hat er die Macht, „die Winde zu bedrohen und den See"[5], also die Umstände zu kontrollieren.

Sein Wort ist sein Zauberstab und verwandelt seinen scheinbaren Misserfolg in einen Erfolg. Er weiß, dass seine Versorgung in jeder Hinsicht unerschöpflich ist und unmittelbar erfolgt, und dass sich alles, was er benötigt, prompt in der äußeren Welt manifestiert.

Eine Frau, die sich auf See befand, wachte zum Beispiel eines Morgens auf, weil sie ein Nebelhorn hörte. Dichter Nebel lag über dem Meer und es sah gar nicht danach aus, dass er sich lichten würde. Sofort sprach sie das Wort. „Im Göttlichen Bewusstsein gibt es keinen Nebel, deshalb wird sich der Nebel auflösen! Ich bedanke mich für die Sonne!"

Kurz darauf kam die Sonne heraus, weil der Mensch „die Elemente und alle geschaffenen Dinge beherrscht."

Jeder Mensch hat die Macht, den Nebel in seinem Leben aufzulösen, egal ob er als Mangel an Geld, Liebe, Glück oder Gesundheit über seinem Leben liegt.

Bedanken Sie sich für die Sonne!

---

5   In Anlehnung an: Matthäus 8,26

Erfolg

Es sind bestimmte Worte oder Bilder, die sich dem Unbewussten besonders gut einprägen.

Ein Beispiel: Ein Mann bat mich, das Wort für den richtigen Job für ihn zu sprechen.

Ich gab ihm das Statement: „Siehe, ich habe eine geöffnete Tür vor dir gegeben, die niemand zu schließen vermag."[6]

Es schien keinen großen Eindruck auf ihn zu machen, deshalb empfahl ich ihm hinzuzufügen: „Und niemand kann sie schließen, weil sie mit Nägeln fixiert offen gehalten wird!"

Der Mann war wie elektrisiert und stolzierte auf Wolken hinaus. Innerhalb weniger Wochen zog er in eine weit entfernte Stadt, um dort eine hervorragende neue Stelle anzutreten, zu der er auf wundersame Weise gekommen war.

Ich erzähle Ihnen als weiteres Beispiel von einer Frau, die furchtlos einer „Ahnung" folgte.

Sie arbeitete als Angestellte für ein bescheidenes Gehalt, als sie mein Buch *Das Lebensspiel und wie man es spielt*[7] in die Hand bekam und las. Bei der Lektüre kam ihr plötzlich der Gedanke in den Sinn, selbst ins Geschäftsleben einzusteigen und eine Teestube mit angeschlossenem Süßwarenladen zu eröffnen.

Anfangs war die Frau unschlüssig, ob sie auf die Idee tatsächlich einsteigen sollte. Doch weil sie der Gedanke daran nicht mehr losließ, nahm sie all ihren Mut zusammen und suchte sich einen Laden und Mitarbeiter.

Sie „sprach das Wort für Versorgung", weil sie nicht genug Geld be-

---

[6] Offenbarung 3,8 – Elberfelder Bibel 1905
[7] Florence Scovel Shinn: The Game of Life and How to Play It

saß, um ihr Projekt zu finanzieren. Das Geld kam ihr auf wunderbare Weise zu, und sie eröffnete ihr Geschäft!

Ihr Laden war vom ersten Tag an voll mit Leuten, und mittlerweile ist er so gut besucht, dass die Kunden vor der Tür des Geschäftes Schlange stehen.

Eines Tages, es war ein Feiertag, war die Stimmung ihrer Mitarbeiter gedrückt. Sie erklärten der Frau, sie rechneten damit, dass das Geschäft an diesem Tag schlecht laufen würde. Doch meine Schülerin antwortete ihnen unbeeindruckt, dass Gott ihre Versorgung und deshalb jeder Tag ein guter Tag sei.

Am Nachmittag kam ein alter Freund im Laden vorbei und kaufte eine Kilo-Packung Konfekt. Er gab ihr einen Scheck, und als sie einen Blick darauf warf, stellte sie fest, dass dieser über einhundert Dollar ausgestellt war. Es war also tatsächlich ein sehr guter Tag! Einhundert Dollar für eine Packung Pralinen!

Sie betritt Ihren Laden, so hat sie mir erzählt, jeden Morgen in Erwartung von Wundern und bedankt sich dafür, dass sie den furchtlosen Glauben besitzt, der gewinnt!

Affirmationen

Alles ist bereit für Göttliche Aktion, und was mir zusteht, kommt jetzt unter Gnade und auf magische Weise zu mir.

o o o

Das Gute für mich, das unmöglich schien, wird nun Wirklichkeit; das Unerwartete geschieht jetzt!

Ich lasse jetzt alle ausgedienten Lebensumstände
und nutzlos gewordenen Dinge los.
In meinem Geist, meinem Körper und
meinen Angelegenheiten herrscht Göttliche Ordnung.
„Siehe, ich mache alles neu!"[8]

o o o

Die „vier Winde des Erfolgs" wehen jetzt,
was mir zusteht, in meine Richtung.
Gutes ohne Ende kommt aus
Norden, Süden, Osten und Westen zu mir.

o o o

Christus in mir ist auferstanden
und ich erfülle jetzt meine Bestimmung.

o o o

Gutes kommt jetzt ohne Ende auf zahllosen Wegen zu mir.

o o o

Ich schlage meine Zimbeln und jubiliere, denn Jehova geht vor mir her und bahnt mir den Weg - deutlich, mühelos und erfolgreich!

o o o

Ich danke für meinen stürmischen Erfolg.
Ich fege alles vor mir aus dem Weg,
denn ich wirke mit dem Geist
und folge dem Göttlichen Plan meines Lebens.

o o o

---

[8] Offenbarung 21,5 – Elberfelder Bibel 1905

Mein spiritueller Sportsgeist ist erwacht!
Ich bin dieser Situation mehr als gewachsen.

○ ○ ○

Ich bin mir meines Wohlstandes bewusst
und bringe die Ernte zahlloser Gelegenheiten ein.

○ ○ ○

Ich bin im Einklang, bereit und magnetisch.
Ich ziehe nun an, was mir zusteht.
Meine Macht ist die Macht Gottes,
der nichts und niemand widersteht!

○ ○ ○

In meinem Geist, meinem Körper und meinen
Angelegenheiten herrscht jetzt göttliche Ordnung.
Ich sehe klar und handle rasch, und meine größten
Erwartungen erfüllen sich auf wunderbare Weise.

○ ○ ○

Auf der spirituellen Ebene gibt es keinen Wettbewerb.
Was mir rechtmäßig zusteht, wird mir unter Gnade zuteil.

○ ○ ○

Ich habe in mir ein unentdecktes Land,
das mir jetzt im Namen Jesu Christi offenbart wird.

○ ○ ○

„Siehe, ich habe dir die offene Tür zu deiner Bestimmung
gegeben, die niemand schließen kann,
weil sie von Nägeln offen gehalten wird!"[9]

---

9 in Anlehnung an: Offenbarung 3,8

Der Gezeitenstrom der Bestimmung hat
die Richtung gewechselt und alles fließt mir zu.

o o o

Ich verbanne die Vergangenheit und
lebe nun im wundervollen Jetzt, wo mich jeden Tag
glückliche Überraschungen erwarten.

o o o

Im Göttlichen Bewusstsein
gibt es keine verpassten Gelegenheiten,
denn wo sich eine Tür schließt, öffnet sich eine andere.

o o o

Ich habe wundersamerweise
den Job meiner Träume entdeckt.
Ich leiste hervorragende Arbeit,
und die Bezahlung ist perfekt.

o o o

Das Genie in mir ist jetzt freigesetzt und
ich werde nun meine Bestimmung erfüllen.

o o o

Ich schließe Freundschaft mit Hindernissen,
und jede Hürde wird mir zum Sprungbrett.
Alles im Universum, ob sicht- oder unsichtbar,
wirkt zusammen daran, mir zu bringen, was meines ist.

o o o

Ich sage Dank dafür, dass die Mauern Jerichos fallen
und Mangel, Beschränkung und Misserfolg jeglicher Art
im Namen Jesu Christi aus meinem Bewusstsein getilgt werden.

Ich befinde mich nun auf dem königlichen
Weg des Erfolgs, des Glücks und der Fülle,
auf dem sich alles zu meinen Gunsten bewegt.

○ ○ ○

Ich werde nicht müde, das Rechte zu tun,
denn ich werde ernten, wenn ich es am wenigsten erwarte.

○ ○ ○

Jehova schreitet mir voran, und die Schlacht ist gewonnen!
Alle feindlichen Gedanken sind ausgelöscht.
Ich erringe den Sieg im Namen Jesu Christi.

○ ○ ○

Göttliches Bewusstsein kennt keine Hindernisse, deshalb
gibt es nichts, was meinem Wohlergehen im Wege steht.

○ ○ ○

Alle Hindernisse verschwinden jetzt von meinem Weg.
Türen öffnen sich, Schranken heben sich, und unter Gnade
betrete ich das Königreich der Erfüllung.

○ ○ ○

Rhythmus, Harmonie und Ausgeglichenheit beherrschen jetzt
meinen Geist, meinen Körper und alle meine Angelegenheiten.

○ ○ ○

Neue Felder göttlicher Aktivität breiten sich jetzt vor mir aus,
und diese Felder sind reif für die Ernte.

○ ○ ○

Gottes Plan für mich ist beständig und lässt sich nicht umgehen.
Ich bin und bleibe meiner himmlischen Vision treu.

Des Menschen Wille ist gegen Gottes Willen machtlos.
Gottes Wille geschieht jetzt in meinem Geist,
meinem Körper und meinen Angelegenheiten.

o o o

Der Göttliche Plan für mein Leben nimmt nun in klaren,
konkreten Ereignissen Form an, die mich zur
Erfüllung meines Herzenswunsches führen.

o o o

Ich schöpfe aus der Universellen Substanz jetzt mit
unwiderstehlicher Kraft und Entschlossenheit all das,
was mir nach Göttlichem Recht zusteht.

o o o

Ich widersetze mich dieser Situation nicht, sondern
lege sie in die Hände der unendlichen Liebe und Weisheit.
Lasse die Göttliche Idee jetzt Wirklichkeit werden.

o o o

Gutes, auf das ich ein Anrecht habe,
strömt mir jetzt als ständiger, nie versiegender
Fluss von Erfolg, Glück und Fülle zu.

o o o

„Es gibt nichts zu fürchten,
weil es keine Macht gibt, die schaden kann."
Ich gehe auf den Löwen auf meinem Weg zu und
finde einen gewappneten Engel und
meinen Sieg im Namen Jesu Christi.

o o o

Im Königreich gibt es keine verpassten Gelegenheiten.
Wenn sich eine Tür schließt, öffnet sich eine andere.

o o o

„Es gibt nichts zu fürchten,
weil es keine Macht gibt, die schaden kann."
Ich gehe auf den Löwen auf meinem Weg zu und
finde einen gewappneten Engel und
meinen Sieg im Namen Jesu Christi.

o o o

Ich befinde mich mit dem Wirken des Gesetzes in perfekter
Harmonie. Ich trete beiseite und lasse den Unendlichen Geist
auf einfache Weise und mit Erfolg den Weg für mich bahnen.

o o o

Der Grund, auf dem ich stehe, ist heilige Erde; der Grund,
auf dem ich stehe, ist Land, auf dem Erfolg gedeiht.

o o o

Neue Felder göttlicher Aktivität breiten sich jetzt vor mir aus.
Türen schwingen unerwartet auf und Kanäle öffnen sich unverhofft.

o o o

Was Gott für andere getan hat,
kann er auch für mich tun – und mehr!

o o o

Ich bin für Gott so unentbehrlich, wie er für mich, denn
ich bin der Kanal, durch den er seinen Plan in die Tat umsetzt.

o o o

Ich setze Gott keine Schranken,
indem ich Beschränkungen in mir selbst sehe.
Mit Gott und mir ist alles möglich.

o o o

Geben geht dem Erhalten voraus, und Geschenke, die ich anderen mache, gehen Gottes Geschenken für mich voraus.

o o o

Jeder Mensch ist ein goldenes Glied in der Kette meines Wohles.

o o o

Meine Selbstsicherheit ist auf Fels gebaut.
Ich sehe klar und handle rasch.

o o o

Gott kann nicht scheitern, also kann auch ich nicht versagen.
„Der Kämpfer in mir" hat bereits gesiegt.

o o o

Dein Reich komme zu mir; dein Wille geschehe
in mir und allen meinen Angelegenheiten.[10]

---

10   In Anlehnung an: Matthäus 6,10

Wohlstand

Der Mensch kommt von Gott gesponsert auf die Welt, und alles, was er benötigt oder sich wünscht, steht schon auf seinem Weg für ihn bereit.

Seine Versorgung wird durch seinen Glauben und das gesprochene Wort abgerufen.

„Wenn du könntest glauben! Alle Dinge sind möglich dem, der da glaubt."[11]

Ein Beispiel: Eines Tages kam eine Frau zu mir, um mir von einem Erfolg mit einer Affirmation zu berichten, die sie meinem Buch *Das Lebensspiel und wie man es spielt* entnommen hatte.

Sie hatte zwar keine Erfahrung, wollte aber unbedingt eine gute Rolle auf der Bühne. So wählte sie die Affirmation: „Unendlicher Geist, mache den Weg zu großer Fülle für mich frei. Ich bin ein unwiderstehlicher Magnet für all das, was mir nach Göttlichem Recht zusteht."

Sie bekam eine tragende Rolle in einer erfolgreichen Oper.

„Es war ein Wunder", sagte sie, „und ich verdanke es dieser Affirmation, die ich hunderte Male wiederholt habe."

---

11 Markus 9,23 – Luther-Bibel 1912

Affirmationen

Ich schöpfe jetzt aus der Fülle der Sphären
meine sofortige und endlose Versorgung.

Alle Kanäle sind frei!
Alle Türen stehen offen!

o o o

Ich öffne nun die Goldmine in mir. Ich bin mit einem
endlosen goldenen Strom des Wohlstands verbunden,
der mir unter Gnade und auf perfekte Weise zufließt.

o o o

Güte und Gnade werden mir alle Tage meines Lebens folgen,
und ich werde für immer im Haus der Fülle wohnen.

o o o

Mein Gott ist ein Gott der Fülle, und ich erhalte jetzt alles,
was ich brauche und mir wünsche - und mehr.

o o o

Alles, was mir nach göttlichem Recht zusteht,
wird jetzt freigesetzt und überflutet mich mit Fülle,
unter Gnade und auf magische Weise.

o o o

Meine Versorgung ist endlos und unerschöpflich und kommt
unmittelbar und unter Gnade auf perfekte Weise zu mir.

o o o

Alle Kanäle sind frei und alle Türen öffnen sich weit für meine sofortige und endlos währende, göttlich geplante Versorgung.

o o o

Meine Schiffe kommen über ruhige See herein, unter Gnade und auf perfekte Weise.

o o o

Ich sage Dank dafür, dass die Millionen, die mir nach Göttlichem Recht zustehen, nun hereinströmen und sich anhäufen, unter Gnade und auf perfekte Weise.

o o o

Türen schwingen unerwartet auf, verborgene Kanäle öffnen sich unverhofft und immerwährende Wogen der Fülle werden über mich ausgegossen, unter Gnade und auf perfekte Weise.

o o o

Von Inspiration geleitet, gebe ich Geld weise und furchtlos aus, da ich weiß, dass meine Versorgung grenzenlos ist und unmittelbar erfolgt.

o o o

Ohne Furcht lasse ich Geld los, wohl wissend, dass Gott meine unmittelbare und unbeschränkte Versorgung ist.

In dem wundervollen Film *Der Dieb von Bagdad*[12] wurde uns in flammender Schrift erklärt, dass ein glückliches Leben verdient werden muss!

Man verdient es sich durch perfekte Beherrschung der emotionalen Natur.

Unter ständiger Angst, Furcht und Sorge kann kein glückliches Leben entstehen und gedeihen. Doch ein unerschütterlicher Glaube an Gott verleiht dem Menschen ein Gefühl der Sicherheit und des Glücks.

Wenn dem Menschen erst einmal bewusst ist, dass es eine unbezwingbare Macht gibt, die ihn und alle, die er liebt, beschützt, und ihm all seine rechtschaffenen Herzenswünsche erfüllt, lösen sich seine nervösen Anspannungen auf, und er ist glücklich und zufrieden.

Er bleibt unbehelligt von negativen Erscheinungen in dem Bewusstsein, dass der unendliche Geist seine Interessen schützt und dazu jede Situation nutzt, Dinge zu seinem Wohl geschehen zu lassen.

„Ja, ich mache durch die Wüste einen Weg, Ströme durch die Einöde."[13]

o o o

Unruhig liegt der Kopf mit finsterem Blick. Groll, Missgunst, Feindseligkeit, Neid und Rachegelüste berauben den Menschen seines Glücks und verursachen Krankheit, Misserfolg und Armut.

Missgunst und Verbitterung haben mehr Beziehungen und Familien zerstört, als Alkohol, und mehr Menschen getötet, als Kriege.

Ein Beispiel: Eine Frau, gesund und glücklich, war mit einem Mann verheiratet, den sie liebte.

Der Mann starb und hinterließ einen Teil seines Vermögens einem Verwandten. Die Frau war voller Groll und Verbitterung. Sie verlor

---

12 Der Dieb von Bagdad – Hollywood-Stummfilm von 1924 mit Douglas Fairbanks
13 Jesaja 43,19 – Elberfelder Bibel 1905

Gewicht, wurde arbeitsunfähig, entwickelte Gallensteine und wurde schwer krank.

Eines Tages bekam sie Besuch von einem Metaphysiker. Er sagte: „Gute Frau, sehen Sie nur, was Hass und Missgunst mit Ihnen gemacht haben. Sie sind die Ursache dafür, dass sich in Ihrem Körper harte Steine gebildet haben, und nur Vergebung und Güte können Sie heilen."

Die Frau erkannte die Wahrheit in dem, was er sagte. Sie wurde ausgeglichen, nachsichtig und versöhnlich, und erfreute sich schließlich wieder bester Gesundheit.

Affirmationen

Ich werde jetzt mit dem Glück überflutet,
das von Anfang an für mich geplant war.
Meine Speicher sind voll, und mein Herz fließt vor Freude über.

o o o

Mein grenzenloses Wohl kommt jetzt
auf endlosen Wegen zu mir.

o o o

Ich bin von wundervoller Freude
über einen wunderbaren Tag erfüllt,
und diese Freude wird ewig währen.

o o o

Jeden Tag erwarten mich glückliche Überraschungen.
„Ich blicke voller Staunen auf das, was vor mir liegt."

o o o

Beherzt gehe ich auf den Löwen,
der auf meinem Weg steht, zu und stelle fest,
dass er ein freundlicher Airedale Terrier ist.

o o o

Ich bin ausgeglichen und glücklich und strahle
vor Freude, befreit von der Tyrannei der Angst.

o o o

Mein Lebensglück ist auf Fels gebaut.
Es ist meines, jetzt und in alle Ewigkeit.

o o o

Mein Gutes fließt mir jetzt in einem unablässigen,
ständig anschwellenden Strom des Glücks zu.

o o o

Mein Lebensglück ist Gottes Sache,
deshalb kann ihm niemand im Wege stehen.

o o o

Weil ich eins bin mit Gott, bin ich jetzt
eins mit meinem Herzenswunsch.

o o o

Ich bedanke mich für mein permanentes Lebensglück,
meine dauerhafte Gesundheit, meinen anhaltenden
Wohlstand und meine endlose Liebe.

Ich bin im Einklang, glücklich und ein göttlicher Magnet,
und ziehe nun meine Schiffe an,
die über ruhige See zu mir kommen.

○ ○ ○

Gottes Ideen für mich sind perfekt und beständig.

○ ○ ○

Mein Herzenswunsch ist eine perfekte Idee
- integer und unverwüstlich - im Göttlichen Geist,
und wird nun unter Gnade und
auf magische Weise Wirklichkeit.

Liebe

Mit der Liebe geht gewöhnlich schreckliche Angst einher. Beinahe jede Frau kommt mit einer mythischen Frau im Hintergrund ihres Bewusstseins auf die Welt, dazu da, sie ihrer Liebe zu berauben.

Sie wird gerne „die andere Frau" genannt. Natürlich hat sie ihren Ursprung im Glauben der Frauen an die Dualität. So lange eine Frau eine Beziehungskrise visualisiert, wird diese auch eintreten.

Es ist für eine Frau normalerweise sehr schwierig, sich selbst von dem Mann geliebt zu sehen, den sie liebt. Sinn und Zweck der folgenden Affirmationen ist es deshalb, ihrem Unbewussten die Wahrheit ihrer Situation einzuprägen, denn in Wirklichkeit gibt es nur Einsheit.[14]

---

14 Mehr dazu in: „Das Lebensspiel und wie man es spielt"

Affirmationen

Da ich eins mit Gott bin, dem ungeteilten Einen,
bin ich auch eins mit meiner ungeteilten Liebe
und meinem ungeteilten Glück.

o o o

Das Licht des Christus in mir löscht nun alle Furcht,
jeden Zweifel, allen Groll und jegliche Missgunst aus.
Gottes Liebe durchströmt mich, eine unwiderstehliche
magnetische Energie. Ich sehe nur Perfektion
und ziehe an, was mir zusteht.

o o o

Göttliche Liebe, die mich durchströmt,
löst alle scheinbaren Hindernisse auf und
bahnt meinen Weg klar, einfach und erfolgreich.
Ich liebe jedermann und jedermann liebt mich.
Mein scheinbarer Feind wird mein Freund und
ein goldenes Glied in der Kette meines Wohles.

o o o

Ich bin im Frieden mit mir selbst und der ganzen Welt.
Ich liebe jeden Menschen und jeder Mensch liebt mich.
Die Schleusen zu meinem Wohl öffnen sich jetzt.

Ehe

Solange eine Ehe nicht auf dem Fels des Einsseins gebaut ist, kann sie nicht bestehen. „Zwei Seelen und ein Gedanke, zwei Herzen und ein Schlag!"[15]

Der Dichter hat das verstanden, denn solange Mann und Frau nicht dieselben Gedanken hegen (oder – anders ausgedrückt – in derselben Gedankenwelt leben), müssen sie unweigerlich auseinander driften.

Gedanken sind mächtige schwingende Energien, und der Mensch wird von seinen gedanklichen Schöpfungen angezogen.

Ein Beispiel: Ein Mann und eine Frau heirateten und waren offensichtlich glücklich. Der Mann wurde erfolgreich und seine Ansprüche stiegen, doch seine Frau lebte weiterhin in einem beschränkten Bewusstsein.

Jedes Mal, wenn der Mann etwas kaufte, ging er in die besten Geschäfte und suchte sich aus, was er brauchte, ohne auf den Preis zu schauen.

Wenn immer die Frau jedoch Einkaufen ging, stöberte sie in den Fünf- und Zehn-Cent-Läden. Er lebte (in Gedanken) auf der Fifth Avenue[16] und ihr Denken bewegte sich in der Third Avenue.

Schließlich kam es zum Bruch zwischen den beiden und zur Trennung.

So etwas beobachten wir sehr oft bei reichen und erfolgreichen Männern, die sich später im Leben von ihren treu ergebenen, hart arbeitenden Frauen trennen.

Die Frau muss mit den Ansprüchen und Ambitionen ihres Mannes in

---

15 Aus dem Drama „Der Sohn der Wildnis" des österreichischen Dichters Friedrich Halm (1806 - 1871)
16 Teure Einkaufsstraße in Manhattan, New York City

der Welt des Denkens Schritt halten, denn da, wo der Mensch sich im Geiste sieht, befindet er sich.

Es gibt für jeden Menschen seine „andere Hälfte" oder göttliche Wahl.

Diese beiden sind eins in ihren Gedankenwelten. Sie sind die zwei, „die Gott miteinander verbunden hat, und die kein Mensch scheiden soll (oder kann)."[17]

„Die zwei sollen eins werden"[18], denn der Göttliche Plan im Unbewussten ist bei beiden derselbe.

Affirmation

Ich sage Dank dafür, dass die im Himmel geschlossene
Ehe jetzt auf Erden Wirklichkeit geworden ist.

„Die zwei sollen eins werden", jetzt und in alle Ewigkeit.

---

17 In Anlehnung an: Markus 10,9
18 In Anlehnung an: Markus 10,8

Vergebung

Affirmationen

Ich vergebe jedem und jeder vergibt mir.
Die Türen öffnen sich weit für mein Wohl.

o o o

Ich berufe mich auf das Gesetz der Vergebung.
Ich bin frei von Fehlern und den Konsequenzen aus Fehlern.
Ich lebe unter Gnade und nicht unter dem Karmischen Gesetz.

o o o

Mögen meine Fehler auch scharlachrot sein,
so werde ich weißer gewaschen als Schnee.

o o o

Was nicht im Himmelreich geschehen ist,
ist nirgendwo geschehen.

Worte der Weisheit

Affirmationen und Leitsätze

„Glaube ohne Mut ist tot."

o o o

Zwischen der richtigen Tasse und
der richtigen Lippe fließt es immer.

o o o

Schau niemals hin, sonst springst du nie.

o o o

Gott wirkt seine Wunder
an unvorhergesehen Orten,
durch unerwartete Leute
und zu unvermuteten Zeiten.

o o o

Macht bewegt, wird aber nie bewegt

o o o

Seinen Nächsten zu lieben, bedeutet, ihn nicht
durch Worte, Gedanken oder Taten einzuschränken.

o o o

Stelle nie eine Ahnung in Frage.

o o o

Christoph Kolumbus[19] folgte einer Ahnung.

o o o

Das Himmelsreich ist das Reich perfekter Ideen.

o o o

Vor der Morgendämmerung ist es dunkel,
aber sie ist noch nie ausgefallen.
Verlasse dich auf die Morgendämmerung.

o o o

Wenn du im Zweifel bist, spiele deine Trümpfe
aus und wähle den furchtlosen Weg.

o o o

Es sind die furchtlosen Dinge, die zählen.

o o o

Tue niemals heute,
was dir deine Intuition für morgen aufgibt.

o o o

Das Leben ist großartig, wenn du nicht damit haderst.

o o o

Schätze deinen Nächsten wie dich selbst.

o o o

Stelle dich nie den Ahnungen anderer in den Weg.

o o o

---

19 Christoph Kolumbus: italienischer Seefahrer (1451-1506), der 1492 Amerika entdeckte

Egoismus beschränkt und blockiert.
Jeder liebevolle und selbstlose Gedanke
trägt hingegen den Keim des Erfolgs in sich.

o o o

Werde nicht müde darin, so zu tun, als ob.
Du wirst ernten, wenn du es am wenigstens erwartest.

o o o

Glaube ist elastisch. Dehne ihn bis zur Erfüllung deines Wunsches.

o o o

Bevor du rufst, erhältst du Antwort[20],
denn die Erfüllung geht dem Bedarf immer voran.

o o o

Was du für andere tust, tust du für dich selbst.

o o o

Alles, was man mit Ärger oder Missgunst tut,
bewirkt unerfreuliche Reaktionen und Ergebnisse.

o o o

Kummer und Enttäuschung folgen im
Kielwasser von Falschheit und Täuschung.
Der Weg des Übeltäters ist steinig.

„Nichts, was seinem Wohle dient, wird dem vorenthalten,
der redlich und rechtschaffen lebt."

o o o

---

20 In Anlehnung an: Jesaja 65,24

Das Übel besitzt keine Macht.
Es ist nichts, deshalb kann es nur zu nichts führen.

o o o

Angst und Ungeduld entmagnetisieren.
Selbstvertrauen und Gelassenheit machen magnetisch.

o o o

Übertöne den denkenden Verstand mit deiner Affirmation.
Josaphat schlug seine Zimbeln, damit
er sich selbst nicht denken hören konnte.

o o o

Alle Unfreiheit und Knechtschaft ist eine Illusion
des kollektiven menschlichen Bewusstseins.
Es gibt aus jeder Lage einen Ausweg unter Gnade.
Jeder Mensch ist frei, Gottes Willen zu erfüllen.

o o o

Sich seiner Sache sicher zu sein,
verleiht mehr Kraft als Optimismus.

o o o

Göttliche Ideen bewirken niemals Konflikte.

o o o

Es ist gefährlich, auf halbem Wege anzuhalten,
wenn man einer Ahnung folgt.
Der unendliche Geist kommt niemals zu spät.

Glaube

Hoffnung blickt in die Zukunft; Glaube ist sich dessen gewiss, dass er bereits erhalten hat, und handelt entsprechend.

In meinen Kursen betone ich oft, wie wichtig es ist, Gruben zu graben[21] (oder sich auf die Erfüllung des Wunsches vorzubereiten, weil man dadurch aktiven Glauben zeigt und den Wunsch Wirklichkeit werden lässt.)[22]

Ein Mann in einem meiner Kurse, den ich für mich „die Seele der Veranstaltung" nannte, weil er sich ständig bemühte, eine Frage zu stellen, die ich nicht beantworten konnte, was ihm aber nie gelang, fragte mich: „Wie kommt es dann, dass so viele Frauen, die mit Hingabe ihre Aussteuertruhe füllen, trotzdem niemals unter die Haube kommen?" Ich antwortete: „Weil sie zwar hoffen, einen Ehemann zu finden, aber nicht wirklich daran glauben."

Die Braut in spe verletzt außerdem das Gesetz, indem sie anderen davon erzählt. Ihre Freundinnen kommen zu ihr, setzen sich alle auf die Truhe und zweifeln daran, dass es je zu einer Hochzeit kommt, oder wünschen der hoffnungsvollen Braut sogar, dass nichts daraus wird.

„Bete zu deinem Vater im Verborgenen; und dein Vater, der in das Verborgene sieht, wird dir's vergelten öffentlich."[23]

Der Schüler sollte nie über einen Wunsch, dessen Erfüllung er erwartet, reden, bevor er „geliert", also in der äußeren Welt Wirklichkeit geworden ist.

Eine Aussteuertruhe sollte deshalb nicht mit Hoffnung, sondern mit Glauben gefüllt und vor den Blicken Außenstehender verborgen gehalten werden. Außerdem sollte die Braut in spe das Wort für die

---

21 In Anlehnung an: 2. Könige 3,16 – Elberfelder Bibel 1905
22 Mehr dazu in: „Das Lebensspiel und wie man es spielt"
23 Matthäus 6,6 – Luther-Bibel 1912

Göttliche Wahl eines Ehemanns sprechen, der unter Gnade und auf perfekte Weise zu ihr kommt.

Zwei Menschen, die Gott miteinander verbunden hat, kann kein Gedanke trennen.[24]

Affirmationen

Scheinbar widrige Ereignisse wirken zu meinem Wohl,
denn Gott nutzt jede Person und Situation, um meinen
Herzenswunsch in Erfüllung gehen zu lassen.
Kleine Hindernisse sind freundlich
und große Hürden Sprungbretter!
Ich springe jetzt in mein Wohlergehen!

o o o

Da ich eins mit dem ungeteilten Einen bin,
bin ich auch eins mit meinem ungeteilten Wohlergehen.

o o o

So zuverlässig, wie die Nadel des Kompasses
sich nach Norden ausrichtet, so zuverlässig
zieht es zu mir, was mir rechtmäßig zusteht.
Ich bin der Norden!

o o o

---

24 In Anlehnung an Markus 10,9

Ich bin jetzt durch eine unsichtbare, unzerreißbare
magnetische Schnur mit allem verbunden,
was mir nach göttlichem Recht gehört!

o o o

Dein Reich ist gekommen und Dein Wille geschieht
in mir und allen meinen Angelegenheiten.

o o o

Jeder Plan, der nicht von meinem Vater im Himmel
aufgestellt worden ist, löst sich jetzt auf und verschwindet,
und der Göttliche Plan meines Lebens verwirklicht sich.

o o o

Was Gott mir gegeben hat,
kann mir niemals genommen werden,
weil Seine Geschenke für alle Ewigkeit gemacht sind.

o o o

Mein Glaube ist auf Fels gebaut und
mein Herzenswunsch erfüllt sich jetzt,
unter Gnade und auf wunderbare Weise.

o o o

Ich sehe mein Wohl in goldenem Glorienschein
und meine Felder reif für die Ernte.

o o o

Gott ist meine unerschöpfliche und
unmittelbare Quelle für alles Gute.

o o o

Ich bin bereit und voller Energie, und
meine größten Erwartungen werden
jetzt auf wunderbare Weise Wirklichkeit.

o o o

Ich wässere meine Wüste mit Glauben,
und plötzlich erblüht sie wie eine Rose.

o o o

Ich übe meinen furchtlosen Glauben
nun auf dreierlei Weisen aus:
in Gedanken, in Worten und in Handlungen.
Ich bleibe unberührt von äußeren Erscheinungen;
die lösen sich deshalb auf und verschwinden.

o o o

Standhaft und unerschütterlich bedanke ich mich
dafür, dass mein scheinbar unerfüllbarer Wunsch
nun Wirklichkeit wird, denn ich weiß, mit Gott
ist das leicht zu erreichen, und Seine Zeit ist jetzt.

o o o

Gottes Pläne sind auf Fels gebaut.
Was von Anfang an meines war,
gehört mir auch jetzt und allezeit.

o o o

Ich weiß, es gibt nichts, was Gott bezwingen kann,
deshalb gibt es auch nichts, was mich bezwingen kann.

o o o

Ich warte geduldig auf den Herrn und vertraue auf ihn.
Ich ärgere mich nicht über Übeltäter (denn jeder Mensch
ist ein goldenes Glied in der Kette meines Wohles),
und Er erfüllt mir jetzt meine Herzenswünsche![25]

o o o

Ich habe jetzt den furchtlosen Glauben Christi in mir.
Wenn ich auf sie zugehe, lösen sich Hindernisse auf
und Barrieren verschwinden.

o o o

Ich bleibe unbeirrt und standhaft, denn die Felder
sind schon reif für die Ernte. Mein furchtloser
Glaube an Gott bewirkt, dass der Göttliche Plan
für mein Leben nun Wirklichkeit wird.

o o o

Alle Furcht ist nun verbannt im Namen Jesu Christi, denn
ich weiß, dass es keine Macht gibt, die mir schaden kann.
Gott ist die eine und einzige Macht.

o o o

Ich befinde mich in perfekter Harmonie mit
dem Wirken des Gesetzes, weil ich weiß, dass der
Unendliche Geist weder Hindernisse, noch Zeit,
noch Raum kennt. Für ihn gibt es nur Vollendung.

o o o

---

25   In Anlehnung an Psalm 37

Gott wirkt auf unerwartete und magische Weisen,
um Seine Wunder zu tun.

o o o

Ich bereite mich jetzt auf die Erfüllung meines
Herzenswunsches vor und zeige Gott damit meinen
Glauben daran, dass er Sein Versprechen halten wird.

o o o

Ich grabe jetzt meine Gruben tief mit Glaube
und Einsicht, und mein Herzenswunsch
wird mir auf überraschende Weise erfüllt.

o o o

Meine Gruben werden sich zur rechten Zeit füllen,
mit allem, worum ich gebeten habe und mehr!

o o o

Gottes Ideen können nicht verschoben werden,
deshalb bleibt, was mir nach Göttlichem
Recht zusteht, für immer bei mir.

Ich bedanke mich dafür, dass mir meine
rechtschaffenen Herzenswünsche nun erfüllt werden.

Berge werden abgetragen, Täler werden aufgefüllt,
und alles, was ungleich ist, wird eben gemacht.[26]

Ich bin im Reich der Erfüllung.

o o o

---

26 In Anlehnung an Jesaja 40,4

Ich schlage jetzt das Heer der Eindringlinge
(negative Gedanken) in die Flucht. Sie ernähren sich
von Furcht und werden vom Glauben ausgehungert.

o o o

Ich schlage jetzt das Heer der Eindringlinge
(negative Gedanken) in die Flucht. Sie ernähren sich
von Furcht und werden vom Glauben ausgehungert.
Ich habe vollkommenes Vertrauen in Gott,
und Gott hat vollkommenes Vertrauen in mich.

o o o

Gottes Versprechen sind auf Fels gebaut.
Um was ich gebeten habe, das muss ich erhalten.

o o o

Lasse mich nie von meinem Herzenswunsch abweichen.

o o o

Ich beschränke den Heiligen Israels
weder in Worten oder Gedanken, noch in Taten.
Mit Gott ist alles auf einfache Weise und unmittelbar möglich.

o o o

Ich trete jetzt beiseite und beobachte, wie Gott
sein Werk tut. Aufmerksam verfolge ich, wie
rasch und mühelos er die Erfüllung meiner
Herzenswünsche Wirklichkeit werden lässt.

o o o

Bevor ich rief, erhielt ich Antwort, und ich bringe
jetzt auf bemerkenswerte Weise meine Ernte ein. [27]

o o o

Der über meinen Herzenswunsch wacht,
„schläft und schlummert nicht."[28]

o o o

Türen öffnen sich, von denen das vorher
unmöglich schien, und ungeahnte Kanäle
fließen frei, im Namen Jesu Christi.

o o o

Mein Wohl ist eine vollkommene und bleibende Idee
im Göttlichen Geist und muss sich verwirklichen,
weil es nichts gibt, das dies verhindern kann.

o o o

Ich werfe alle Last auf Christus in mir und bin frei![29]

---

27 In Anlehnung an Jesaja 65,24
28 In Anlehnung an Psalm
29 Mehr dazu in: „Das Lebensspiel und wie man es spielt"

Verlust

Wenn ein Mensch etwas verliert, zeigt das, dass er in seinem Unbewussten einen Glauben an Verlust hegt. Wenn er diesen falschen Glauben ausmerzt, taucht das Verlorengegangene oder etwas Gleichwertiges in der äußeren Welt wieder auf.

Ein Beispiel: Eine Frau verlor im Theater einen silbernen Schreibstift. Sie versuchte alles, ihn wiederzubekommen, aber er war von niemandem gefunden und abgegeben worden.

Sie wies den Verlust mit dieser Affirmation ab: „Ich nehme den Verlust nicht an, weil es im Göttlichen Geist keinen Verlust gibt. Deshalb kann ich den Stift nicht verloren haben. Ich werde ihn oder etwas Gleichwertiges zurückbekommen."

Einige Wochen vergingen. Eines Tages war sie bei einer Freundin, die einen wunderschönen goldenen Schreibstift an einem Band um den Hals trug. Die Freundin sagte zu ihr: „Möchtest du diesen Stift haben? Ich habe ihn für fünfzig Dollar bei Tiffany's gekauft."

Die Frau konnte es kaum glauben und antwortete (wobei sie fast vergaß, sich zu bedanken): „Oh, Gott, du bist so wundervoll! Der silberne Stift war nicht gut genug für mich!"

Ein Mensch kann nur verlieren, was ihm nach Göttlichen Recht nicht zusteht, oder was nicht gut genug für ihn ist.

Affirmationen

Im Göttlichen Bewusstsein gibt es keinen Verlust,
deshalb kann ich nichts verlieren,
was mir rechtmäßig zusteht.
Der Göttliche Geist kommt niemals zu spät!
Und er hat Mittel und Wege,
Geschehenes wieder gutzumachen.

o o o

Im Göttlichen Bewusstsein gibt es keinen Verlust,
deshalb kann ich nichts verlieren, was mir gehört.
Es taucht entweder wieder auf
oder ich bekomme etwas Gleichwertiges.

Schulden

Wenn jemand Schulden hat oder andere Leute ihm Geld schulden, zeigt das, dass in seinem Unbewussten ein Glaube an Schulden herrscht.

Dieser Glaube muss neutralisiert werden, um äußere Umstände zu ändern.

Ein Beispiel: Eine Frau kam zu mir, weil ihr ein Mann seit Jahren tausend Dollar schuldete, und sie ihn nicht dazu bringen konnte, ihr das Geld zurückzuzahlen.

Ich sagte: „Sie müssen an sich selbst arbeiten, nicht an dem Mann", und empfahl ihr folgendes Statement: „Ich weigere mich, Schulden anzuerkennen, denn im Göttlichen Bewusstsein gibt es keine Schulden, niemand schuldet mir etwas und alles ist ausgeglichen. Ich sende diesem Mann Liebe und Vergebung."

Wenige Wochen später erhielt sie einen Brief von ihm, in dem er ihr erklärte, er wolle ihr das Geld zurückzahlen, und einen Monat später hatte sie die tausend Dollar tatsächlich wieder.

Wenn ein Schüler jemandem Geld schuldet, ändere ich das Statement entsprechend ab: „Im Göttlichen Bewusstsein gibt es keine Schulden, deshalb schulde ich niemandem etwas, alles ist ausgeglichen. Meine finanziellen Verpflichtungen sind jetzt unter Gnade und auf perfekte Weise alle gelöscht."

Affirmationen

Ich erkenne Schulden nicht an, weil es im
Göttlichen Bewusstsein keine Schulden gibt.
Deshalb schulde ich niemandem etwas.
All meine Schulden sind jetzt unter Gnade
und auf wunderbare Weise getilgt.

o o o

Ich lehne es ab, Schulden anzuerkennen,
da es im Göttlichen Bewusstsein keine Schulden gibt.
Niemand schuldet mir etwas, alles ist ausgeglichen.
Ich strahle Liebe und Vergebung aus.

Verkäufe

Eine Frau, die in einer ländlichen Kleinstadt lebte, wollte ihr Haus und ihr Mobiliar verkaufen. Es war Winter, und der Schnee lag so hoch, dass es für Autos und Fuhrwerke fast unmöglich war, zu ihrem Haus zu gelangen.

Da Sie Gott gebeten hatte, ihre Möbel der richtigen Person zum richtigen Preis zu verkaufen, machte sie sich wegen der Straßenverhältnisse aber keine Sorgen.

Sie brachte die Möbel auf Hochglanz, rückte sie alle in die Mitte des Raums und bereitete sich darauf vor, sie zu verkaufen.

Sie erzählte: „Ich habe nicht einmal wegen des Schneesturms aus dem Fenster geschaut. Ich habe einfach nur auf Gottes Versprechen vertraut."

Auf wundersame Weisen fuhren trotzdem Leute vor, und ihr gesamtes Mobiliar und das Haus wurden verkauft, ohne dass sie einen Makler dafür bezahlen musste.

Glaube schaut nie wegen des Schneesturms aus dem Fenster, er bereitet sich lediglich auf die Erfüllung dessen vor, worum er gebeten hat.

Affirmation

Ich bedanke mich dafür, dass dieser Gegenstand
(oder diese Immobilie) jetzt an die richtige Person
oder die richtigen Leute zum richtigen Preis verkauft ist,
zur vollen Zufriedenheit aller.

Vorstellungsgespräche

Affirmationen

Auf der Spirituellen Ebene gibt es keinen Konkurrenzkampf.
Was mir zusteht, habe ich unter Gnade erhalten.
———
Ich bin in Liebe mit dem Geist dieser Person
(oder Personen) verbunden. Gott schützt
meine Interessen, und das Ergebnis dieses Treffens
ist die Verwirklichung der Göttlichen Idee.

Hinweise

Auf seinem Lebensweg erhält der Mensch immer wieder Botschaften und Hinweise.

Ein Beispiel: Eine Frau war wegen einer unglücklichen Situation sehr beunruhigt. Sie dachte sich im Stillen: „Wird das jemals aufhören?"

Ihr Dienstmädchen, das neben ihr stand, plauderte munter aus ihrem Leben. Doch die Frau war so mit ihren eigenen Sorgen beschäftigt, dass sie sich nicht dafür interessierte. Trotzdem hörte sie geduldig zu.

Das Mädchen erzählte: „In einem Hotel, in dem ich gearbeitet habe, gab es einen witzigen Gärtner, der immer komische Sachen sagte. Einmal regnete es schon drei Tage lang, und ich sagte zu ihm: 'Was meinen Sie, wird das jemals aufhören?' Und er antwortete: 'Mein Gott, hört es denn nicht jedes Mal irgendwann auf?'"

Die Frau war verblüfft! Das war die Antwort auf ihre Gedanken. Sie sagte ehrfürchtig: „Ja, mit Gott an meiner Seite hört es immer irgendwann auf!" Bald darauf löste sich ihr Problem auf unerwartete Weise auf.

Affirmationen

Unendlicher Geist, gib mir die Weisheit,
das Beste aus meinen Gelegenheiten zu machen
und lass mich nie eine Chance verpassen.

o o o

Ich bin ständig von Inspiration erfüllt. Ich weiß einfach, was
ich zu tun habe, und ich folge meinen intuitiven Hinweisen
ohne zu zögern. Mein Engel der Vorsehung geht
vor mir her und leitet mich auf meinem Weg.

o o o

Alle Kraft ist mir gegeben, um bescheiden und demütig
zu sein. Ich bin bereit, an letzter Stelle zu stehen,
und stehe deshalb an erster![30]

o o o

Ich lege jetzt meinen persönlichen Willen auf den Altar.
Dein Wille, nicht meiner; Dein Weg, nicht meiner;
Deine Zeit, nicht meine – und es ist im Nu vollbracht.

o o o

Im Königreich gibt es keine Geheimnisse. Was immer ich
wissen sollte, wird mir jetzt unter Gnade offenbart.

o o o

Ich bin ein vollkommenes widerstandsloses Instrument
für Gottes Wirken, und Sein perfekter Plan für mich
wird jetzt auf magische Weise ausgeführt.

---

30 In Anlehnung an Matthäus 20,16

Schutz

Affirmationen

Ich bin vom Weißen Licht Christi umhüllt,
durch das nichts Negatives dringen kann.

○ ○ ○

Ich wandle im Licht Christi, und meine
gewaltigen Ängste schrumpfen zu Nichts.

Es gibt nichts, was meinem Wohl entgegensteht.

Gedächtnis

Affirmation

Im Göttlichen Bewusstsein gibt
es keinen Gedächtnisverlust.
Deshalb erinnere ich mich an alles,
was ich im Gedächtnis halten sollte, und
vergesse alles, was nicht meinem Wohl dient.

Der Göttliche Lebensplan

Es gibt für jeden Menschen einen Göttlichen Lebensplan![31]
So, wie das vollkommene Bild der Eiche in der Eichel steckt, befindet sich das Göttliche Muster seines Lebens im Überbewusstsein des Menschen.

Göttliches Design kennt keine Beschränkungen, sondern nur Gesundheit, Wohlstand, Liebe und vollkommene persönliche Entfaltung.

Auf dem Lebensweg des Menschen gibt es immer eine Göttliche Wahl. Der Mensch muss Tag für Tag nach dem Göttlichen Plan leben, oder unerfreuliche Erfahrungen machen.

Ein Beispiel: Eine Frau zog in eine neue Wohnung ein, die sie bereits fast vollständig mit Möbeln ausgestattet hatte, als ihr auf einmal der Gedanke kam: „Auf dieser Seite des Zimmer sollte eine chinesische Vitrine stehen!"

Kurze Zeit später kam sie an einem Antiquitätengeschäft vorbei. Sie schaute hinein und sah eine wunderschöne chinesische Vitrine stehen, die über zwei Meter hoch und mit kunstvollen Schnitzereien versehen war.

Sie betrat den Laden und fragte nach dem Preis. Der Verkäufer sagte, die Vitrine wäre gut und gerne tausend Dollar wert, aber die Frau, der sie gehörte, wäre bereit, sie für weniger abzugeben. Der Mann fügte hinzu: „Was bieten Sie mir dafür?"

Die Frau hielt einen Moment inne, und ihr kamen spontan zweihundert Dollar als Preis in den Sinn. Also antwortete sie: „Zweihundert Dollar." Der Mann sagte ihr, er würde sie wissen lassen, ob die Besitzerin ihr Angebot akzeptierte.

Die Frau wollte niemanden übervorteilen und nichts bekommen, das

---

31 Mehr dazu in: „Das Lebensspiel und wie man es spielt"

ihr nicht rechtmäßig zustand, deshalb sagte sie auf dem Nachhauseweg immer wieder vor sich hin: „"Wenn die Vitrine meine ist, kann ich sie nicht verlieren, und wenn sie nicht meine ist, will ich sie gar nicht haben." Es schneite anhaltend an diesem Tag und sie verlieh ihren Worten Nachdruck damit, dass sie den Schnee mit dem Fuß schwungvoll beiseite trat, um sich einen Weg zu ihrer Wohnung zu bahnen.

Einige Tage vergingen, dann erhielt sie die Nachricht, dass die Besitzerin damit einverstanden war, ihr die Vitrine für zweihundert Dollar zu verkaufen.

Es gibt Versorgung für jeden Bedarf, von chinesischen Vitrinen bis zu Millionen von Dollar.

„Bevor du rufst, werde ich antworten"[32], doch wenn es sich bei der Vitrine oder den Millionen nicht um die Göttliche Wahl handelt, werden sie niemals Glück bringen.

„Wenn Jehova das Haus nicht baut, vergeblich arbeiten daran die Bauleute."[33]

Affirmationen

Ich folge dem magischen Pfad der Intuition und finde
mich unter Gnade im verheißenen Land wieder.

o o o

Mein Geist, mein Körper und meine Angelegenheiten
werden jetzt nach dem Göttlichen Muster in mir geformt.

---

32 In Anlehnung an Jesaja 65,24
33 Psalm 127,1 – Elberfelder Bibel 1905

Ich lasse alles los, was nicht göttlich
für mich vorgesehen ist, und der vollkommene
Plan für mein Leben entfaltet sich vor mir.

o o o

Was mir nach Göttlichem Recht gehört,
kann mir niemals genommen werden.
Gottes vollkommener Plan für mich ist auf Fels gebaut.

o o o

Gott ist die einzige Macht und diese Macht ist in mir.
Es gibt nur einen Plan, den Plan Gottes,
und dieser Plan wird jetzt Wirklichkeit.

o o o

Ich sage Dank dafür, dass ich nun aus der Universellen Substanz all das schöpfe, was meine rechtschaffenen Herzenswünsche erfüllt.

o o o

Das Göttliche Design meines Lebens verwirklicht sich jetzt. Ich nehme den Platz ein, den nur ich und niemand sonst ausfüllen kann, und tue die Dinge, die nur ich und kein anderer tun kann.

o o o

Ich bin für die Verwirklichung des Göttlichen
Plans meines Lebens perfekt ausgestattet und
meiner Lebenssituation souverän gewachsen.

o o o

Alle Türen stehen jetzt für glückliche Überraschungen offen,
und die Verwirklichung des Göttlichen Plans
meines Lebens gewinnt unter Gnade an Fahrt.

Gesundheit

Ein Mensch, der ausgeglichen und glücklich ist, ist gesund! Jegliche Krankheit ist Folge einer Sünde oder einer Verletzung des Spirituellen Gesetzes.

Jesus Christus sagte: „Du bist geheilt, deine Sünden sind dir vergeben."

Missgunst, Verbitterung, Feindseligkeit, Hass, Angst, etc. zerstören Körperzellen und vergiften das Blut.[34]

Unfälle, Altersschwäche und der Tod selbst haben ihren Ursprung in falschen geistigen Bildern.

Wenn der Mensch sich selbst so sieht, wie Gott ihn sieht, wird er zu einem strahlenden Wesen, zeitlos, ungeboren und unsterblich, denn „Da Gott den Menschen schuf, machte er ihn nach dem Bilde Gottes."[35]

---

34 Mehr dazu in: „Das Lebensspiel und wie man es spielt"
35 1. Mose 5,1 – Luther-Bibel 1912

Affirmationen

Ich weise Erschöpfung zurück, denn es gibt nichts,
was mich ermüden könnte. Ich lebe im Königreich
ewiger Freude und von Interessensgebieten,
die mich faszinieren und fesseln.
Mein Körper ist schwingende Energie,
zeitlos, unermüdlich, ungeboren und unsterblich.
Raum und Zeit sind ausgelöscht!

o o o

Ich lebe im wunderbaren Jetzt,
ungeboren und unsterblich!
Ich bin eins mit dem Einen!

o o o

Du bist in mir:
ewige Freude,
ewige Jugend,
ewiger Wohlstand,
ewige Gesundheit,
ewige Liebe,
ewiges Leben.

o o o

Ich bin ein spirituelles Wesen – mein Körper ist
vollkommen, Ihm gleich und nach Seinem Bild gemacht.
Das Licht Christi durchströmt jetzt jede meiner Zellen.
Ich sage Dank für meine strahlende Gesundheit.

Augen

Verminderte Sehkraft korrespondiert mit:
- Angst, Furcht und Misstrauen,
- dem (Vorher-)Sehen von Hindernissen,
- der Erwartung, dass sich Unerfreuliches ereignet,
- einem Leben in der Vergangenheit oder der Zukunft, statt im Jetzt.

Affirmationen

Das Licht Christi überflutet meine Augen und ich habe die kristallklare Sicht des Geistes. Ich sehe deutlich, dass es auf meinem Weg keine Hindernisse gibt. Ich habe die Erfüllung meines Herzenswunsches klar vor Augen.

o o o

Ich habe die Röntgenaugen des Geistes.
Ich blicke durch scheinbare Hindernisse hindurch.
Ich sehe klar und deutlich, wie das Wunder geschieht.

o o o

Ich sage Dank für meine vollkommene Sicht. Ich sehe Gott in jedem Gesicht und das Gute in jeder Situation.

o o o

Ich habe die kristallklare Sicht des Geistes und
die offene Straße liegt klar und deutlich vor mir.
Es gibt keine Hindernisse auf meinem Weg,
und ich sehe jetzt Wunder geschehen.

○ ○ ○

Ich habe die kristallklare Sicht des Geistes.
Ich blicke nach oben, nach unten und nach allen
Seiten, denn mein Gutes kommt von
Norden, Süden, Osten und Westen.

○ ○ ○

Meine Augen sind die Augen Gottes,
vollkommen und makellos.
Das Licht Christi flutet meine Augen
und strömt auf meinen Weg.
Ich sehe klar, dass es auf meinem Pfad
keinen Löwen gibt, nur Engel und endlosen Segen.

Anämie

Anämie korrespondiert mit:
- unerfüllten Wünschen und Bedürfnissen,
- Mangel an Lebensglück.

Affirmation

Ich werde vom Geist in mir genährt. Jede Zelle meines Körpers ist von Licht erfüllt.

Ich sage Dank für meine strahlende Gesundheit und mein Lebensglück, das endlos währt.

(Dieses Statement kann im Laufe der Heilung jeder Krankheit angewendet werden.)

Ohren

Schwerhörigkeit und Taubheit korrespondieren mit:
- starkem persönlichen Willen,
- Sturheit und Starrsinn und
- dem Wunsch, bestimmte Dinge nicht zu hören.

Affirmation

Meine Ohren sind die Ohren des Geistes.

Das Licht Christi durchströmt nun meine Ohren
und löst alle Verhärtungen oder Fehlbildungen auf.

Ich vernehme deutlich die Stimme
der Intuition und folge ihr augenblicklich.

Ich höre laut und klar Botschaften großer Freude.

Rheumatismus

Rheumatismus korrespondiert mit:
- ständiger Nörgelei,
- Rechthaberei,
- Kritiksucht und Ähnlichem.

Affirmation

Das Licht Christi durchströmt jetzt mein Bewusstsein und löscht alle giftigen Gedanken aus.

Ich liebe jeden und jeder liebt mich.

Ich sage Dank für meine strahlende Gesundheit und für mein Lebensglück.

Wucherungen

Wucherungen korrespondieren mit:
- Eifersucht,
- Hass,
- Missgunst,
- Angst, etc.

Affirmation

Jede Pflanze, die nicht von meinem Vater im Himmel
gepflanzt wurde, wird ausgerissen werden.
Alle falschen Ideen in meinem Bewusstsein
werden jetzt ausgelöscht. Das Licht Christi
durchströmt jede meiner Zellen und ich
sage Dank für meine strahlende Gesundheit
und mein Lebensglück jetzt und in alle Ewigkeit.

Herzleiden

Herzleiden korrespondieren mit:
- Angst,
- Groll,
- Zorn, etc.

Affirmation

Mein Herz ist eine vollkommene Idee im
Göttlichen Bewusstsein. Es sitzt jetzt am
rechten Fleck und erfüllt seine Aufgabe perfekt.
Es ist ein glückliches, furchtloses und liebevolles Herz.
Das Licht Christi strömt durch jede meiner Zellen,
und ich sage Dank für meine strahlende Gesundheit.

Tiere

Affirmationen

Ich verneine jegliche Erscheinungsform von Unordnung. Dieser Hund ist eine vollkommene Idee im Göttlichen Bewusstsein und repräsentiert jetzt Gottes vollkommene Idee von einem perfekten Hund.

(Der Hund steht beispielhaft für Tiere.)

o o o

Unendliche Weisheit erleuchtet und leitet dieses Tier. Es ist eine vollkommene Idee im Göttlichen Bewusstsein und jederzeit am richtigen Ort.

Die Elemente

Der Mensch ist Gott ähnlich und nach seinem Bild (Imagination) gemacht, und ihm ist die Macht über alle erschaffenen Dinge gegeben.

Er hat die Macht, „dem Wind und den Wellen zu gebieten"[36], Fluten zu stoppen oder es regnen zu lassen, wenn es nötig ist.

Es gibt einen Stamm amerikanischer Indianer, die in einer Wüstenlandschaft leben und auf die Macht des Gebets angewiesen sind, um Regen auf ihre Felder zu bringen.

Sie veranstalten dazu einen Regentanz, eine Form des Gebets, an dem kein Häuptling teilnehmen darf, der sich vor irgendetwas fürchtet.

Jeder von ihnen muss eine Reihe von Mutproben bestehen, bevor er an den Zeremonien teilnehmen darf.

Eine Frau, die Augenzeugin war, erzählte mir, das sich aus heiterem Himmel ein Regenschauer über das Land ergoss, während die Sonne weiterhin schien.

Feuer

Affirmation

Feuer ist ein Freund des Menschen und immer
am richtigen Ort, um auf rechte Weise zu wirken.

---

36 In Anlehnung an 2. Mose 14,16

Dürre

Affirmation

Im Göttlichen Bewusstsein gibt es keine Dürre.
Ich sage Dank für die richtige Menge Regen, um
dieses Feld oder diesen Garten mit Wasser zu versorgen.
Ich sehe den Regen klar und deutlich
und er verwirklicht sich unmittelbar.

Stürme

Affirmation

Christus in mir gebietet jetzt den Winden
und den Wellen, und es tritt tiefe Ruhe ein.

Ich sehe klar, wie Frieden sich
über Land und Meer ausbreitet.

Reisen

Affirmation

Ich sage Dank für die göttlich geplante Reise, unter göttlich geplanten Umständen und mit göttlich geplanter Versorgung.

Verschiedenes

Das, was Sie nicht ausstehen können oder gar hassen, wird Ihnen mit ziemlicher Sicherheit im Leben begegnen, denn wenn ein Mensch hasst, prägt er seinem Unbewussten ein lebhaftes Bild des Objekts seiner Abneigung ein und es wird Wirklichkeit.

Der einzige Weg, solche Bilder zu löschen, ist Widerstandslosigkeit.[37]

Ein Beispiel: Eine Frau interessierte sich für einen Mann, der ihr wieder und wieder von seinen reizenden Cousinen erzählte.

Sie wurde eifersüchtig und gekränkt, und der Mann verschwand aus ihrem Leben.

Später lernte sie einen anderen Mann kennen, den sie sehr attraktiv fand. Im Laufe einer Unterhaltung erwähnte er einige Cousinen, von denen er sehr angetan war.

Sie ärgerte sich zuerst, doch dann lachte sie, als ihr klar wurde, dass ihr ihre alten Feindinnen, „die Cousinen" gerade wieder über den Weg gelaufen waren.

Dieses Mal versuchte sie es mit Widerstandslosigkeit. Sie segnete alle Cousinen im Universum und sandte ihnen Wohlwollen, denn ihr war klar, dass, wenn sie das nicht erledigte, jeder Mann, den sie künftig kennenlernte, Beziehungen mit Frauen haben würde.

Sie hatte Erfolg damit, denn sie hörte nie wieder jemanden Cousinen erwähnen.

Missgunst und negative Erwartungen sind häufig der Grund dafür, dass sich im Leben so vieler Menschen unglückliche Erfahrungen wiederholen.

Ich kannte einmal eine Frau, die mit ihren Sorgen und Problemen förmlich prahlte. Sie erklärte Leuten ständig: „Ich weiß nur zu gut,

---

[37] Mehr dazu in: „Das Lebensspiel und wie man es spielt"

was Probleme sind!", und erwartete dann Mitleid und Anteilnahme.
Doch je mehr sie ihre Sorgen erwähnte, desto mehr Probleme hatte sie natürlich, weil sie sich durch ihre Worte selbst „verdammte".[38]
Sie hätte ihre Schwierigkeiten mit ihren Worte neutralisieren sollen, anstatt sie zu vervielfachen.
Hätte sie beispielsweise wiederholt affirmiert: „Ich werfe all meine Bürden auf Christus in mir und bin frei!", statt ständig ihre Sorgen in Worte zu fassen, wären diese aus ihrem Leben verschwunden, denn „aus deinen Worten wirst du gerechtfertigt werden."[39]

„Denn alles Land, das du siehst, will ich dir geben."[40]
Der Mensch erntet in der äußeren Welt immer das, was er in seiner Gedankenwelt gesät hat.
Ein Beispiel: Eine Frau, die Geld benötigte, ging die Straße entlang und wiederholte im Stillen die Affirmation, dass Gott ihre unmittelbare Versorgung sei.
Als ihr Blick fiel auf den Boden fiel, entdeckte sie neben ihrem Fuß einen Zweidollarschein, den sie aufhob.
Ein Mann, der ganz in der Nähe stand (ein Wachmann eines Gebäudes), sagte zu ihr: „Meine Dame, haben Sie da gerade Geld aufgelesen? Ich habe es für ein Stück Kaugummipapier gehalten. Eine Menge Leute sind einfach daran vorbei gegangen, aber als Sie kamen, hat sich der Schein wie ein Blatt am Baum geöffnet."
Die anderen, die Mangel in Gedanken hegten, waren achtlos an dem

---

38 In Anlehnung an Matthäus 12,37
39 In Anlehnung an Matthäus 12,37
40 1. Mose 13,15 – Lutherbibel 1912

zerknüllten Schein vorüber gegangen, doch auf die gläubigen Worte der Dame hin, hatte sich der Schein entfaltet.

So ist das mit den Gelegenheiten im Leben – einer sieht sie, ein anderer geht achtlos daran vorbei.

„Glaube ohne Einsatz (oder Aktion) ist tot."[41]

Der Schüler muss, um die Erfüllung seines Gebetes zu verwirklichen, aktiven Glauben zeigen.

Ein Beispiel: Eine Frau kam zu mir und bat mich, das Wort für die Vermietung eines Zimmers zu sprechen.

Ich empfahl ihre folgendes Statement: „Ich danke dafür, dass das Zimmer jetzt vom perfekten Mann zum richtigen Preis gemietet wird, zu seiner und meiner vollen Zufriedenheit."

Einige Wochen verstrichen, doch das Zimmer blieb unvermietet.

Ich fragte sie: „Haben Sie aktiven Glauben gezeigt? Haben Sie sich von Ahnungen und Gefühlen leiten lassen, was die Vermietung des Zimmers betrifft?"

Sie antwortete: „Ich hatte so ein Gefühl, dass ich eine Lampe für das Zimmer kaufen sollte, aber ich habe entschieden, dass ich mir die nicht leisten kann."

Ich erklärte ihr: „Sie werden dieses Zimmer nicht vermietet bekommen, solange Sie nicht diese Lampe haben, denn mit dem Kauf der Lampe werden Sie in Ihrem Glauben aktiv und demonstrieren Ihrem Unbewussten, dass Sie sich Ihrer Sache sicher sind."

Ich wollte von ihr wissen: „Was kostet diese Lampe denn?"

---

41 In Anlehnung an Jakobus 2,17 – Elberfelder Bibel 1905

Sie antwortete: „Vier Dollar", und ich rief: „Dann stehen zwischen Ihnen und dem perfekten Mieter also nur vier Dollar!"

Sie ließ sich von meiner Begeisterung anstecken und kaufte gleich zwei Lampen.

Etwa eine Woche verstrich, da tauchte der perfekte Mieter auf. Er rauchte nicht, zahlte die Miete im Voraus und erfüllte ihre ideale Vorstellung auch sonst in jeder Weise.

Solange Sie nicht wie ein kleines Kind werden und ihre Gruben graben, werden Sie das Königreich der Manifestation nicht betreten.[42]

„Ohne Vision wird mein Volk untergehen." Wenn der Mensch kein klares Ziel vor Augen hat, kein verheißenes Land, dem er entgegenblickt, beginnt er unterzugehen.

Wir beobachten das oft in ländlichen Kleinstädten bei Männern, die den ganzen Winter um einen Ofen sitzen, und keinerlei Ambitionen haben.

In jedem Menschen liegt ein unentdecktes Land, eine Goldmine.

Ich kannte einen Mann in einer ländlichen Kleinstadt, der den Spitznamen „Magnolien-Charlie" trug, weil er Jahr für Jahr im Frühling die erste Magnolienblüte entdeckte.

Er war Schuhmacher. Doch jeden Nachmittag ließ er seine Arbeit ruhen und ging zum Bahnhof, um den Zug zu erwarten, der dort täglich um sechzehn Uhr fünfzehn aus einer fernen Stadt kommend einfuhr.

Dies waren die beiden einzigen Romanzen in seinem Leben: die erste Magnolien-Blüte und der Sechzehnuhrfünfzehnzug.

---

42 Mehr dazu in: „Das Lebensspiel und wie man es spielt"

Er fühlte vage den Ruf der Vision in seinem Unbewussten.

Es konnte kein Zweifel bestehen, dass Reisen zum Göttlichen Plan für ihn gehörte, und vielleicht war er auf bestem Weg, ein Genie in der Welt der Pflanzen zu werden.

Durch das gesprochene Wort kann der Göttliche Plan ausgelöst und jeder dazu gebracht werden, seine Bestimmung erfüllen.

„Ich sehe nun klar und deutlich den vollkommenen Plan für mein Leben. Göttliche Begeisterung feuert mich an, und ich erfülle jetzt meine Bestimmung."

Die spirituelle Einstellung zum Geld ist die, sich darüber im Klaren zu sein, dass Gott die Versorgung des Menschen ist, und dass der Mensch diese durch seinen Glauben und das gesprochene Wort aus der Fülle der Sphären schöpft.

Sobald er sich dessen bewusst ist, verliert er all seine Gier nach Geld, und kennt beim Ausgeben keine Furcht.

Mit der magischen Geldbörse des Geistes ausgestattet, ist seine Versorgung grenzenlos und erfolgt unmittelbar, und ihm ist klar, dass Geben dem Empfangen vorausgeht.

Ein Beispiel: „Eine Frau kam zu mir und bat mich, das Word für fünfhundert Dollar zu sprechen, die sie zum ersten August brauchte. Das geschah um den ersten Juli herum.

Ich kannte sie sehr gut und sagte: „Dein Problem ist, dass du nicht genügend gibst. Du musst die Kanäle für deine Versorgung durch Geben öffnen."

Sie hatte die Einladung einer Freundin angenommen, sie zu besuchen, wollte aber wegen der förmlichen Atmosphäre in deren Haus eigentlich nicht hinfahren.

Sie sagte: „Bitte behandle mich so, dass ich drei Wochen lang höflich bleibe, denn ich will so schnell wie möglich wieder weg. Und sprich unbedingt das Wort für die fünfhundert Dollar."

Sie fuhr zu ihrer Freundin, war unglücklich und ruhelos, und versuchte ständig abzureisen, wurde aber immer wieder dazu überredet, doch noch zu bleiben.

Sie erinnerte sich aber an meinen Rat, und gab den Leuten um sie herum Geschenke. Wenn immer es möglich war, verschenkte sie kleine Aufmerksamkeiten.

Der erste August rückte näher, doch von den fünfhundert Dollar war weit und breit nichts in Sicht und es gelang ihr nicht, ihren Besuch zu beenden.

Am letzten Julitag sagte sie: „Oh, Gott!, vielleicht habe ich nicht genug gegeben!" Und so gab sie allen Angestellten ein höheres Trinkgeld, als sie eigentlich beabsichtigt hatte.

Am ersten August sagte ihre Gastgeberin zu ihr: „Meine Liebe, ich möchte dir gerne ein Geschenk machen", und reichte ihr einen Scheck über fünfhundert Dollar!

Gott wählt unerwartete Wege, um seine Wunder zu wirken.

Affirmationen und Leitsätze

Gott ist nicht trenn- oder teilbar, und
so ist mein Gutes untrenn- und unteilbar.
Ich bin eins mit meinem ungeteilten Guten.

o o o

Alles, was mir nach Göttlichem Recht zusteht,
wird nun freigesetzt und kommt auf
vollkommene Weise und unter Gnade zu mir.

o o o

Gottes Werk ist nun vollendet und muss sich manifestieren.

o o o

Ich stehe fest im Glauben, und
meine grenzenlose Fülle wird nun manifest.

o o o

Ich bleibe vom äußeren Schein unbeeindruckt. Ich
vertraue auf Gott, und er erfüllt mir nun meine Herzenswünsche.
Mein Gutes erreicht mich auf überraschende Weise.

o o o

Der Göttliche Plan meines Lebens kann nicht manipuliert
werden. Er ist unbestechlich und unzerstörbar, und
wartet nur darauf, von mir anerkannt zu werden.

o o o

Es gibt kein Dort – es gibt nur Hier.

o o o

Offenbare mir den Weg und lass mich den Segen, den
du mir gegeben hast, klar und deutlich erkennen.

o o o

Lass Deinen gesegneten Willen heute in mir geschehen.

o o o

Vorahnungen sind meine Hunde des Himmels;
sie leiten mich auf vollkommene Weise.

o o o

Alle Dinge, die ich suche, suchen jetzt nach mir.

o o o

Göttliche Aktivität wirkt jetzt in meinem Bewusstsein,
meinem Körper und meinen Angelegenheiten,
ob ich das wahrnehme oder nicht.

o o o

Da ich eins mit der alleinigen Präsenz bin, bin ich auch
eins mit der Erfüllung meiner Herzenswünsche.

o o o

Ich verfüge jetzt über das „eine Auge" des Geistes
und sehe nur Vollendung.

o o o

Ich bin eine vollkommene Idee im Göttlichen Bewusstsein,
und ich bin immer am richtigen Ort,
erledige meine Aufgaben, die mir liegen,
rechtzeitig und gegen angemessene Bezahlung.

o o o

Der Kolumbus in mir wird mir beistehen.

o o o

Ich bin ein unwiderstehlicher Magnet für Schecks,
Banknoten und Münzgeld – für alles,
was mir nach Göttlichem Recht zusteht.

o o o

Du in mir bist Erfüllung.
Warum ich gebeten habe, muss ich erhalten.

o o o

Das Gesetz Gottes ist das Gesetz des Wachstums,
und ich sage Dank für meine Entfaltung
unter Gnade und auf vollkommene Weise.

o o o

Ich schwelge in einem Meer der Fülle. Ich sehe
deutlich meine unerschöpfliche Versorgung.
Ich erkenne klar, was genau zu tun ist.

o o o

Meine „Welt des Wundersamen" manifestiert sich jetzt,
und ich betrete mein Verheißenes Land unter Gnade!

o o o

Ich habe großen Frieden, da ich Dein Gesetz
der Widerstandslosigkeit liebe, und
nichts wird mich verletzen oder kränken.

o o o

Du in mir bist Inspiration, Offenbarung und Erleuchtung.

Nichts ist zu gut, um wahr zu sein

Nichts ist zu wundervoll,
um zu geschehen.
Nichts ist zu gut,
um von Dauer zu sein.

Ausklang

Wählen Sie die Affirmation, die Ihnen am meisten zusagt, und „schwingen" Sie sie über die Situation, mit der Sie sich konfrontiert sehen.
Sie ist Ihr Zauberstab, denn Ihr Wort ist Gott in Aktion.

„Also wird mein Wort sein, das aus meinem Munde hervorgeht; es wird nicht leer zu mir zurückkehren, sondern es wird ausrichten, was mir gefällt, und durchführen, wozu ich es gesandt habe."[43]

„ Ich sage aber: Haben sie es nicht gehört? Wohl, es ist ja in alle Lande ausgegangen ihr Schall und in alle Welt ihre Worte."[44]

---

43 Jesaja 55,11 – Elberfelder Bibel 1905
44 Römer 10,18 – Luther-Bibel 1912

Florence Scovel Shinn

Die verborgene Tür zum Erfolg

The Secret Door to Success

aus dem Amerikanischen von

Günter W. Kienitz

Über dieses Buch

„Jeder ist seines eigenen Glückes Schmied." Dieses Sprichwort haben Sie sicher nicht nur einmal im Leben gehört. Irgendwie klingt es richtig, aber irgendwie auch nicht. Richtig klingt es, weil es richtig ist, und nicht richtig klingt es, weil uns niemand beigebracht hat, wie das mit dem Schmieden funktioniert und wie man zum Schmied seines eigenen Glücks wird. Doch ohne dieses Wissen vermittelt das Sprichwort zwar eine Weisheit, aber eine, die zu glauben uns alleine nicht wirklich weiterbringt.

Warum haben manche Leute Erfolg, so viele andere aber nicht? Dieser Frage geht Florence Scovel Shinn auch in diesem, ihrem dritten, Buch nach, das 1940 kurz vor ihrem Tod erschien und das Tom Butler-Bowdon zu den 50 wichtigsten Klassikern[1] der Erfolgsliteratur zählt.

Erfolgreiche Menschen unterscheiden sich von erfolglosen im wesentlichen in einem Aspekt: ihrem Denken. Wenn Ihnen diese Aussage auf den ersten Blick sonderbar, gewagt oder schlicht verrückt erscheint, fragen sie einen x-beliebigen Spitzensportler. Er wird ihnen bestätigen, dass neben der körperlichen Fitness vor allem Denkprozesse über Sieg oder Niederlage entscheiden – und der Glaube an sich selbst.

Ein Sportler, der sich nicht selbst lange vor dem Wettkampf vor seinem inneren Auge auf dem Siegertreppchen stehen sieht, wird es auch nie betreten.

Wie denkt man, um ein erfolgreiches Leben zu führen? Das hat Florence Scovel Shinn vor einem Dreivierteljahrhundert Erfolgssuchenden in einer Vortragsreihe vermittelt. Den Inhalt dieser kurzen Vorträge hat sie in diesem Buch zusammengefasst.

---

1   Tom Butler-Bowdon: 50 Klassiker des Erfolgs (2005)

Um ihre Aussagen zu illustrieren, greift die Autorin auf Anekdoten aus dem eigenen Leben und dem erfolgreicher Leute, auf Märchen und vor allem auf Zitate aus der Heiligen Schrift zurück. Falls die Bibel eigentlich „nicht so Ihr Ding" ist, sollten sich davon nicht abschrecken lassen. Sie werden staunen, wie die Autorin Episoden aus diesem uralten Buch interpretiert und deutet. So haben Sie das wahrscheinlich noch nie gesehen!

Um durch die „verborgene Tür" zu gelangen, braucht es nicht mehr, als dass Sie Ihre hinderlichen Denkmuster durch erfolgsorientierte ersetzen, einige Verhaltensweisen korrigieren und Ihre Erwartung an das Leben ändern.

Sie lernen, in jeder Lebenslage das Beste zu erwarten und sich aktiv darauf vorzubereiten. Sie beginnen Ihrer Intuition zu vertrauen und zu folgen, und den Verstand, wo er als Verhinderer auftritt, in die Schranken zu weisen. Und nach und nach werden Sie all die Bürden abwerfen, die Sie schon lange mit sich herum schleppen. So öffnen Sie die „verborgene Tür" und treten ein in ein Leben, das mehr zu bieten hat, als das, mit dem Sie zur Zeit nicht wirklich zufrieden sind.

Wie für jegliche Selbsthilfe-Literatur gilt natürlich auch für dieses Buch: Mit dem Lesen allein ist es nicht getan. Veränderungen werden Sie nur dann bewirken, wenn Sie den Inhalt beherzigen und in Ihr Leben integrieren.

Ich wünsche Ihnen einen offenen Geist, viel Erfolg und ein Leben, wie Sie es sich wünschen!

August 2016 – Günter W. Kienitz

Die verborgene Tür zum Erfolg

„Und das Volk erhob ein Geschrei, und sie stießen in die Posaunen. Und es geschah, als das Volk den Schall der Posaunen hörte, und als das Volk ein großes Geschrei erhob, da stürzte die Mauer an ihrer Stelle ein, und das Volk stieg in die Stadt hinein, ein jeder gerade vor sich hin, und sie nahmen die Stadt ein."[2]

Erfolgreiche Menschen werden gerne gefragt: „Was ist das Geheimnis Ihres Erfolgs?"

Einen erfolglosen Menschen hingegen fragt keiner: „Was ist das Geheimnis Ihres Scheiterns?" Denn es scheint offenkundig zu sein, und niemand ist daran interessiert, es genauer zu erfahren.

Jeder möchte gerne wissen, wie man die verborgene Tür zum Erfolg öffnet.

Erfolg ist für jeden Menschen erreichbar, doch es scheint oft, als läge er hinter einer Tür oder einer Wand verborgen. Aus der Bibel kennen wir die wundersame Geschichte über den Einsturz der Mauern von Jericho.

Natürlich gibt es für alle biblischen Geschichten eine metaphysische Interpretation.

Lassen Sie uns jetzt über *Ihre* Mauer von Jericho reden, die Mauer, die *Sie* von *Ihrem Erfolg* trennt. Fast jeder Mensch hat eine Mauer um sein eigenes Jericho erbaut.

Diese Stadt, die Sie nicht betreten können, hält große Schätze bereit: Ihren gottgewollten Erfolg, die Erfüllung Ihres Herzenswunsches!

Welche Art von Mauer haben Sie um Ihr Jericho errichtet? Häufig ist die Mauer aus Verbitterung entstanden. Doch mit Groll gegen jemanden

---

2 Josua 6,20 – Elberfelder Bibel 1905

oder Ärger über eine Situation sabotieren Sie Ihr eigenes Wohlbefinden.

Wenn Sie selbst erfolglos sind und jemand anderem dessen Erfolg verargen, versperren Sie sich damit den Weg zum eigenen Erfolg.

Ich empfehle folgende Affirmation, um Neid und Missgunst aufzulösen:

Was Gott für andere getan hat, tut er jetzt für mich – und mehr.

Eine Frau war voller Neid, weil eine Freundin ein Geschenk bekommen hatte. Sie sprach diese Affirmation wiederholt und erhielt schließlich das genau gleiche Geschenk – und zusätzlich ein weiteres.

Als die Kinder Israels ihr Geschrei erhoben, stürzte die Mauer von Jericho ein. Wenn Sie eine Wahrheit affirmieren, gerät auch Ihre Mauer von Jericho ins Wanken.

Ich empfahl einer Frau folgende Affirmation zu sprechen: *Die Mauern des Mangels und der Verzögerungen zerbröckeln jetzt und ich betrete unter Gnade mein Verheißenes Land.* Dadurch hatte sie ein lebendiges Bild vor Augen, in dem sie über eine umgestürzte Mauer hinweg stieg. Kurz darauf wurde ihr Wunsch Wirklichkeit.

Es ist der in Worte gefasste Wunsch nach Verwirklichung, der Veränderung in unsere Angelegenheiten bringt; denn Worte und Gedanken sind eine Form von Schwingungen, Radiowellen ähnlich.

Wenn Sie sich für Ihre Arbeit interessieren und Freude an Ihrem Job haben, öffnen Sie damit die verborgene Tür zum Erfolg.

Vor einigen Jahren reiste ich nach Kalifornien, um dort in verschiedenen Zentren zu sprechen. Auf der Fahrt durch den Panamakanal lernte ich auf dem Schiff einen Mann namens Jim Tully kennen.

Er hatte jahrelang als Landstreicher gelebt und sich selbst als „den König der Tramps" bezeichnet.

Doch er war ehrgeizig und fing an, sich weiterzubilden.

Er hatte eine lebhafte Vorstellungskraft und begann damit, Geschichten über seine Erfahrungen zu schreiben.

Er dramatisierte das Landstreicherleben, hatte Freude an dem, was er tat, und wurde ein sehr erfolgreicher Autor. Ich erinnere mich an ein Buch über ihn mit dem Titel „Zaungäste"[3], das auch verfilmt wurde. Er ist heute berühmt und wohlhabend und lebt in Hollywood. Wie hat Jim Tully die verborgene Tür zum Erfolg geöffnet?

Indem er sein eigenes Leben in Geschichten packte und sich für das interessierte, was er tat und wie er lebte, machte er das Beste daraus, ein Tramp zu sein. Auf dem Schiff saßen wir alle am Tisch des Kapitäns, was uns die Gelegenheit gab, uns zu unterhalten.

Mrs. Grace Zaring Stone[4] war ebenfalls Passagier auf dem Schiff. Sie hatte ein Buch mit dem Titel „The Bitter Tea of General Yen" geschrieben und war auf dem Weg nach Hollywood, wo das Buch verfilmt[5] wurde. Sie hatte eine Zeit lang in China gelebt, und ihr Aufenthalt dort hatte sie zum Schreiben des Buches inspiriert.

Dies ist das *Geheimnis* von Erfolg: *das, was man tut, für andere Menschen interessant zu machen.* Seien Sie selbst interessiert, und andere werden Sie interessant finden.

Gute Laune und ein freundliches Lächeln öffnen oft die verborgene Tür. Die Chinesen haben ein Sprichwort: „Ein Mann ohne ein Lächeln sollte keinen Laden eröffnen."

Der Erfolg eines Lächelns wurde in einem französischen Film ins Szene gesetzt, in dem Chevalier[6] die Hauptrolle spielte. Der Film hieß „Mit einem Lächeln"[7].

---

3   Originaltitel: „Outside Looking In" von Maxwell Anderson
4   Grace Zaring Stone (1891 – 1991): US-amerikanische Schriftstellerin
5   „The Bitter Tea of General Yen" aus dem Jahr 1933 – Regie: Frank Capra
6   Maurice Chevalier (1888 – 1972): bekannter französischer Schauspieler und Chansonsänger
7   „Avec le sourire" / „With a Smile" – Französische Komödie aus dem Jahr 1936 –

Eine der Figuren war arm und trübsinnig geworden und stand kurz davor, obdachlos zu werden. Der Mann sagte zu Chevalier: „Was hat mir meine ganze Ehrlichkeit letztlich eingebracht?" Und Chevalier antwortete: „Ehrlichkeit allein wird Ihnen nicht helfen – ohne ein Lächeln." Daraufhin änderte sich der Mann auf der Stelle, verbesserte seine Laune und wurde sehr erfolgreich.

Wenn Sie in der Vergangenheit leben und sich über Widrigkeiten und Missgeschicke beklagen, bauen Sie damit eine dicke Mauer um Ihr persönliches Jericho.

Zu viel über Ihre Angelegenheiten zu reden und damit Ihre Energie zu zerstreuen und zu vergeuden, führt Sie vor eine hohe Mauer. Ich kannte einmal einen Mann mit Verstand und Fähigkeiten, der ein kompletter Versager war.

Er lebte mit seiner Mutter und seiner Tante, und ich erfuhr, dass er jeden Abend, wenn er zum Essen nach Hause kam, den beiden alles erzählte, was sich während des Tages im Büro zugetragen hatte, und seine Hoffnungen, Ängste und Misserfolge mit ihnen diskutierte.

Ich sagte zu ihm: „Sie verplempern Ihre Energie, wenn Sie ständig über alles reden, was Ihnen über den Weg läuft. Diskutieren Sie, was in Ihrer Firma passiert, nicht mit Ihrer Familie. Schweigen ist Gold!"

Er nahm sich meinen Rat zu Herzen. Und er weigerte sich von nun an, beim Abendessen über seine Angelegenheiten am Arbeitsplatz zu reden. Seine Mutter und die Tante waren bitter enttäuscht, weil sie von seinen weitschweifigen Bürogeschichten gar nicht genug bekommen konnten. Doch sein Schweigen erwies sich als golden!

Nicht lange danach, bekam er eine Stelle für hundert Dollar pro Woche, und innerhalb weniger Jahre verdreifachte sich sein Gehalt auf dreihundert Dollar.

Hinter Erfolg steckt kein Geheimnis, sondern ein System.

Regie: Maurice Tourneur (1876 – 1961)

Viele Menschen stehen vor einer Mauer, die sie aus Entmutigungen gebaut haben. Doch Mut und Ausdauer sind wesentliche Faktoren des Systems. Das wissen wir aus den Lebensgeschichten erfolgreicher Männer und Frauen.

Ich hatte ein amüsantes Erlebnis, das mir das bewusst werden ließ. Ich stand vor dem Kino, wo ich mit einer Freundin verabredet war. Während ich auf sie wartete, beobachtete ich einem Jungen, der neben mir Programmhefte verkaufte.

Er rief den vorbeikommenden Leuten zu: „Kaufen Sie das Programmheft zum Film mit Fotos der Schauspieler und ihren Lebensläufen."

Die Leute gingen achtlos an ihm vorüber, ohne ein Heft zu kaufen. Zu meiner Überraschung wandte er sich plötzlich zu mir und sagte: „Wissen Sie, was ich hier mache, ist wirklich kein Job für einen Jungen mit Ambitionen."

Dann hielt er mir einen kleinen Vortrag über Erfolg. Er sagte: „Die meisten Menschen geben auf, ganz kurz bevor sich etwas Großes für sie ergibt. Ein erfolgreicher Mensch gibt niemals auf."

Das interessierte mich natürlich und ich sagte: „Wenn ich das nächste Mal hierher komme, bringe ich dir ein Buch mit. Es heißt *Das Lebensspiel und wie man es spielt*[8] Du wirst sicher mit vielen Ideen darin übereinstimmen."

Eine oder zwei Wochen später kam ich mit dem Buch wieder.

Das Mädchen am Kartenschalter sagte zu ihm: „Lass mich das Buch lesen, Eddie, während du deine Programmhefte verkaufst." Der Mann, der die Eintrittskarten abriss, beugte sich zu uns, um ebenfalls einen Blick auf das Buch zu werfen.

Das „Lebensspiel" stößt bei Leuten immer auf Interesse.

---

[8] Florence Scovel Shinn: „The Game of Life and How to Play It" (1925)

Als ich drei Wochen später das nächste Mal ins Kino kam, war Eddie nicht mehr da. Er hatte einen neuen Job gefunden, der ihm Spaß machte und besser bezahlt wurde. Seine Mauer um Jericho war zerbröckelt, weil er sich nicht entmutigen lassen hatte.

Nur zweimal wird das Wort *Erfolg* in der Bibel erwähnt, und beide Stellen finden sich im Buch Josua.

„Nur sei sehr stark und mutig, dass du darauf achtest, zu tun nach dem ganzen Gesetz, welches mein Knecht Mose dir geboten hat. Weiche nicht davon ab zur Rechten noch zur Linken, auf dass es dir gelinge überall, wohin du gehst. Dieses Buch des Gesetzes soll nicht von deinem Munde weichen, und du sollst darüber sinnen Tag und Nacht, auf dass du darauf achtest, zu tun nach allem, was darin geschrieben ist; denn alsdann wirst du auf deinem Wege Erfolg haben, und alsdann wird es dir gelingen. Weiche nicht davon ab zur Rechten noch zur Linken."[9]

Die Straße zum Erfolg ist schnurgerade und schmal. Der Weg wird voller Hingabe und mit ungeteilter Aufmerksamkeit beschritten.

„Sie ziehen an, womit Sie sich in Ihren Gedanken am meisten beschäftigen."

Wenn Sie also viel über Mangel nachdenken, ziehen Sie Mangel an; wenn Sie sich in Gedanken oft mit Ungerechtigkeiten beschäftigen, ziehen Sie noch mehr Ungerechtigkeiten an.

Josua sagte: „Und es soll geschehen, wenn man das Lärmhorn anhaltend bläst, wenn ihr den Schall der Posaune höret, so soll das ganze Volk ein großes Geschrei erheben; und die Mauer der Stadt wird an ihrer Stelle einstürzen, und das Volk soll hinaufsteigen, ein jeder gerade vor sich hin."[10]

Die innere Bedeutung dieser Geschichte liegt in der Macht des Wor-

---

9 Josua 1,7-8 – Elberfelder Bibel 1905
10 Josua 6,5 – Elberfelder Bibel 1905

tes, Ihres Wortes, das Beschränkungen auflöst und Hindernisse aus dem Weg räumt.

Als die Menschen ihr Geschrei erhoben, stürzte die Mauer ein.

Wir finden in Sagen und Märchen, denen Legenden zugrunde liegen, die auf der Wahrheit gründen, dieselbe Idee: Ein Wort öffnet Türen oder spaltet Felsen.

Wir treffen sie in der Erzählung „Ali Baba und die vierzig Räuber" aus „Tausendundeine Nacht"[11] wieder. Ich habe die Geschichte als Film gesehen.

Ali Baba hat irgendwo in den Bergen zwischen Felsen verborgen ein geheimes Versteck, zu dem man nur Zutritt erhält, wenn man die geheime Formel kennt und ausspricht. Sie lautet: „Sesam, öffne dich!"

Ali Baba stellt sich vor die Felswand hin und ruft: „Sesam, öffne dich!" Da gleiten die Felsen auseinander und geben den Eingang frei.

Die Geschichte ist sehr inspirierend, denn sie gibt Ihnen eine bildhafte Vorstellung davon, wie Ihre persönlichen Felsen und Schranken sich auf das richtige Wort hin öffnen.

Lassen Sie uns nun eine passende Affirmation formulieren:
Die Mauern aus Mangel und Verzögerung brechen jetzt zusammen und ich betrete mein Verheißenes Land unter Gnade.

---

11 Sammlung morgenländischer Erzählungen und Klassiker der Weltliteratur

Ziegelsteine ohne Stroh

„So gehet nun hin und frönt; Stroh soll man euch nicht geben, aber die Anzahl der Ziegel sollt ihr schaffen."[12]

Im 5. Kapitel des 2. Buch Mose lesen wir Schilderungen von Szenen aus dem täglichen Leben, für die es auch eine metaphysische Deutung gibt.

Die Kinder Israels wurden vom Pharao, dem grausamen Zuchtmeister und Herrscher über Ägypten, in Knechtschaft gehalten. Sie lebten in Sklaverei, mussten Ziegelsteine herstellen, und wurden gehasst und verachtet.

Moses hatte vom Herrn den Auftrag, sein Volk aus der Knechtschaft zu befreien. „Und danach gingen Mose und Aaron hinein und sprachen zu dem Pharao: So spricht Jehova, der Gott Israels: Lass mein Volk ziehen, dass sie mir ein Fest halten in der Wüste!"[13]

Doch der Pharao weigerte sich nicht nur, das Volk gehen zu lassen, sondern machte stattdessen ihre erzwungene Arbeit noch schwieriger: Sie mussten Ziegel herstellen, ohne dass sie das dazu nötige Stroh erhielten.

„Da gingen die Vögte des Volkes und ihre Amtleute aus und sprachen zum Volk: So spricht Pharao: Man wird euch kein Stroh geben; geht ihr selbst hin und sammelt euch Stroh, wo ihr's findet; aber von eurer Arbeit soll nichts gemindert werden."[14]

Es war unmöglich, ohne Stroh Ziegel herzustellen. Der Pharao ließ die Kinder Israels schinden und schikanieren. Sie wurden geschlagen, weil sie keine Ziegel produzierten. Da kam eine Botschaft von Jehova:

---

12 2. Mose 5,18 – Luther-Bibel 1912
13 2. Mose 5,1 – Elberfelder Bibel 1905
14 2. Mose 5,10-11 – Luther-Bibel 1912

„So gehet nun hin und frönt; Stroh soll man euch nicht geben, aber die Anzahl der Ziegel sollt ihr schaffen."[15]

Weil sie auf Grundlage des Spirituellen Gesetzes arbeiteten, was bedeutet, dass für sie selbst das scheinbar Unmögliche machbar war, konnten sie die Ziegel auch ohne Stroh anfertigen.

Wie oft im Leben werden Menschen mit einer solchen Situation konfrontiert.

Agnes M. Lawson schreibt in ihrem Buch „Hints to Bible Study"[16]: „Das Leben in Ägypten unter der Knute einer fremden Macht steht als Symbol für das des Menschen unter dem gestrengen Regiment destruktiver Denkmuster wie Stolz, Angst, Verbitterung, Feindseligkeit, etc. Die Befreiung unter der Führung von Moses steht für die wachsende Freiheit, die der Mensch den Zuchtmeistern abringt, während er das Gesetz des Lebens verstehen lernt, denn wir können keine Gnade erfahren, solange wir das Gesetz nicht kennen. Das Gesetz muss bekannt gemacht werden, damit es genutzt werden kann."

In Psalm 111 lesen wir im letzten Vers: „Die Furcht des Herrn ist der Weisheit Anfang. Das ist eine feine Klugheit, wer darnach tut, des Lob bleibt ewiglich."[17]

Das Begriff „Herr" (Gesetz) erweist sich als Schlüssel zu dieser Aussage.

Mit der Furcht vor dem Gesetz (Karmisches Gesetz) beginnt die Entwicklung von Weisheit (nicht mit der Furcht vor dem Herrn).

Sobald uns klar geworden ist, dass alles, was wir aussenden, irgendwann zurückkehrt, beginnen wir, uns um die Bumerangs unseres eigenen Denkens und Handelns zu sorgen.

---

15 2 Mose 5,18 – Luther-Bibel 1912
16 deutsch: Hinweise zum Bibelstudium
17 Psalm 111,10 – Luther-Bibel 1912

In einer medizinischen Zeitschrift habe ich folgende Fakten gelesen, die den Bumerang illustrieren, den der große Pharao zurückerhielt.

„Es sieht ganz danach aus, als wäre das Fleisch Erbe von langen und uralten Linien von Krankheiten, wenn der Pharao der Unterdrückung, wie von Lord Monyahan in einem Vortrag in Leeds geschildert, an einer Verhärtung des Herzens im Wortsinn litt. Lord Monyahan zeigte einige bemerkenswerte Detailaufnahmen von verschiedenen Autopsien aus einer Zeit, die tausend Jahre vor Christi Geburt lag. Unter diesen Dias fand sich auch eine Aufnahme, die das Herz des Pharaos der Unterdrückung zeigte.

„Das große Blutgefäß, das aus dem Herzen führt, war in einem so gut erhaltenen Zustand, dass man Querschnitte präparieren und diese mit aktuellem Material vergleichen konnte. Es stellte sich als unmöglich heraus, zwischen dem uralten und einem entsprechend belasteten heutigen Blutgefäß zu unterscheiden. Beide Herzen waren von Arteriosklerose befallen. In den Wänden der Blutgefäße hatten sich Ablagerungen gebildet, wodurch diese sich verhärtet und ihre Flexibilität verloren hatten.

Die Blutgefäße waren zu eng geworden und hatten den Blutfluss vom Herzen weg behindert. Mit dem körperlichen Zustand der Arteriosklerose geht eine entsprechende Veränderung der geistigen Verfassung hin zu *Engstirnigkeit und Antriebslosigkeit* einher – zu *einer Verhärtung des Herzens im übertragenen Sinn*."

Die Hartherzigkeit des Pharao hatte also sein eigenes Herz verhärtet.

Das gilt heute noch genauso wie vor Tausenden von Jahren – wir kommen alle aus dem Land Ägypten, aus dem Haus der Knechtschaft.

Ihre Zweifel und Ängste halten Sie in Sklaverei. Sie sehen sich einer Situation gegenüber, die hoffnungslos scheint. Was können Sie tun? Dies ist ein Fall von Ziegeln ohne Stroh herzustellen.

Erinnern Sie sich an das Wort Jehovas: „So gehet nun hin und frönt;

Stroh soll man euch nicht geben, aber die Anzahl der Ziegel sollt ihr schaffen."[18]?

Sie sollen Ziegel anfertigen, ohne Stroh zu haben. Und Gott schafft einen Weg, wo es keinen Weg gibt!

Ich habe eine Geschichte über eine Frau gehört, die Geld für ihre Miete benötigte. Sie brauchte es dringend, wusste aber nicht, woher es kommen sollte, weil sie schon alles versucht und all ihre Möglichkeiten ausgeschöpft hatte.

Allerdings war sie eine Schülerin der Wahrheit und sprach weiter ihre Affirmationen. Ihr Hund winselte, weil er vor die Tür wollte. Sie nahm ihn an die Leine, um mit ihm in der gewohnten Richtung Gassi zu gehen.

Doch der Hund zerrte an der Leine und wollte in die entgegengesetzte Richtung. Sie folgte ihm. Nachdem Sie einen halben Straßenblock weit gegangen war, blieb sie stehen, um in den Park auf der anderen Straßenseite abzubiegen. Da fiel ihr Blick auf den Boden und sie hob ein zusammengerolltes Bündel Banknoten auf. Das Geld deckte genau ihre Miete.

Sie versuchte, den Besitzer über Kleinanzeigen ausfindig zu machen, konnte ihn aber nicht aufspüren. Da, wo sie das Geld gefunden hatte, stand weit und breit kein Haus.

Der Verstand, der Intellekt, sitzt in unserem Bewusstsein auf dem Thron des Pharaos. Er sagt fortlaufend: „Es ist nicht machbar. Was soll die Mühe?"

Diese trostlosen Suggestionen müssen wir mit einer lebensfrohen Affirmation übertönen und ausblenden!

Nehmen Sie beispielsweise diese Aussage: *Das Unerwartete geschieht, das Gute, das mir unmöglich schien, tritt jetzt in mein Leben.* Mit dieser Af-

---

18 2 Mose 5,18 – Luther-Bibel 1912

firmation stoppen Sie alle Argumente Ihrer Feinde (Ihres Verstandes).

„Das Unerwartete geschieht!" Das ist eine Idee, mit der Ihr Verstand nichts anzufangen weiß.

„Du hast mich weiser gemacht, als meine Feinde"[19]: Ihre feindlichen Gedanken, Ihre Zweifel, Ihre Ängste und Befürchtungen!

Denken Sie an die Freude darüber, wirklich für immer vom Pharao der Unterdrückung befreit zu sein, und die Vorstellung von *Sicherheit, Gesundheit, Glück und Fülle in Ihrem Unbewussten etabliert zu haben.* Das würde ein Leben frei von allen Beschränkungen bedeuten!

Es wäre das Königreich, von dem Jesus Christus sprach, in dem wir alle Dinge automatisch zugeteilt bekommen. Ich sage „automatisch zugeteilt", weil das ganze Leben aus Schwingungen besteht; und wenn wir synchron zu Erfolg, Glück und Fülle schwingen, kommen die Dinge, die diese Bewusstseinszustände symbolisieren, ganz von selbst zu uns.

Fühlen Sie sich reich und erfolgreich, und plötzlich erhalten Sie aus heiterem Himmel einen großen Scheck oder ein wunderschönes Geschenk.

Ich erzähle Ihnen eine Geschichte, die das Gesetz in Aktion zeigt. Ich ging zu einer Party, auf der Spiele gespielt wurden und jeder, der gewann, ein Geschenk bekam. Der Hauptpreis war ein dekorativer Ventilator.

Unter den Anwesenden befand sich auch eine sehr reiche Frau, die alles hatte. Ihr Name war Clara. Die Ärmeren und Missgünstigen steckten die Köpfe zusammen und tuschelten: „Wir hoffen, dass Clara den Ventilator nicht bekommt." Aber natürlich gewann Clara das begehrte Stück.

Sie war unbekümmert und sorglos, und strahlte Fülle aus. *Neid und*

---

19 In Anlehnung an Psalm 119,98

Missgunst schalten Ihre positiven Schwingungen ab und halten Ihre Ventilatoren von Ihnen fern.

Sollten Sie selbst zu Neid und Missgunst neigen, machen Sie diese zu Ihrer ständigen Affirmation: *Was Gott für andere getan hat, tut er nun für mich – und mehr!*

Dann werden Ihnen all die Ventilatoren und andere Dinge förmlich zufliegen!

Niemand gibt einem etwas, als man selbst, und niemand nimmt einem etwas, als man selbst. Das „Lebensspiel" ist ein Solitärspiel, und während Sie sich ändern, ändern sich auch Ihre Lebensumstände.

Nun aber zurück zum Pharao, dem Unterdrücker. Niemand kann Unterdrücker ausstehen.

Ich erinnere mich an eine Freundin, die ich vor vielen Jahren hatte; ihr Name war Lettie. Ihr Vater hatte eine Menge Geld und versorgte ihre Mutter und sie selbst mit allem, was sie zum Leben brauchten. Doch er war nicht bereit, irgendwelchen Luxus für die beiden zu bezahlen.

Wir gingen zusammen in die Kunstschule, und alle Studenten dort kauften sich Reproduktionen der „Winged Victory"[20], von „Whistler's Mother"[21] oder Ähnliches, um Kunst ins eigene Heim zu bringen. Der Vater meiner Freundin bezeichnete solche Dinge als „Plunder". Und er sagte bei jeder Gelegenheit: „Bringt mir bloß keinen Plunder mit nach Hause."

So lebte sie ein farbloses Leben ohne eine Siegesgöttin auf ihrer Kommode stehen oder „Whistlers Mutter" an der Wand hängen zu haben.

Ihr Vater sagte oft zu meiner Freundin und ihrer Mutter: „Wenn ich einmal sterbe, seid ihr beide sehr gut versorgt."

---

20 „Siegesgöttin"
21 „Arrangement in Grau und Schwarz: Porträt der Mutter des Künstlers" von James Abbott McNeill Whistler (1834 – 1903)

Eines Tages fragte jemand Lettie: „Wann gehst du ins Ausland?" (Alle Kunststudenten gingen für eine Zeit ins Ausland.)

Sie antwortete fröhlich: „Nicht, bevor Papa gestorben ist."

Menschen freuen sich immer darauf, eines Tages frei von Mangel und Unterdrückung zu sein.

Befreien wir uns jetzt selbst von den *Tyrannen negativen Denkens* – wir waren Sklaven von Zweifeln, Ängsten und Befürchtungen –, so wie die Kinder Israels von Moses in die Freiheit geführt wurden, und verlassen wir das Land Ägypten und das Haus der Knechtschaft.

Finden Sie den Gedanken, der Ihr größter Unterdrücker ist; finden Sie Ihren *King-Pin*.[22]

In den Holzfällerlagern werden im Frühjahr viele Baumstämme den Fluss hinab geschickt.

Manchmal kommen sich dabei Stämme gegenseitig in die Quere und verursachen einen Stau. Dann suchen die Arbeiter nach dem Baumstamm, der den Stau verursacht (sie nennen ihn King-Pin), richten ihn wieder aus, und die Stämme rauschen weiter den Fluss hinab.

Vielleicht ist Ihr King-Pin Groll, den Sie hegen, oder Ärger, der an Ihnen nagt. Groll hält das Gute, auf das Sie hoffen, von Ihnen fern.

Je mehr Sie grollen, desto mehr Anlässe wird es geben, über die Sie sich ärgern. Sie legen auf diese Weise einen Pfad des Verdrusses in Ihrem Bewusstsein an, und Ihre Miene wird Ihren zur Gewohnheit gewordenen Ärger widerspiegeln.

Man wird Sie meiden, und Sie werden all die goldenen Gelegenheiten verpassen, die Ihnen Tag für Tag begegnen.

Ich erinnere mich, dass es vor einigen Jahren auf den Straßen von Männern wimmelte, die Äpfel verkauften.

---

22 deutsch: Königszapfen

Sie standen früh am Morgen auf, um sich die gut frequentierten Ecken zu sichern.

Einem von ihnen bin ich verschiedene Male auf der Park Avenue begegnet. Er trug die übellaunigste Miene zur Schau, die ich je gesehen habe.

Wenn Leute vorübergingen, sagte der Mann: „Äpfel! Äpfel!", aber niemand blieb stehen, um einen zu kaufen.

Ich investierte in einen seiner Äpfel und meinte: „Sie werden nie Äpfel verkaufen, solange sie nicht eine andere Miene aufsetzen."

Er antwortete: „Also, wissen Sie, der Typ da drüben hat mir meine Ecke weggeschnappt."

Ich sagte: „Verschwenden Sie keinen Gedanken an die Ecke. Sie können auch hier Äpfel verkaufen, wenn Sie ein freundliches Gesicht machen."

Er sagte: „Ok, meine Dame", und ich ging weiter. Am nächsten Tag sah ich ihn wieder. Seine Miene hatte sich völlig verwandelt. Er verkaufte jetzt Äpfel mit einem Lächeln und machte ein gutes Geschäft.

Finden Sie also Ihren King-Pin (gut möglich, dass Sie mehrere haben), und Ihre Baumstämme des *Erfolgs, des Glücks und der Fülle* werden ungehindert den Fluss hinab rauschen.

„So gehet nun hin und arbeitet; Stroh soll man euch nicht geben, aber ihr werdet Ziegel ohne Stroh machen."[23]

---

23 In Anlehnung an: 2 Mose 5,18 – Luther-Bibel 1912

Fünf aber von Ihnen waren klug

„Fünf aber von ihnen waren klug und fünf töricht.
Die, welche töricht waren, nahmen ihre Lampen
und nahmen kein Öl mit sich."[24]

Mein Thema in diesem Kapitel ist die Parabel von den fünf klugen und den fünf törichten Jungfrauen. „Fünf aber von ihnen waren klug und fünf töricht. Die, welche töricht waren, nahmen ihre Lampen und nahmen kein Öl mit sich; die Klugen aber nahmen Öl in ihren Gefäßen mit ihren Lampen."[25] Die Parabel lehrt, dass wahrhaftes Beten Vorbereitung bedeutet.

Jesus Christus sagte: „Und alles, was ihr bittet im Gebet, *so ihr glaubet*, werdet ihr's empfangen."[26] „Darum sage ich euch: Alles, was ihr bittet in eurem Gebet, glaubet nur, dass ihr's empfangen werdet, so wird's euch werden."[27] In dieser Parabel zeigt er, dass nur diejenigen, die sich auf das ersehnte Gute vorbereitet haben (und damit ihren aktiven Glauben zeigen), dessen Manifestation zustande bringen.

Lassen Sie uns diese Aussagen aus der Bibel umformulieren: Wenn Sie beten, glauben Sie daran, dass Sie das Gewünschte bereits haben und handeln Sie so, als wäre Ihr Wunsch bereits erfüllt.

Untätiger Glaube wird niemals Berge versetzen. Entspannt im Sessel sitzend, in der Stille oder der Meditation sind Sie ganz vom Wunder dieser Wahrheit erfüllt und fühlen, dass Ihr Glaube nie wanken wird. Sie wissen, dass der Herr Ihr Hirte ist und dass Sie niemals Mangel leiden werden.

Sie fühlen, dass Ihr Gott der Fülle alle drückenden Schulden und Be-

---

24 Matthäus 25,2-3 – Elberfelder Bibel 1905
25 Matthäus 25,2-4 – Elberfelder Bibel 1905
26 Matthäus 21,22 – Luther-Bibel 1912
27 Markus 11,24 – Luther-Bibel 1912

schränkungen auslöschen wird. Dann verlassen Sie Ihren bequemen Sessel und treten hinaus in die Arena des Lebens. Und nur was Sie in dieser Arena tun, zählt.

Ich gebe Ihnen ein Beispiel, das zeigt, wie das Gesetz funktioniert, denn Glaube ohne Aktion ist tot.

Ein Mann, einer meiner Schüler, hegte den großen Wunsch, ins Ausland zu reisen. Er wählte folgende Affirmation: *Ich danke für meine göttlich geplante und göttlich finanzierte Reise, die unter Gnade stattfindet und perfekt verlaufen wird.* Er verfügte über sehr wenig Geld. Aber da er das Gesetz der Vorbereitung kannte, kaufte er sich einen Koffer. Der Koffer war bunt und fröhlich und trug ein rotes Band um die Mitte. Wenn immer der Mann ihn betrachtete, fühlte er sich, als wäre er schon unterwegs. Eines Tages hatte er den Eindruck, sein Zimmer würde wanken. Er spürte die Bewegung eines Schiffes. Er trat ans Fenster, um frische Luft zu schnappen und hatte den Geruch der Docks in der Nase. Mit seinem inneren Ohr hörte er das Kreischen einer Möwe und das Knarren des Landungsstegs. Der Koffer hatte begonnen zu wirken. Er hatte den Mann in die Schwingung seiner Reise versetzt. Bald darauf erhielt mein Schüler einen größeren Geldbetrag und er unternahm seine Reise. Nach seiner Rückkehr sagte er, sie sei in jedem Detail perfekt gewesen.

In der Arena des Lebens müssen wir darauf achten, stets auf das Konzert eingestimmt zu bleiben.

Handeln wir aufgrund von Angst oder Glauben? *Betrachten Sie Ihre Motive mit größter Sorgfalt. Denn aus ihnen erwachsen die Umstände Ihres Lebens.*

Wenn Ihr Problem ein finanzielles ist (und das ist es gewöhnlich), müssen Sie wissen, wie Sie Ihre Energie in Gelddingen ankurbeln und auf hohem Niveau halten können, indem Sie immer aus dem Glauben heraus handeln. Die materielle Haltung zum Geld ist, auf Ihr Gehalt,

Ihr Einkommen und Ihre Investitionen zu vertrauen, die aber alle über Nacht sinken können.

Die spirituelle Haltung zum Geld ist, darauf zu vertrauen, dass Gott Sie versorgt. Um Ihren Besitz zu wahren, denken Sie immer daran, dass es sich dabei um Gott in materieller Form handelt. „Was Allah gegeben hat, kann einem nicht genommen werden", denn wenn sich eine Tür schließt, öffnet sich sofort eine andere.

Fassen Sie nie Mangel oder Beschränkungen in Worte, denn „aus deinen Worten wirst du verdammt werden".[28] Sie verbinden sich mit dem, was Sie wahrnehmen, und wenn Sie ständig Fehlschläge und schwere Zeiten vor Augen haben, verbinden Sie sich mit Fehlschlägen und schweren Zeiten.

Sie müssen es sich zur Gewohnheit machen, in der vierten Dimension zu leben, der „Welt des Wundersamen". Dies ist die Welt, in der Sie nicht nach äußeren Erscheinungen urteilen.

Trainieren Sie Ihr inneres Auge so, dass es in einem Fehlschlag Erfolg sieht, in Krankheiten Gesundheit und in Beschränkungen Fülle. *Ich werde dir das Land geben, das du vor deinem inneren Auge siehst.* „Denn alles Land, das du siehst, will ich dir geben."[29]

Erfolgreiche Menschen haben eine *festgelegte Vorstellung von Erfolg*. Ist er auf einem Fundament von Wahrheit und Richtigkeit errichtet, wird er Bestand haben. Ist er das nicht, ist er auf Sand gebaut, wird ins Meer gespült und kehrt in seine ursprüngliche Nichtigkeit zurück.

Nur göttliche Ideen können von Dauer sein. Das Übel zerstört sich selbst, weil es sich dem Fluss der universellen Ordnung widersetzt. Und der Weg des Missetäters ist hart.

„Die, welche töricht waren, nahmen ihre Lampen und nahmen kein

---

28 Matthäus 12,37 – Luther-Bibel 1912
29 1. Mose 13,15 – Luther-Bibel 1912

Öl mit sich; die Klugen aber nahmen Öl in ihren Gefäßen mit ihren Lampen."[30]

Die Lampe symbolisiert das Bewusstsein des Menschen. Das Öl steht für das, was Licht oder Einsicht bringt.

„Da nun der Bräutigam verzog, wurden sie alle schläfrig und schliefen ein. Zur Mitternacht aber ward ein Geschrei: Siehe, der Bräutigam kommt; geht aus ihm entgegen! Da standen diese Jungfrauen alle auf und schmückten ihre Lampen. Die törichten aber sprachen zu den klugen: Gebt uns von eurem Öl, denn unsere Lampen verlöschen."[31]

Die törichten Jungfrauen waren ohne Weisheit oder Einsicht, dem Öl für das Bewusstsein, und als sie mit einer ernsthaften Situation konfrontiert wurden, waren sie nicht in der Lage, damit umzugehen.

Und als sie zu den klugen sagten: „Gebt uns von eurem Öl", „da antworteten die Klugen und sprachen: Nicht also, auf dass nicht uns und euch gebreche; geht aber hin zu den Krämern und kauft für euch selbst."[32]

Das bedeutet, dass die törichten Jungfrauen *nicht mehr erhalten konnten, als sich in ihrem Bewusstsein befand*, oder als was mit ihren Schwingungen im Einklang war.

Der Mann erhielt seine Reise, weil sie in seinem Bewusstsein vorhanden war – als Realität. Er glaubte, dass er sie bereits bekommen hatte. Als er sich auf die Reise vorbereitete, nahm er – bildlich gesprochen – Öl für seine Lampen mit. *Auf die Vergegenwärtigung folgt die Manifestation.*

Das Gesetz der Vorbereitung wirkt in beiderlei Richtung. Wenn Sie sich auf etwas vorbereiten, vor dem Sie Angst haben oder das Sie nicht mögen, beginnen Sie damit automatisch, es anzuziehen. David

---

30 Matthäus 25,2-4 – Elberfelder Bibel 1905
31 Matthäus 25,5-8 – Luther-Bibel 1912
32 Matthäus 25,9 – Luther-Bibel 1912

sagte: „Denn was ich gefürchtet habe ist über mich gekommen."[33] Oft hört man Leute sagen: „Ich muss Geld auf die Seite legen für den Fall einer Krankheit." Damit bereiten sie sich absichtlich darauf vor, krank zu werden. Oder: „Ich spare für schlechte Zeiten." Diese schlechten Zeiten werden kommen – sicher und im ungünstigsten Moment.

Die göttliche Idee für jeden Menschen ist Fülle. Ihre Scheunen *sollen voll sein und Ihre Kelter von Most überfließen.*[34] Doch bevor es soweit ist, müssen wir lernen, richtig zu bitten.

Nehmen Sie zum Beispiel dieses Statement: *Ich berufe mich auf das Gesetz der Akkumulation. Meine Versorgung kommt von Gott. Sie strömt mir jetzt zu und sammelt sich unter Gnade.*

Diese Aussage enthält kein Bild von Beschränkungen, Sparzwängen oder Krankheit. Sie vermittelt ein vierdimensionales Gefühl von Fülle und überlässt es der Unendlichen Intelligenz, die geeigneten Versorgungskanäle zu finden.

Sie müssen jeden Tag eine Wahl treffen: werden Sie klug sein oder töricht? Werden Sie sich auf Gutes vorbereiten? *Werden Sie den gewaltigen Sprung in den Glauben wagen?* Oder dienen sie weiter Zweifel und Angst und nehmen kein Öl für Ihre Lampen mit?

„Als sie aber hingingen zu kaufen, kam der Bräutigam, und die bereit waren, gingen mit ihm ein zur Hochzeit; und die Tür ward verschlossen. Später aber kamen auch die übrigen Jungfrauen und sagten: Herr, Herr, tue uns auf! Er aber antwortete und sprach: Wahrlich, ich sage euch, ich kenne euch nicht."[35]

Sie haben vielleicht das Gefühl, dass die törichten Jungfrauen teuer dafür bezahlt haben, dass sie vergessen hatten, Öl für ihre Lampen mitzubringen. Doch wir haben es hier mit dem Gesetz des Karmas zu

---

33 Hiob 3,25 – Luther-Bibel 1912
34 In Anlehnung an: Sprüche 3,10 – Elberfelder Bibel 1905
35 Matthäus 25,10-12 – Elberfelder Bibel 1905

tun (oder dem Gesetz der Wiederkehr). Dieses Gesetz wird auch „Tag des jüngsten Gerichts" genannt, den die Leute gewöhnlich mit dem Ende der Welt assoziieren.

Ihr Jüngstes Gericht kommt, sagt man, in Siebenerintervallen – in sieben Stunden, sieben Tagen, sieben Wochen, sieben Monaten oder sieben Jahren. Es kann sogar in sieben Minuten kommen. Dann tragen Sie ein Quantum karmischer Schulden ab, den Preis dafür, gegen das Spirituelle Gesetz verstoßen zu haben. *Sie haben darin versagt, auf Gott zu vertrauen, Sie haben kein Öl für Ihre Lampen mitgenommen.*

Überprüfen Sie Tag für Tag Ihr Bewusstsein, um festzustellen, worauf Sie sich vorbereiten. Wenn Sie Angst vor Mangel haben und jeden Cent zweimal umdrehen, ziehen Sie damit weitere Engpässe an. Nutzen Sie, was Sie haben, mit Klugheit, dann öffnen Sie damit Kanäle, über die mehr zu Ihnen kommt.

In meinem Buch *Your Word is Your Wand*[36] spreche ich über eine magische Geldbörse. In *Tausendundeine Nacht* wird die Geschichte eines Mannes erzählt, der eine magische Geldbörse besitzt. Wenn immer das Geld darin ausgeht, wird sie ohne sein Zutun sofort wieder gefüllt.

Die Geschichte inspirierte mich zu folgendem Statement: *Meine Versorgung kommt von Gott – ich besitze die magische Geldbörse des Geistes. Sie kann niemals geleert werden. Wenn ich Geld ausgebe, kommt sofort neues nach. Sie ist immer voll, eine Quelle der Fülle – unter Gnade und auf perfekte Weise.*

Mein Statement schafft ein lebhaftes Bild im Geist: Sie heben Geld von der Bank der Imagination ab.

Eine Frau, die nicht über viel Geld verfügte, hatte Angst davor, Rechnungen zu bezahlen und dabei zu sehen, wie ihr Bankguthaben schrumpfte. Sie übernahm meine Affirmation mit großer Überzeu-

---

36 deutsch: „Dein Wort ist Dein Zauberstab"

gung: „Ich besitze die magische Geldbörse des Geistes. Sie kann niemals geleert werden. Wenn ich Geld ausgebe, kommt sofort neues nach." Nun zahlte sie ihre Rechnungen ohne Furcht und erhielt in der Folge mehrere große Schecks, die sie nicht erwartet hatte.

„Wachet und betet, auf dass ihr nicht in Versuchung kommet"[37], euch auf etwas Destruktives vorzubereiten, anstatt auf etwas Konstruktives.

Ich kannte eine Frau, die mir erzählte, dass sie immer einen langen Kreppschleier bereit halte für den Fall einer Beerdigung. Ich sagte ihr: „Sie sind eine Bedrohung für Ihre Verwandten, denn Sie bereiten sich auf baldige Todesfälle vor, damit sie ihren Schleier tragen können." Daraufhin warf sie ihn weg.

Eine andere Frau, die kein Geld hatte, beschloss, ihre zwei Töchter aufs College zu schicken. Ihr Ehemann verhöhnte sie wegen dieser Idee und sagte: „Und wer soll das Schulgeld für sie bezahlen? Ich habe dafür kein Geld." Sie antwortete: „Ich weiß, *dass uns etwas unvorhergesehenes Gutes bevorsteht.*" Und sie fuhr fort, ihre Töchter aufs College vorzubereiten. Ihr Mann lachte schallend darüber und erzählte all ihren Freunden, dass seine Frau die Töchter aufs College schicken wolle, und dass „etwas unvorhergesehenes Gutes" dafür bezahlen würde. Bald darauf schickte ihnen ein reicher Verwandter aus heiterem Himmel einen Scheck über einen großen Betrag. „Etwas unvorhergesehenes Gutes" *war eingetroffen*, weil die Frau aktiven Glauben bewiesen hatte. Ich fragte sie, was sie ihrem Mann gesagt habe, als der Scheck eintraf. „Oh", antwortete sie, „ich stoße George nie vor den Kopf, indem ich ihn darauf hinweise, dass ich recht habe."

Bereiten Sie sich also auf Ihr „unvorhergesehenes Gutes" vor. Bekräftigen Sie mit jedem Gedanken und mit jeder Handlung Ihren standhaften Glauben daran. Jedes Ereignis in Ihrem Leben ist eine kristalli-

---

37 Markus 14,38 – Elberfelder Bibel 1905

sierte Idee; etwas, das Sie entweder durch Angst oder durch Ihren Glauben in Ihr Leben eingeladen haben; *etwas, worauf Sie sich vorbereitet haben.*

Also lassen Sie uns klug sein und Öl für unsere Lampen mitnehmen. Dann werden wir, wenn wir es am wenigsten erwarten, die Früchte unseres Glaubens ernten.

*Meine Lampen sind jetzt gefüllt mit
dem Öl des Glaubens und der Erfüllung.*

Was erwarten Sie?

Euch geschehe nach eurem Glauben.[38]

Glaube ist Erwartung: „Euch geschehe nach eurem Glauben."
Man kann also sagen, dass uns geschieht, was wir erwarten. Nun, was erwarten Sie?

Wir hören Leute sagen: „Wir erwarten das Schlimmste", oder: „Das Schlimmste steht uns noch bevor." Damit laden sie willentlich das Schlimmste ein!

Wir hören andere Leute sagen: „Ich erwarte eine Veränderung zum Besseren." Diese Leute laden bessere Umstände in ihr Leben ein.

Ändern Sie Ihre Erwartungen und Sie ändern damit Ihre Lebensumstände.

Wie aber können Sie Ihre Erwartungen ändern, wenn Sie es sich zur Gewohnheit gemacht haben, Verlust, Mangel oder Misserfolg zu erwarten?

Beginnen Sie damit, so zu tun, als *würden Sie* Erfolg, Glück und Fülle *erwarten; bereiten Sie sich auf Gutes vor.*

Tun Sie etwas, das Ihre Erwartung demonstriert, dass das Gewünschte eintritt. Nur aktiver Glaube beeindruckt das Unbewusste.

Wenn Sie das Wort für ein neues Zuhause gesprochen haben, fangen Sie sofort an, sich darauf vorzubereiten, so, als hätten Sie keinen Augenblick zu verlieren. Sammeln sie kleine Dekostücke, Tischdecken, etc.!

Ich kannte eine Frau, die mit einem Riesenschritt zum Glauben wechselte, indem Sie einen wuchtigen Sessel kaufte. Ein Stuhl hätte für sie Geschäft symbolisiert. Doch sie war gerade dabei, sich auf den richti-

---
[38] Matthäus 9,29 – Elberfelder Bibel 1905

gen Mann vorzubereiten. Also kaufte sie einen großen, bequemen Sessel. Und der Mann kam.

Nun mag jemand einwerfen: „Was ist, wenn jemand das Geld nicht hat, um sich Zierrat oder einen Sessel zu kaufen?"

Dann machen Sie einen Schaufensterbummel und verbinden Sie sich mit den gewünschten Dingen in Gedanken.

Nehmen Sie die Schwingungen der Dinge auf. Manchmal höre ich Leute sagen: „Ich gehe nicht in Läden, weil ich es mir nicht leisten kann, etwas zu kaufen." Dabei ist gerade das ein Grund, in Läden zu gehen. Fangen Sie an, sich mit Dingen anzufreunden, die Sie benötigen oder sich wünschen.

Ich kenne eine Frau, die sich einen Ring wünschte. Sie trat beherzt in eine Schmuckabteilung und probierte Ringe an.

Das vermittelte ihr ein so starkes Gefühl, eines der Schmuckstücke wirklich zu besitzen, dass ihr nicht lange danach ein Freund tatsächlich einen Ring schenkte. „Man verbindet sich mit dem, was man bewusst wahrnimmt."

Nehmen Sie weiterhin bewusst schöne Dinge wahr, und Sie stellen damit unsichtbare Kontakte zu ihnen her. Früher oder später werden diese Dinge in ihr Leben gezogen werden, es sei denn Sie sagen: „Das wäre zu schön, um wahr zu sein."

„Nur auf Gott vertraue still meine Seele, denn von ihm kommt meine Erwartung."[39] Dies ist die wichtigste Aussage des 62. Psalms.

Die Seele ist das Unbewusste, und der Psalmist hat sein Unbewusstes angewiesen, alles direkt von der universellen Quelle zu erwarten und sich nicht auf Türen und Kanäle zu verlassen. „Denn von ihm kommt meine Erwartung."

Gott kann nicht scheitern, denn „seine Wege sind genial, seine Methoden sind sicher."

---

39 Psalm 62,5 – Elberfelder Bibel 1905

Sie können von Gott alles – selbst scheinbar unmögliches – Gute erwarten, wenn Sie die Kanäle nicht begrenzen.

Sagen Sie nicht, wie Sie es gemacht haben wollen, oder wie es nicht bewerkstelligt werden kann.

„Gott ist der Geber und die Gabe und *schafft sich seine eigenen erstaunlichen Kanäle.*"

Übernehmen Sie für sich folgendes Statement: *Ich kann von Gott, dem Geber nicht getrennt werden, deshalb kann ich auch vom Gott, der Gabe nicht getrennt werden. Die Gabe ist Gott in Aktion.*

Machen Sie sich klar, dass jeder Segen *Gutes in Aktion* ist, und sehen Sie Gott in jedem Gesicht und Gutes in jeder Situation. Das macht Sie zum Meister aller Lebensumstände.

Eine Frau kam zu mir und erzählte mir, dass die Heizkörper in ihrer Wohnung nicht heiß wurden, und dass Ihre Mutter an einer Erkältung litt. Sie fügte hinzu: „Der Vermieter hat erklärt, dass die Heizung bis zu einem bestimmten Datum außer Betrieb ist."

Ich antwortete: „Gott ist unser Vermieter."

Sie sagte: „Das war alles, was ich wissen wollte", und eilte davon. Am selben Abend wurde die Heizanlage ohne weitere Fragen eingeschaltet. Das lag daran, dass sie realisiert hatte, dass der Vermieter eine Manifestation Gottes war.

Dies ist eine wunderbare Zeit, weil die Menschen beginnen, sich auf Wunder einzustellen; es liegt in der Luft.

Ich zitiere aus einem Artikel von John Anderson, den ich in einer Ausgabe von „New York Journal and American" entdeckt habe und der bestätigt, was ich soeben gesagt habe.

Die Überschrift des Artikels lautet: „Theatergänger machen metaphysische Stücke zu Rennern".

„Wenn", sagte ein zynischer Theaterdirektor, den wir hier Brook Pemberton nennen wollen, mit leicht sarkastischem Unterton neulich abends bei einem Gespräch in der Pause, „ihr" – und damit meinte er uns Theaterkritiker – „doch so viel darüber wisst, was das New Yorker Publikum sehen will, wieso sagt ihr mir dann nicht, was ich auf die Bühne bringen soll? Warum helft ihr mir nicht dabei, das Theater am Laufen zu halten, statt mich aus dem Geschäft zu kritisieren? Warum sagt ihr mir nicht, welche Art von Stücken die Theatergänger sehen wollen?" „Das würde ich", sagte ich, „aber Sie würden es mir nicht glauben."

„Sie flunkern", sagte er. „Sie wissen es nicht, und Sie versuchen das damit zu kaschieren, dass Sie so tun, als wüssten Sie mehr, als Sie bereit sind zu sagen. Sie haben genauso wenig wie ich im Moment eine Idee, welche Art von Stück generell Erfolg hat."

„Doch, das habe ich", sagte ich. „Es gibt einen Erfolgsgaranten, ein Thema, das ankommt und das immer ankam, egal ob es sich gegen Liebesgeschichten, Kriminalgeschichten, historische Tragödien, etc. durchsetzen muss. Kein Stück aus diesem Genre ist jemals komplett durchgefallen, solange es nicht völlig ungenießbar war, und viele schwache Stücke sind Riesen-Hits geworden."

„Nun sagen Sie es doch endlich", drängte Mr. Pemberton. „Von welcher Art von Stücken reden Sie?"

„Von metaphysischen", antwortete ich, indem ich ein großes Wort in den Mund nahm, und wartete ruhig auf dessen Wirkung.

„Metaphysisch", sagte Mr. Pemberton. „Sie meinen metaphysisch?"

Ich hielt einen Moment lang inne, und zählte dann, weil Mr. Pemberton nichts mehr sagte, rasch ein paar Titel auf, wie: „Die grünen Weiden",[40] „Star-Wagon"[41], „Das Wunder des Malachias"[42],

---

40 Marc Connelly: „The Green Pastures" – 1930 mit dem Pulitzer-Preis Theater ausgezeichnet
41 Maxwell Anderson: „Star-Wagon" – 1937
42 Bruce Marshall: „Father Malachy's Miracle" – 1938

etc." „Einige von diesen Stücken", fügte ich hinzu, „erreichten das Publikum *über* die Köpfe der Kritiker hinweg."

Doch da war Mr. Pemberton schon fort, wahrscheinlich, um in jedem Theater der Stadt zu fragen: „Gibt es in diesem Haus einen Metaphysiker?"

Menschen beginnen, die Macht ihrer Worte und Gedanken zu realisieren. Sie verstehen die Richtigkeit der Aussage: „Glaube *ist* die Substanz dessen, worauf man hofft, und ein deutlicher Hinweis auf Dinge, die man nicht sieht."

Auf das Gesetz der Erwartung in Aktion trifft man häufig im Aberglauben.

Wenn Sie unter einer Leiter hindurch gehen und erwarten, dass Ihnen das Pech bringt, dann werden Sie auch Pech haben. Die Leiter ist daran allerdings unschuldig; Sie haben Pech, weil Sie es erwarten.

Wir können also sagen: „Erwartung ist die Substanz dessen, was man sich erhofft, oder die Substanz dessen, was man fürchtet." „Denn was ich erwartet habe, ist über mich gekommen."[43]

Nichts ist zu gut, um wahr zu sein, nichts ist zu wunderbar, um zu geschehen, nichts ist zu gut, um von Dauer zu sein, wenn Sie Ihr Gutes von Gott erwarten.

Denken Sie an die Segnungen, die so weit entfernt zu sein scheinen, und fangen Sie an, Sie jetzt zu erwarten, unter Gnade und auf unerwartetem Weg. Denn Gott wirkt auf unerwarteten Wegen, um seine Wunder zu vollbringen.

Man hat mir gesagt, dass die Bibel dreitausend Versprechen enthält.

Erwarten wir also, dass all diese Segnungen geschehen. Versprochen wird uns unter anderem: Reichtum und Ehre, ewige Jugend („Unser Fleisch wird wie das eines kleinen Kindes werden.") und ewiges Leben („Der Tod selbst wird überwunden werden.").

---

43 In Anlehnung an: Hiob 3,25 – Luther-Bibel 1912

Das Christentum wurde auf der Vergebung der Sünden und einem leeren Grab gegründet.

Wir wissen heute, dass all diese Dinge aus wissenschaftlicher Sicht möglich sind.

Wenn wir uns auf das Gesetz der Vergebung berufen, werden wir frei von Fehlern und deren Konsequenzen. „Wenn eure Sünde gleich blutrot ist, soll sie doch schneeweiß werden; und wenn sie gleich ist wie Scharlach, soll sie doch wie Wolle werden."[44])

Dann werden unser Körper in Licht gebadet und ihre pulsierende Energie wird offenbar, die unzerstörbar ist – pure Substanz in vollendeter Perfektion.

Ich erwarte das Unerwartete,
und das Gute, das ich erhoffe,
wird jetzt Wirklichkeit.

---

44 Jesaja 1,18 – Luther-Bibel 1912

Der lange Arm Gottes

„Zuflucht ist bei dem alten Gott
und unter den ewigen Armen."[45]

In der Bibel symbolisiert der Arm Gottes immer Schutz. Die Autoren der Bibel wussten um die Macht von Symbolen. Ein Symbol liefert ein Bild, das sich dem Unbewussten einprägt. Die Autoren benutzten Felsen, Schafe, Hirten, Weinberge, Lampen und Hunderte andere Dinge als Symbole. Es wäre interessant zu wissen, wie viele Symbole in der Bibel vorkommen. Der Arm symbolisiert auch Stärke.

„Zuflucht ist bei dem alten Gott und unter den ewigen Armen. Und er wird vor dir her deinen Feind austreiben und sagen: Sei vertilgt!"

Wer sind die Feinde, die Sie hemmen und hindern? Es sind die negativen Gedankenformen, die Sie Ihrem Unbewussten eingeprägt haben. Die Feinde des Menschen existieren nur in seinem „eigenen Haushalt". Der ewige Arm treibt diese feindlichen Gedanken aus und zerstört sie.

Haben Sie je die Erleichterung gespürt, wenn Sie eine negative Gedankenform endlich losgeworden sind? Vielleicht haben Sie eine Gedankenform der Missgunst und des Grolls entwickelt, die mit der Zeit dazu führt, dass Sie ständig vor Wut kochen. Sie hegen Groll gegen Leute, die Sie kennen, gegen Leute, die sie nicht kennen – gegen Leute in der Vergangenheit und gegen Leute in der Gegenwart. Und wahrscheinlich ist Ihnen jetzt schon klar, dass auch die Leute in der Zukunft Ihrem Zorn nicht entgehen werden.

Alle Organe des Körpers werden durch Missgunst beeinträchtigt, denn wenn Sie Ärger empfinden, ärgern Sie sich mit jedem Organ Ihres Körpers. Sie bezahlen die Strafe dafür in Form von Rheumatis-

---

[45] 5. Mose 33,27 – Luther-Bibel 1912

mus, Arthritis, Nervenentzündungen, etc., denn ätzende Gedanken produzieren Säure im Blut. All Ihr Ärger wird dadurch verursacht, dass Sie selbst in den Kampf ziehen, statt ihn dem langen Arm Gottes zu überlassen.

Ich habe vielen meiner Schüler das folgende Statement ans Herz gelegt: *Der lange Arm Gottes streckt sich über Menschen und Umstände aus. Er kontrolliert meine Situation und schützt meine Interessen.*

Es erzeugt ein Bild eines langen Arms, der Stärke und Schutz symbolisiert. Würden Sie die Macht des langen Arms Gottes als Realität akzeptieren, würden Sie sich Ihren Umständen nicht länger widersetzen oder Missgunst empfinden. Sie würden sich entspannen und loslassen. Die feindlichen Gedanken in Ihrem Inneren würden zerstört werden und *die widrigen Umstände dadurch verschwinden.*

Spirituelle Entwicklung erfordert die Fähigkeit, still zu stehen oder beiseite zu treten, und die Unendliche Intelligenz Ihre Bürde tragen und Ihre Kämpfe für Sie ausfechten zu lassen. Sobald Ihnen die Last der Missgunst abgenommen wird, erfahren sie ein tiefes Gefühl der Erleichterung. Sie werden freundlich gegenüber jedermann und alle Organe Ihres Körpers beginnen, wieder einwandfrei zu funktionieren.

In einem Zeitungsausschnitt, in dem Albert Edward Day[46] zitiert wird, steht:

„Dass es gut für unsere spirituelle Gesundheit ist, unsere Feinde zu lieben, ist allgemein bekannt und akzeptiert. Aber dass Ablehnung und giftige Emotionen unsere physische Gesundheit zerstören, ist eine relativ neue Entdeckung. Gesundheitlichen Problemen liegen oft emotionale zugrunde. Falsche Emotionen, die gehegt und wiederholt werden, sind wirkmächtige Ursachen für Krankheiten. Wenn der Prediger davon spricht, man solle seine Feinde lieben,

---

46 Albert Edward Day (1884-1973), Gründer des Ordens Disciplined Order of Christ (DOC)

ist der Mann auf der Straße meist geneigt, die Idee als unerträglich und fromm zu verwerfen. Tatsache ist aber, dass ihnen der Prediger etwas erzählt, das zu den ersten Gesetzen der Hygiene wie auch der Ethik gehört. Niemand kann es sich, auch seines Körpers wegen, leisten, in Hass zu schwelgen. Andauernder Hass wirkt wie wiederholt eingenommene Giftdosen. Wenn Sie Ängste ernsthaft loswerden wollen, hören Sie nicht auf einen versponnenen Idealisten, sondern suchen Sie sich Rat, der so bedeutsam für Ihre Gesundheit ist, wie ein Ernährungsplan."

Wir hören so viel über ausgeglichene Ernährung, aber ohne ausgeglichenen Geist können Sie nicht verdauen, was sie essen – mit oder ohne Kalorien.

Widerstandslosigkeit ist eine Kunst. Sobald Sie sie meistern, steht Ihnen die Welt offen! So viele Menschen versuchen, Situationen und Umstände zu erzwingen. Aber Gutes, das Dauer hat, kommt niemals zu ihnen, wenn Sie versuchen, Ihren Willen durchzusetzen.

„Flieh vor den Dingen, die vor dir fliehen.
Suche nichts, das Glück sucht dich.
Sieh seinen Schatten auf dem Boden!
Sieh hin, es steht schon an der Tür!"

Ich weiß nicht, wer der Autor dieser Zeilen ist. Lovelock[47], der gefeierte englische Athlet, wurde einmal gefragt, wie man seine Schnelligkeit und Ausdauer beim Laufen erreichen könne. Er antwortete: „Lernen Sie, sich zu entspannen". Lassen Sie uns diese Ruhe in der Aktion erreichen. Er war am entspanntesten, wenn er am schnellsten lief.

Ihre große Chance und Ihr großer Erfolg treten gewöhnlich dann ein, wenn Sie es am wenigsten erwarten. Sie müssen lange genug loslassen, *um dem großartigen Gesetz der Anziehung Gelegenheit zu geben, seine Wirkung zu entfalten. Sie haben noch nie einen besorgten oder ängstlichen*

---

47 Jack Lovelock (1910-1949) – Neuseeländischer Athlet, Olympiasieger 1936

Magneten gesehen. Er steht unbewegt und sorgt sich um nichts in der Welt, weil er sicher ist, dass die Nadeln gar nicht anders können, als ihn anzuspringen. Die Dinge, die wir uns rechtmäßig wünschen, geschehen, sobald wir aufhören, uns daran zu klammern.

Ich sage in meinem Fernlehrgang: *„Lasst eure Herzenswünsche nicht zu Herzkrankheiten werden." Sie sind völlig entmagnetisiert, wenn Sie sich etwas zu intensiv wünschen.* Sie sorgen sich, hegen Befürchtungen und zermartern sich den Kopf. Es gibt ein geheimes Gesetz der Indifferenz: „Nichts von alledem berührt mich." *Eure Schiffe kommen über ein gleichmütiges Meer herein.*

Viele Leute, die an die Wahrheit glauben, nerven ihre Freunde damit, dass sie sie unbedingt dazu bringen wollen, die Bücher zu lesen und zu den Vorträgen zu gehen. Damit stoßen sie auf Ablehnung.

Eine Freundin nahm mein Buch *Das Lebensspiel und wie man es spielt* ins Haus ihres Bruders mit. Die jungen Männer der Familie weigerten sich strikt, es zu lesen. So „krudes Zeug" war nichts für sie. Einer dieser jungen Männer fährt Taxi. Eines Nachts chauffierte er ein Taxi, das einem anderen Mann gehörte. Als er den Wagen inspizierte, entdeckte er ein Buch, das zwischen den Polstern steckte. Es war *Das Lebensspiel und wie man es spielt*. Am nächsten Tag sagte er zu seiner Tante: „Ich habe gestern Nacht Mrs. Shinns Buch in dem Taxi gefunden. Ich habe es gelesen und es ist großartig! Da stehen eine Menge interessante Dinge drin. Warum schreibt sie nicht noch ein Buch?" Gott nutzt verschlungene Wege, um seine Wunder zu wirken.

Ich treffe viele unglückliche Leute, aber auch dankbare und zufriedene. Ein Mann sagte eines Tages zu mir: „Ich habe eine Menge, wofür ich dankbar bin. Ich bin kerngesund, habe genug Geld und bin noch Single!"

Psalm 89 ist sehr interessant, denn wir stellen fest, dass darin zwei Individuen auftreten: der Mann, der den Psalm singt (denn alle Psalmen sind Lieder oder Gedichte) und Gott der Heerscharen, der im antwortet. Es ist ein Lied des Lobes und des Dankes, das den starken Arm Gottes würdigt.

„Ich will singen von der Gnade des Herrn ewiglich."[48]

„Jehova, Gott der Heerscharen, wer ist mächtig wie du, o Jah?"[49]

„Du hast einen gewaltigen Arm, stark ist deine Hand, hoch deine Rechte."[50]

Dann antwortet der Herr der Heerscharen:

„Mit welchem fest bleiben soll meine Hand, und mein Arm soll ihn stärken."[51]

„Ewig will ich ihm meine Güte bewahren, und mein Bund soll ihm fest bleiben."[52]

Das Wort „ewig" lesen wir nur in der Bibel und in Märchen. Im Absoluten befindet sich der Mensch außerhalb von Zeit und Raum. Sein Wohl währt „von Ewigkeit zu Ewigkeit". Die Märchen stammen ursprünglich von alten persischen Legenden ab, die auf der Wahrheit beruhen.

„Aladin und seine Wunderlampe" stellt das Wort in einem Bild dar. Aladin reibt seine Lampe, und all seine Wünsche werden ihm erfüllt. Ihr Wort ist Ihre Wunderlampe. Worte und Gedanken verbreiten sich in Form von Schwingungen und kehren nicht leer zurück. Ein Physiker hat festgestellt, dass Worte in Licht gekleidet sind. *Sie ernten kontinuierlich die Früchte Ihrer Worte.*

Eine Freundin brachte einen Mann zu einem meiner Treffen mit, von dem sie sagte, dass er schon ein Jahr oder länger arbeitslos sei. Ich empfahl ihm dieses Statement: *Nun ist die Zeit gekommen. Heute ist der*

---

48 Psalm 89,2 – Luther-Bibel 1912
49 Psalm 89,8 – Elberfelder Bibel 1905
50 Psalm 89,13 – Elberfelder Bibel 1905
51 Psalm 89,21 – Elberfelder Bibel 1905
52 Psalm 89,28 – Elberfelder Bibel 1905

Tag, an dem sich mein Leben zum Glücklichen wendet. Da klickte es in seinem Unbewussten. Schon bald darauf bekam er einen guten Job, mit dem er neuntausend Dollar im Jahr verdiente.

Eine Frau erzählte mir, ich hätte, als ich die Kollekte segnete, gesagt, dass jede Spende tausendfach zurückkehren werde. Sie hatte einen Dollar in die Kollekte gegeben. Mit großer Überzeugung sagte sie: „Dieser Dollar ist gesegnet und wird mir tausend Dollar zurückbringen." Kurze Zeit später erhielt sie auf völlig unerwartete Weise tatsächlich tausend Dollar.

Warum realisieren manche Menschen diese Wahrheit so viel rascher als andere? Das liegt daran, dass sie Ohren haben, die hören. Jesus Christus erzählt in einer Parabel von einem Mann, der Samen aussät, die auf guten Boden fallen. Die Saat ist das Wort. Ich sage: *„Hört auf das Statement, das klickt, die Aussage, die sich verwirklicht. Dieses Statement wird Früchte tragen."*

Kürzlich ging ich in einen Laden, dessen Besitzer ich gut kenne. Ich hatte einer seiner Angestellten eine Affirmationskarte geschenkt. Scherzhaft hatte ich zu dem Ladenbesitzer gesagt: „An Sie würde ich keine Affirmationskarte verschwenden. Sie würden sie ja doch nicht verwenden." Er hatte darauf geantwortet: „Aber sicher doch, geben Sie mir eine. Ich werde sie nutzen." In der darauffolgenden Woche hatte ich ihm eine gegeben. Bevor ich den Laden verließ, kam er aufgeregt zu mir und sagte: „Ich habe das Statement auf der Karte affirmiert und da sind zwei neue Kunden in den Laden gekommen." Das war ein Fall von: „Nun ist die Zeit gekommen. Heute ist der Tag, an dem sich mein Leben zum Glücklichen wendet." Es hatte geklickt.

So viele Menschen nutzen ihre Worte in übertriebenen oder unbesonnenen Statements. Ich finde eine Menge Material für meine Vorträge im Schönheitssalon. Ein junges Mädchen wollte eine Zeitschrift lesen. Sie rief einer Angestellten zu: „Geben Sie mir bitte etwas schrecklich Neues und fürchterlich Aufregendes." Dabei wollte sie nur die neueste Ausgabe eines Filmmagazins haben. Sie hören Leute sagen: „Ich wünschte, etwas schrecklich Aufregendes würde passieren." Damit laden sie unglückliche aber aufregende Erfahrungen in ihr Leben ein. Und dann wundern sie sich, wenn sie etwas in der Art erleben, und fragen sich warum.

Es sollte einen Lehrstuhl für Metaphysik an jedem College geben. *Metaphysik ist die Weisheit vergangener Epochen.* Es sind die uralten Weisheiten, die jahrhundertelang in Indien, Ägypten und Griechenland gelehrt wurden. Hermes Trismegistos war ein großer Lehrer im Alten Ägypten. Seine Lehren wurden sorgfältig bewahrt und sind über zehn Jahrhunderte hinweg bis heute erhalten geblieben. Er lebte in Ägypten zu einer Zeit, als die menschliche Rasse noch in den Kinderschuhen steckte. Aber wenn Sie das Kybalion[53] aufmerksam lesen, werden Sie feststellen, dass das Buch genau das lehrt, was wir heute lehren. Es sagt, dass alle geistigen Zustände von Schwingungen begleitet werden. Sie verbinden sich mit dem, auf dessen Frequenz Sie schwingen. Lassen Sie uns also von nun an auf der Frequenz von Erfolg, Glück und Fülle schwingen.

Nun ist die Zeit gekommen. Heute ist der Tag,
an dem sich mein Leben zum Glücklichen wendet.

---

53 Das Buch „Kybalion", dessen Autorschaft nicht gänzlich geklärt ist, beinhaltet die sieben sogenannten „hermetischen Prinzipien".

Die Weggabelung

„Erwählet euch heute, wem ihr dienen wollt."[54]

Tag für Tag stehen wir vor der Notwendigkeit, eine Wahl zu treffen (eine Weggabelung).

„Soll ich dies tun oder das? Soll ich gehen oder bleiben?" Viele Menschen wissen nicht, was sie tun sollen. Sie laufen hierhin und dorthin und lassen andere Leute Entscheidungen für sie treffen, um es anschließend zu bereuen, dass sie deren Rat angenommen haben.

Dann gibt es Leute, die sich Dinge sorgfältig überlegen. Sie wiegen und messen die Situation, wie im Laden um die Ecke und sind überrascht, wenn sie es trotzdem nicht schaffen, ihr Ziel zu erreichen.

Und schließlich gibt es Leute, die dem magischen Pfad der Intuition folgen und sich im Handumdrehen in ihrem Verheißenen Land wiederfinden.

Intuition ist eine spirituelle Fähigkeit hoch über dem denkenden Verstand, doch auf diesem Pfad liegt alles, was Sie sich wünschen oder was Sie brauchen.

In meinem Buch *Das Spiel des Lebens und wie man es spielt* gebe ich viele Beispiele für Erfolge, die durch die Nutzung dieser wunderbaren Fähigkeit erzielt wurden. Ich sage auch, dass ein Gebet ein Telefonanruf bei Gott ist, und Intuition ist Gott, der Sie anruft.

Entscheiden Sie sich deshalb heute dafür, dem magischen Pfad zu folgen.

In meinen Fragen- und Antworten-Kursen erkläre ich den Teilnehmen, wie sie ihre Intuition kultivieren.

Bei den meisten Menschen liegt diese Fähigkeit in tiefem Schlaf. Des-

---

54 Josua 24,15 – Elberfelder Bibel 1905

halb sagen wir: „Erwache, der da schläft. Wach auf und achte auf Hinweise und Ahnungen. Erwecke die Göttlichkeit in dir!"

Claude Bragdon[55] sagte: „Intuitiv zu leben bedeutet, vierdimensional zu leben."

Nun ist es für Sie notwendig, eine Entscheidung zu treffen, denn Sie stehen an einer Weggabelung. *Bitten Sie um einen unmissverständlichen Hinweis und Sie werden ihn erhalten.*

Im Buch Josua finden wir viele Ereignisse, die sich metaphysisch interpretieren lassen. Nach Moses' Tod ging der göttliche Auftrag an Josua über. „So mache dich nun auf und zieh über den Jordan, du und dies ganze Volk, in das Land, das ich ihnen, den Kindern Israel, gegeben habe. Alle Stätten, darauf eure Fußsohlen treten werden, habe ich euch gegeben."[56]

Die Füße sind ein Symbol für Verständnis. Metaphysisch betrachtet bedeutet das, dass alles was wir verstehen, im Bewusstsein unter uns steht. Und was dort verwurzelt ist, kann uns niemals genommen werden.

Die Bibel fährt fort: „Es soll niemand vor dir bestehen alle Tage deines Lebens [...] Ich werde dich nicht versäumen und dich nicht verlassen."[57] „Nur sei sehr stark und mutig, dass du darauf achtest, zu tun nach dem ganzen Gesetz, welches mein Knecht Mose dir geboten hat. Weiche nicht davon ab zur Rechten noch zur Linken, auf dass es dir gelinge überall, wohin du gehst."[58]

Wir sehen also: Wir haben dadurch Erfolg, dass wir dem Spirituellen Gesetz stark und voller Mut folgen. Wir sind wieder an der Weggabelung angelangt - bei der Notwendigkeit, zu wählen und eine Entscheidung zu treffen.

---

55 Claude Bragdon (1866-1946) - US-amerikanischer Architekt, Autor, Theosoph
56 Josua 1,2-3 - Luther-Bibel 1912
57 Josua 1,5 - Elberfelder Bibel 1905
58 Josua 1,7 - Elberfelder Bibel 1905

„Erwählet euch heute, wem ihr dienen wollt,"[59] dem Verstand oder göttlicher Führung.

Ein bekannter Mann, der zu einer großen Nummer in der Finanzwelt geworden war, sagte zu einem Freund: „Ich folge immer meiner Intuition und bin das Glück in Person."

Inspiration (die göttliche Führung ist) ist das Wichtigste im Leben. Menschen kommen zu Wahrheitstreffen auf der Suche nach Inspiration. Ich habe festgestellt, dass das richtige Wort göttliche Aktivität in ihren täglichen Angelegenheiten Einzug halten lässt.

Eine Frau kam wegen einer Komplikation in ihren Angelegenheiten zu mir. Ich sagte zu ihr: „Lassen Gott mit Ihrer Situation jonglieren." Da klickte es. Sie übernahm die Affirmation: „Ich lasse jetzt Gott mit meiner Situation jonglieren." In kürzester Zeit mietete sie ein Haus, das lange Zeit leer gestanden hatte.

Lassen Sie Gott in jeder Situation die Bälle in der Luft zu halten, denn wenn Sie versuchen, selbst mit ihren Angelegenheiten zu jonglieren, dann lassen Sie alle Bälle fallen.

In meinen Fragen- und Antworten-Kursen werde ich oft gefragt: „Wie lässt man Gott mit einer Situation jonglieren, und was meinen Sie damit, wenn Sie sagen, ich solle nicht selbst damit jonglieren?"

Sie jonglieren mit dem Verstand. Und der Verstand würde sagen: „Die Zeiten sind hart und auf dem Immobilienmarkt läuft nichts. Erwarte nichts vor Herbst 1958."

Ihm Rahmen des Spirituellen Gesetzes gibt es nur das *Jetzt*. Bevor Sie rufen, erhalten Sie die Antwort, denn „Zeit und Raum sind nichts als ein Traum." Und *Ihre Segnung wartet hier und jetzt darauf, von Ihnen durch Ihren Glauben und Ihr Wort abgerufen zu werden.*

„Erwählet euch heute, wem ihr dienen wollt.", der Angst oder dem Glauben.

---

59 Josua 24,15 – Elberfelder Bibel 1905

In jeder Handlung, die von Angst ausgelöst wird, steckt der Keim ihres eigenen Misserfolgs.

Es kostet viel Kraft und Mut, auf Gott zu vertrauen. Wir verlassen uns oft in kleinen Dingen auf ihn, doch wenn es um große Angelegenheiten geht, haben wir das Gefühl, wir sollten uns besser selbst darum kümmern. Die Folge sind Misserfolge und Niederlagen.

Der folgende Ausschnitt aus einem Brief, den ich von einer Frau im Westen erhalten habe, zeigt, wie sich Umstände im Handumdrehen ändern können.

„Ich hatte das Vergnügen, Ihr wunderbares Buch *Das Lebensspiel und wie man es spielt* zu lesen. Ich habe vier Jungen im Alter von zehn, dreizehn, fünfzehn und siebzehn Jahren, und ich dachte mir, wie wundervoll es wäre, wenn sie es jetzt, in ihren jungen Jahren, schon verstehen würden und dadurch in der Lage wären, alles zu bekommen, was ihnen nach Göttlichem Recht zusteht.

Die Dame, die mir ihr Exemplar lieh, gab mir auch ein paar andere Dinge zum Lesen, doch es schien mir, als ich dieses Buch in die Hand nahm, dass es magnetisch war und ich es nicht mehr weglegen konnte. Nachdem ich es gelesen hatte, stellte ich fest, dass ich mir zwar Mühe gab, göttlich zu leben, aber das Gesetz wohl nicht richtig verstand, weil ich mich sonst schon viel weiter hätte entwickelt haben müssen.

Anfangs dachte ich, es wäre ziemlich schwierig, nach so vielen Jahren, in denen ich nur Mutter war, einen Platz in der Berufswelt zu finden. Aber ich hatte mir dieses Statement zu eigen gemacht: 'Gott bahnt einen Weg, wo keiner ist.' Und genau das hat er für mich getan.

Ich bin dankbar für meine Position und ich lächle, wenn Leute zu mir sagen: 'Wie schaffst du es nur, neben all den Krankenhausaufenthalten und den schweren Operationen vier Jungen großzuziehen und den Haushalt zu managen, obwohl du in der Gegend keine Verwandten hast?'"

Ich habe dieses Statement in meinem Buch: *„Gott bahnt einen Weg, wo keiner ist."*

Gott bahnte ihr einen Weg ins Berufsleben, als all ihre Freunde sagten, dass das nicht möglich wäre.

Der Durchschnittsmensch wird Ihnen zu fast allem sagen, dass es nicht möglich ist.

Vor einigen Tagen erlebte ich ein Beispiel. Ich entdeckte in einem Laden eine reizende kleine silberne Espressokanne, mit der man eine einzelne Tasse aufbrühen kann. Weil ich sie so hübsch fand, zeigte ich sie begeistert einigen Freundinnen. Eine von ihnen meinte: „Das Ding wird nie funktionieren." Eine andere sagte: „Wenn sie mir gehörte, würde ich sie wegwerfen." Ich verteidigte die kleine Kanne und sagte, ich wäre sicher, dass sie funktionierte. Und das tat sie auch.

Meine Freundinnen waren einfach typische Durchschnittsmenschen, die gerne sagen: „Das ist nicht möglich, das geht doch nicht."

Alle großen Ideen stoßen auf Widerspruch.

Lassen Sie nicht andere Leute Ihr Boot zum Schwanken bringen.

Folgen Sie dem Pfad der Weisheit und der Einsicht, und „weiche nicht davon ab zur Rechten noch zur Linken, auf dass es dir gelinge überall, wohin du gehst."

Im dreizehnten Vers des vierundzwanzigsten Kapitels von Josua lesen wir folgendes bemerkenswerte Statement: „Und ich habe euch ein Land gegeben, daran ihr nicht gearbeitet habt, und Städte, die ihr nicht gebaut habt, dass ihr darin wohnt und eßt von Weinbergen und Ölbäumen, die ihr nicht gepflanzt habt."[60]

---

60 Josua 24,13 – Luther-Bibel 1912

Dies zeigt, dass der Mensch nichts *verdienen* kann, seine Segnungen kommen als Geschenke (als Geschenke, damit niemand damit prahlt).

Mit der *geistigen Realisierung von Wohlstand*, erhalten wir Wohlstand als Geschenk. Mit der Realisierung von Erfolg, bekommen wir Erfolg geschenkt. Denn Erfolg und Fülle sind geistige Zustände.

„Denn Jehova, unser Gott, ist es, der uns und unsere Väter aus dem Lande Ägypten, aus dem Hause der Knechtschaft, heraufgeführt hat."[61]

Das Land Ägypten steht für Dunkelheit – das Haus der Knechtschaft, wo der Mensch ein Sklave seiner Zweifel und Ängste ist und an Mangel und Beschränkungen glaubt, weshalb er an der Gabelung den falschen Weg gewählt hat.

Misserfolge und Pech sind eine Folge der Unfähigkeit, sich an das zu halten, was der Geist über die Intuition offenbart hat.

Alle großen Dinge wurden von Menschen vollbracht, die an ihren großen Ideen festgehalten haben.

Henry Ford hatte seine Lebensmitte bereits überschritten, als ihm die Idee des Ford-Autos kam. Er hatte große Schwierigkeiten damit, Geld zu beschaffen. Seine Freund hielten seine Idee für verrückt. Sein Vater sagte zu ihm mit Tränen in den Augen: „Henry, warum gibst du deinen guten Job auf, der dir fünfundzwanzig Dollar die Woche einbringt, um einer verrückten Idee hinterher zu jagen?" Doch niemand schaffte es, Henry Fords Boot zum Schwanken zu bringen.

Um also aus dem Land Ägypten und aus dem Haus der Knechtschaft zu entkommen, müssen wir die richtigen Entscheidungen treffen.

Folgen Sie an der Gabelung dem richtigen Weg. „Nur sei sehr stark und mutig, dass du darauf achtest, zu tun nach dem ganzen Gesetz, welches mein Knecht Mose dir geboten hat. Weiche nicht davon ab

---

61 Josua 24,17 – Elberfelder Bibel 1905

zur Rechten noch zur Linken, auf dass es dir gelinge überall, wohin du gehst."[62]

Wenn wir also heute die Weggabelung erreichen, lassen Sie uns furchtlos der Stimme unserer Intuition folgen.

Die Bibel nennt sie „die leise kleine Stimme."[63]

„Hinter mir ertönte eine Stimme, die sagte: 'Dies ist der Weg, gehe ihn'."

Auf diesem Weg ist das Gute schon für Sie vorbereitet.

Sie finden das „Land, daran ihr nicht gearbeitet habt, und Städte, die ihr nicht gebaut habt, dass ihr darin wohnt und eßt von Weinbergen und Ölbäumen, die ihr nicht gepflanzt habt."

Ich werde göttlich geleitet und
folge dem richtigen Weg an der Gabelung.
Gott bahnt einen Weg, wo keiner ist.

---

62 Josua 1,7 – Elberfelder Bibel 1905
63 In Anlehnung an: 1. Könige 19,12

Durchqueren Sie Ihr Rotes Meer

„Rede zu den Kindern Israel, dass sie aufbrechen."[64]

Eine der dramatischsten Geschichten in der Bibel ist die Episode, in der die Kinder Israels das Rote Meer durchqueren.

Moses führte sie aus Ägypten hinaus, wo sie in Sklaverei gehalten und von den Ägyptern verfolgt worden waren.

Wie die meisten Menschen, fanden die Kinder Israels keinen Gefallen daran, auf Gott zu vertrauen. Sie murrten viel und sprachen zu Moses: „ Ist's nicht das, das wir dir sagten in Ägypten: Höre auf und lass uns den Ägyptern dienen? Denn es wäre uns ja besser den Ägyptern dienen als in der Wüste sterben."[65]

„Mose sprach zum Volk: Fürchtet euch nicht, stehet fest und sehet zu, was für ein Heil der Herr heute an euch tun wird. Denn diese Ägypter, die ihr heute sehet, werdet ihr nimmermehr sehen ewiglich. Der Herr wird für euch streiten, und ihr werdet still sein."[66]

Man könnte sagen, dass Moses den Kinder von Israel den Glauben eintrichterte.

Sie zogen es vor, Sklaven ihrer alten Zweifel und Ängste zu bleiben (denn Ägypten steht für Dunkelheit), statt den gewaltigen Schwenk in den Glauben zu wagen und durch die Wüste in ihr Verheißenes Land zu ziehen.

Man muss tatsächlich eine Wüste durchqueren, bevor man sein Verheißenes Land erreicht.

Die alten Zweifel und Ängste umlagern Sie, aber es taucht immer jemand auf, der Sie auffordert, unverzagt weiterzuziehen! Es gibt im-

---

64 2. Mose 14,15 – Elberfelder Bibel 1905
65 2. Mose 14,12 – Luther-Bibel 1912
66 2. Mose 14,13-14 – Luther-Bibel 1912

mer einen Moses auf Ihrem Weg. Manchmal ist es ein Freund und manchmal Intuition!

„Und Jehova sprach zu Mose: Was schreiest du zu mir? rede zu den Kindern Israel, *dass sie aufbrechen.*

Und du, erhebe deinen Stab und strecke deine Hand aus über das Meer und spalte es, dass die Kinder Israel mitten in das Meer hineingehen auf dem Trockenen."[67]

„Und Mose streckte seine Hand aus über das Meer, und Jehova trieb das Meer durch einen starken Ostwind hinweg, die ganze Nacht, und machte das Meer trocken, und die Wasser wurden gespalten.

Und die Kinder Israels gingen mitten in das Meer hinein auf dem Trockenen, und die Wasser waren ihnen eine Mauer zur Rechten und zur Linken.

Und die Ägypter jagten ihnen nach und kamen hinter ihnen her, alle Rosse des Pharao, seine Wagen und seine Reiter, mitten ins Meer."[68]

„Und Jehova sprach zu Mose: Strecke deine Hand aus über das Meer, dass die Wasser über die Ägypter zurückkehren, über ihre Wagen und über ihre Reiter.

Da streckte Mose seine Hand aus über das Meer, und das Meer kehrte beim Anbruch des Morgens zu seiner Strömung zurück; und die Ägypter flohen ihm entgegen; und Jehova stürzte die Ägypter mitten ins Meer.

Und die Wasser kehrten zurück und bedeckten die Wagen und die Reiter der ganzen Heeresmacht des Pharao, die hinter ihnen her ins Meer gekommen waren; es blieb auch nicht einer von ihnen übrig."[69]

Denken Sie daran, dass die Bibel über das Individuum spricht. Sie spricht über Ihre Wüste, Ihr Rotes Meer und *Ihr* Verheißenes Land.

---

[67] 2. Mose 14,16 – Elberfelder Bibel 1905
[68] 2. Mose 14,21-23 – Elberfelder Bibel 1905
[69] 2. Mose 14,26-28 – Elberfelder Bibel 1905

Jeder Mensch hat sein Verheißenes Land, seinen Herzenswunsch, aber Sie wurden von den Ägyptern (Ihren negativen Gedanken) so versklavt, dass es sehr weit entfernt zu liegen und zu gut um wahr zu sein scheint. Sie halten es für ein sehr riskantes Unternehmen, Ihr Vertrauen auf Gott zu setzen. Denn die Wüste könnte sich als schlimmer erweisen, als die Ägypter.

Und wie können Sie sicher sein, dass Ihr Verheißenes Land tatsächlich existiert?

Der denkende Verstand wird sich immer hinter die Ägypter stellen.

Aber früher oder später sagt etwas: *„Brich auf!"* Es sind normalerweise Umstände – Sie werden dazu getrieben.

Ich erzähle Ihnen als Beispiel von einer meiner Schülerinnen:

Sie ist eine fabelhafte Pianistin und hatte großen Erfolg im Ausland. Sie kam von ihrer Reise mit einem Ordner voller Zeitungsausschnitte und einem glücklichen Herzen zurück.

Eine Verwandte fand Interesse an ihr und sagte, sie würde sie bei einer Konzerttournee finanziell unterstützen. Sie engagierten einen Manager, der sich um die Finanzen und die Konzertbuchungen kümmern sollte.

Doch nach ein oder zwei Konzerten war kein Geld mehr da. Der Manager hatte es an sich genommen. Meine Freundin war gescheitert, einsam und bitter enttäuscht. Etwa um diese Zeit kam sie zu mir.

Sie hasste den Mann und das machte sie krank. Sie hatte sehr wenig Geld und konnte sich nur ein trostloses Zimmer leisten, in dem ihre Hände oft zu kalt zum Üben waren.

Sie steckte in der Knechtschaft der Ägypter fest – gefesselt von Hass, Missgunst, Mangel und Beschränkung.

Jemand brachte sie zu einem meiner Treffen mit. Sie sprach mit mir und erzählte mir ihre Geschichte.

Ich sagte: „Zuallererst müssen Sie aufhören, diesen Mann zu hassen.

Sobald Sie in der Lage sind, ihm zu vergeben, wird Ihr Erfolg zurückkehren. Das ist Ihr Einstieg in die Fähigkeit der Vergebung."

Das schien eine gewaltige Aufgabe zu sein, aber sie bemühte sich redlich und kam zu all meinen Treffen.

In der Zwischenzeit hatte die Verwandte einen Prozess angestrengt, um ihr Geld zurückzubekommen. Doch die Zeit verging und die Sache kam nicht vor Gericht.

Meine Freundin wurde nach Kalifornien eingeladen. Sie hatte ihre innere Ruhe wiedergefunden und dem Mann vergeben.

Plötzlich, nach etwa vier Jahren, wurde sie darüber benachrichtigt, dass ihr Fall nun endlich vor Gericht verhandelt werde. Sie rief mich bei ihrer Ankunft in New York an und bat mich, das Wort für Korrektheit und Gerechtigkeit zu sprechen.

Sie und ihre Verwandte gingen zum anberaumten Termin ins Gericht. Dort kam es zu einer gütlichen Einigung, und der Mann verpflichtete sich, das Geld in monatlichen Raten zurückzuzahlen.

Freudestrahlend kam sie zu mir und sagte: „Ich empfand nicht den geringsten Groll gegen den Mann. Er war verblüfft, als ich ihn herzlich begrüßte." Ihre Verwandte verfügte, dass alle Rückzahlungen an die Pianistin gehen sollten, deren Bankkonto zu ihrer großen Freude wuchs und wuchs.

Nun wird sie ihr Verheißenes Land bald erreichen. Sie kam aus dem Haus der Knechtschaft (von Hass und Missgunst) und durchquerte ihr Rotes Meer. Ihr Wohlwollen dem Mann gegenüber veranlasste das Wasser, sich zu teilen, und sie schritt über trockenes Land.

Trockenes Land symbolisiert etwas Wesentliches unter Ihren Füßen, die Füße symbolisieren Verständnis.

Moses ragt als eine der größten unter den Figuren der biblischen Geschichte hervor.

„Es kam Mose, dass er Ägypten mit seinem Volk verlassen sollte. Die

Aufgabe, die vor ihm lag, war aus zweierlei Gründen groß: zum einen stand seinem Vorhaben die Weigerung des Pharaos entgegen, die ziehen zu lassen, die er zu profitablen Sklaven gemacht hatte, zum anderen musste er sein Volk zu einer offenen Revolution anstiften, das unter der Knechtschaft der ägyptischen Zuchtmeister jeglichen Antrieb verloren hatte."

„Es erforderte außergewöhnliche Genialität, diese Aufgabe zu meistern. Moses besaß sie in Form von Selbstverleugnung und dem Mut, zu seinen eigenen Überzeugungen zu stehen. Selbstverleugnung! Er wurde der sanftmütigste Mann genannt. Wir haben oft den Ausdruck 'So sanftmütig wie Moses' gehört. Er fügte sich so sanftmütig den Aufträgen des Herrn, dass er zum stärksten aller Männer wurde."

Der Herr sprach zu Moses: „Und du, erhebe deinen Stab und strecke deine Hand aus über das Meer und spalte es, dass die Kinder Israel mitten in das Meer hineingehen auf dem Trockenen."[70]

So sagte Moses, niemals zweifelnd, zu den Kindern Israels: „Brecht auf." Es erforderte immensen Mut, eine so große Menge von Leuten ins Meer zu führen, geleitet von dem festen Glauben, dass sie nicht ertrinken würden.

Und siehe da, das Wunder geschah!

„.... und Jehova trieb das Meer durch einen starken Ostwind hinweg, die ganze Nacht, und machte das Meer trocken, und die Wasser wurden gespalten."[71]

Nun stellen Sie sich vor, dass so etwas auch *für Sie* noch heute geschehen könnte. Denken Sie an Ihr Problem.

Vielleicht haben Sie Ihre Initiative verloren, weil Sie so lange als Sklave des Pharaos (Ihrer Zweifel, Ängste und Entmutigungen) gelebt haben.

---

70 2. Mose 14,16 – Elberfelder Bibel 1905
71 2. Mose 14,21 – Elberfelder Bibel 1905

Sagen Sie zu sich selbst: „*Brich auf!*"

„... Jehova trieb das Meer durch einen starken Ostwind hinweg."

Stellen Sie sich den starken Ostwind als mächtige Affirmation vor. Übernehmen Sie ein vitales Statement der Wahrheit. Wenn Ihr Problem zum Beispiel ein finanzielles ist, sagen Sie: „*Meine Versorgung kommt von Gott, und auf mich kommen jetzt große glückliche finanzielle Überraschungen zu – unter Gnade und auf perfekten Wegen.*" Diese Aussage ist gut, weil sie das Element des Geheimnisvollen enthält.

Uns wird gesagt, dass Gott seine Wunder auf geheimnisvollen Wegen wirkt. Nun, da Sie sich durch Ihr Statement bewusst gemacht haben, woher Ihre Versorgung stammt, haben Sie den Ostwind veranlasst zu wehen.

Gehen Sie zu Ihrem Roten Meer des Mangels oder der Beschränkung. Zu Ihrem Roten Meer gehen Sie, indem Sie etwas tun, womit Sie Ihre Furchtlosigkeit demonstrieren.

Ich erzähle Ihnen die Geschichte einer Schülerin, die von Freunden in ein schickes Sommer-Resort eingeladen wurde.

Sie lebte seit langer Zeit auf dem Land und hatte Gewicht zugelegt, und nun passte ihr nichts mehr, als die Pfadfinderinnenuniform aus ihrer Mädchenzeit. Da erhielt sie aus heiterem Himmel die Einladung. Das bedeutete, sie brauchte Abendkleider, Schuhe und Accessoires. All das hatte sie nicht und auch kein Geld, um einkaufen zu gehen. Deshalb kam Sie zu mir. Ich sagte: „Was sagt Ihre Intuition?"

Sie antwortete: „Ich fühle mich sehr furchtlos. Ich habe so eine Ahnung, dass ich hinfahren sollte."

Also quetschte sie sich in Klamotten, in denen sie reisen konnte, und fuhr los.

Als sie im Haus ihrer Freundin ankam, wurde sie herzlich empfangen, aber ihre Gastgeberin sagte etwas verlegen: „Vielleicht habe ich damit etwas getan, was dich verletzt, aber ich habe dir ein paar Abendkleider und Schuhe, die ich nie trage, in dein Zimmer gelegt. Magst du sie mal anprobieren?"

Meine Freundin versicherte ihr, dass sie das sehr gerne tun würde – und alles passte perfekt.

Sie war tatsächlich zu ihrem Roten Meer gegangen und über trockenes Land geschritten.

Die Wasser meines Roten Meeres teilen sich
und ich schreite über trockenes Land.
Ich bin auf bestem Weg in mein Verheißenes Land.

Der Wächter am Tor

„Und ich habe Wächter über euch bestellt, die da sagen:
Merket auf den Schall der Posaune!"[72]

Wir brauchen alle einen Wächter am Tor unserer Gedanken. Dieser Wächter am Tor ist das Überbewusstsein.

Wir haben die Macht, unsere Gedanken zu wählen.

Nachdem wir seit Tausenden von Jahren in der Gedankenwelt unserer Rasse gelebt haben, erscheint es fast als unmöglich, unsere Gedanken zu kontrollieren. Sie stürmen durch unseren Geist wie eine Herde Rinder oder Schafe.

Doch ein einzelner Schäferhund kann eine Herde verschreckter Schafe kontrollieren und in ihren Stall führen.

Neulich sah ich in der Wochenschau eine kurze Filmsequenz eines Schäferhundes, der Schafe zusammentrieb. Er hatte alle bis auf drei beisammen. Diese drei leisteten Widerstand und wehrten sich. Sie blökten und hoben protestierend die Vorderhufe. Der Hund jedoch setzte sich nur vor sie hin und ließ keines aus dem Blick. Er bellte nicht und drohte ihnen nicht. Er saß einfach nur da und starrte sie mit Entschlossenheit an. Nach einer kurzen Weile schüttelten die Schafe den Kopf und trotteten in den Pferch.

Auf dieselbe Weise können wir lernen, unsere Gedanken zu kontrollieren: mit freundlicher Entschlossenheit, nicht mit Gewalt.

Wir wählen eine Affirmation und wiederholen diese ständig, wenn immer unsere Gedanken Karussell fahren.

Wir können unsere Gedanken nicht immer kontrollieren, aber *wir können jederzeit unsere Worte kontrollieren*. Wiederholtes prägt sich dem

---

72 Jeremia 6,17 – Elberfelder Bibel 1905

Unbewussten ein, und macht uns zum Meister unserer Lebensumstände.

Im sechsten Kapitel von Jeremia lesen wir: „Und ich habe Wächter über euch bestellt, die da sagen: Merket auf den Schall der Posaune!"

Ihr Erfolg und Ihr Lebensglück hängen vom Wächter am Tor Ihrer Gedanken ab, weil sich Ihre Gedanken früher oder später in der äußeren Welt kristallisieren.

Leute denken oft, sie könnten sich einer negativen Situation entziehen, indem sie vor ihr davonlaufen. Doch sie werden, egal wohin sie gehen, dieser Situation immer wieder begegnen.

Sie werden dieselben Erfahrungen wieder und wieder machen, bis sie ihre Lektionen gelernt haben. Diese Idee spielt in dem Film „Der Zauberer von Oz" eine bedeutende Rolle.

Dorothy, ein kleines Mädchen, ist sehr unglücklich, weil die böse Frau im Dorf ihr ihren Hund Toto wegnehmen will.

In ihrer Verzweiflung geht sie zu ihrer Tante Em und ihrem Onkel Henry, um sich ihnen anzuvertrauen. Doch die beiden sind zu beschäftigt, um ihr richtig zuzuhören, und raten ihr: „Lauf weg."

Sie sagt zu Toto: „Es gibt irgendwo einen wundervollen Ort hoch über den Wolken, an dem alle glücklich sind und niemand böse ist." Wie gerne wäre sie dort!

Da rast plötzlich ein Kansas-Wirbelstum des Weges. Sie und Toto werden in die Höhe gerissen und landen hoch über den Wolken im Land Oz.

Anfangs scheint dort alles ganz wunderbar zu sein, doch schon bald macht Dorothy dieselben alten Erfahrungen. Die böse Frau aus ihrem Dorf hat sich in eine schreckliche Hexe verwandelt und ist noch immer hinter Toto her, um ihn ihr wegzunehmen.

Nun wünscht sich Dorothy, sie wäre wieder daheim in Kansas.

Man sagt ihr, sie solle sich auf die Suche nach dem Zauberer von Oz machen. Er sei überaus mächtig und werde ihr ihren Wunsch erfüllen.

So macht sie sich auf den Weg, um den Palast des Zauberers in der Smaragdstadt zu finden.

Unterwegs lernt Dorothy eine Vogelscheuche kennen. Die ist schrecklich unglücklich, weil sie kein Gehirn hat.

Sie trifft einen Blechmann, der ebenso unglücklich ist, weil er kein Herz hat.

Und schließlich begegnet sie einem Löwen, der unglücklich ist, weil er keinen Mut besitzt.

Sie muntert die drei auf, indem sie sagt: „Wir gehen alle zum Zauberer von Oz und er wird uns geben, was wir uns wünschen": der Vogelscheuche ein Gehirn, dem Blechmann ein Herz und dem Löwen Mut.

Unterwegs machen sie schlimme Erfahrungen, weil die böse Hexe alles daransetzt, Dorothy zu fangen und ihr Toto wegzunehmen sowie die roten Schuhe, die das Mädchen schützen.

Endlich erreichen sie den Smaragdpalast des Zauberers von Oz.

Die vier Freunde bitten um eine Audienz, müssen aber erfahren, dass noch nie jemanden den Zauberer von Oz gesehen hat, der geheimnisumwittert in dem Schloss lebt.

Doch mit der Hilfe der guten Hexe des Nordens betreten sie den Palast trotzdem. Dort finden sie heraus, dass der Zauberer nur ein Möchtegern-Magier aus Dorothys Heimatort in Kansas ist.

Sie sind alle am Boden zerstört, weil ihre Wünsche nun doch nicht erfüllt werden können!

Doch dann zeigt ihnen die gute Hexe, dass ihre Wünsche bereits erfüllt sind. Durch all die Entscheidungen, die sie im Lauf ihrer Erfahrungen treffen musste, hat die Vogelscheuche ein Gehirn entwickelt. Der Blechmann stellt fest, dass er ein Herz besitzt, weil er Dorothy liebt. Und der Löwe ist mutig geworden, weil er bei seinen vielen Abenteuern Mut beweisen musste.

Die gute Hexe des Nordens fragt Dorothy: „Was hast du aus deinen Erfahrungen gelernt?", und das Mädchen antwortet darauf: „Ich habe gelernt, dass mein Herzenswunsch in meinem eigenen Haus und in meinem Vorgarten zu finden ist." Da schwingt die gute Hexe ihren Zauberstab, und Dorothy ist wieder zuhause.

Sie wacht auf und stellt fest, dass die Vogelscheuche, der Blechmann und der Löwe Männer sind, die auf der Farm ihres Onkels arbeiten. Die drei freuen sich sehr, sie wieder zu haben. Diese Geschichte lehrt uns, *dass Ihnen Ihre Probleme, wenn Sie vor Ihnen davonrennen, hinterher laufen.*

Bleiben Sie von einer Situation *unberührt*, verliert sie von selbst an Gewicht.

Es gibt ein geheimes Gesetz der Gleichmut: „Nichts von alledem berührt mich." In moderner Sprache können wir stattdessen auch sagen: „Nichts von alledem beunruhigt mich."

Sobald Sie sich nicht mehr beunruhigen lassen, wird sich alle Unruhe in der äußeren Welt auflösen.

„Wenn deine Augen deine Lehrer gesehen haben, werden die Lehrer verschwinden."

„Und ich habe Wächter über euch bestellt, die da sagen: Merket auf den Schall der Posaune!"

Eine Posaune ist ein Musikinstrument, das in Alten Zeiten dazu benutzt wurde, die Aufmerksamkeit der Leute auf etwas zu lenken: auf einen Sieg, auf Anordnungen.

Sie werden es sich zur Gewohnheit machen, jedem Gedanken und jedem Wort Aufmerksamkeit zu widmen, sobald Sie sich deren Bedeutung und Gewicht bewusst sind.

Ihre Vorstellungskraft, die Schere Ihres Geistes, schneidet ständig die Ereignisse aus, die in Ihr Leben treten.

Viele Menschen schneiden von Angst geprägte Bilder aus. Solche Dinge zu sehen, ist nicht göttlich vorgesehen.

Mit dem „einen Auge" sieht der Mensch nur die Wahrheit. Es sieht sie im Übel, in dem Wissen, dass sich daraus Gutes entwickelt. Er verwandelt Ungerechtigkeit in Gerechtigkeit und entwaffnet seine vermeintlichen Feinde, in dem er ihnen *Wohlwollen* sendet.

In der Mythologie der Zyklopen, einer Rasse von Riesen, die einst Sizilien bevölkert haben sollen, lesen wir, dass sie nur ein Auge hatten, das in der Mitte ihrer Stirn saß.

Der Sitz der Vorstellungskraft wird ebenfalls im Stirnbereich lokalisiert (zwischen den Augen). Die sagenumwobenen Riesen haben ihren Ursprung also in der Idee des „einen Auges".

Und Sie sind in der Tat ein Riese, wenn Sie das „eine Auge" haben. Denn dann wird jeder Ihrer Gedanken konstruktiv und jedes Ihrer Worte ein machtvolles Wort sein.

Lassen Sie dieses „dritte Auge" der Wächter an Ihrem Tor sein.

„Wenn nun dein Auge einfältig ist, so wird dein ganzer Leib licht sein."[73]

Mit dem „einen Auge" ausgestattet, wird Ihr Körper in Ihren spirituellen Körper verwandelt, den Schwingungskörper, Gott ähnlich und nach seinem Bild (Vorstellung) gemacht.

Mit klarem Blick auf den perfekten Plan könnten wir die Welt retten: indem wir mit unseren *inneren Augen* eine Welt des Friedens, der Fülle und des guten Willens sehen.

„Richtet nicht nach dem Schein, sondern richtet ein gerechtes Gericht."[74]

---

73 Matthäus 6,22 – Elberfelder Bibel 1905
74 Johannes 7,24 – Elberfelder Bibel 1905

„Nicht wird Nation wider Nation das Schwert erheben, und sie werden den Krieg nicht mehr lernen."[75]

Das geheime Gesetz des Gleichmuts fordert, dass Sie sich von widrigen äußerenn Erscheinungen nicht beunruhigen lassen, sondern unbeirrt an Ihrem *konstruktiven Gedanken* festhalten, der sich *letztlich durchsetzt*.

Das Spirituelle Gesetz transzendiert das Gesetz des Karmas.

Dies ist die Geisteshaltung, die ein Heiler oder Arzt seinem Patienten gegenüber einnehmen muss.

Unbeeindruckt von jeglichen Erscheinungsformen des Mangels, des Verlustes oder von Krankheit, bewirkt er die Veränderung von Geist, Körper und Angelegenheiten.

Lassen Sie mich aus dem einunddreißigsten Kapitel von Jeremia zitieren, dessen Grundton begeisterte Freude ist. Es zeichnet ein Bild des Individuums, das von negativem Denken befreit ist: „Denn ein Tag wird sein, da die Wächter auf dem Gebirge Ephraim rufen werden: Machet euch auf und lasset uns nach Zion hinaufziehen zu Jehova, unserem Gott!"[76]

Der Wächter am Tor schlummert und schläft nicht. Er ist das „Auge, das über Israel wacht."

Doch das Individuum, das in einer Welt der negativen Gedanken lebt, ist sich des inneren Auges nicht bewusst.

Es mag gelegentlich intuitive Gedankenblitze oder erleuchtete Momente erleben, um dann aber rasch zurück in eine Welt des Chaos zu fallen.

Es erfordert Entschlossenheit und immerwährende Wachsamkeit, Worte und Gedanken zu kontrollieren. Gedanken der Angst, des Ver-

---

75   Jesaja 2,4 – Elberfelder Bibel 1905
76   Jeremia 31,6 – Elberfelder Bibel 1905

sagens, der Missgunst und des Grolls müssen aufgelöst und abgewiesen werden.

Ich empfehle Ihnen dieses Statement: „Jede Pflanze, die nicht mein Vater im Himmel gepflanzt hat, soll samt den Wurzeln ausgerissen werden."

Es vermittelt Ihnen ein lebendiges Bild vom Jäten des Unkrauts in einem Garten. Die ausgerissenen Pflanzen werden weggeworfen und vertrocknen, weil sie ohne Boden sind, der sie ernährt.

Sie nähren negative Gedanken, indem Sie ihnen Aufmerksamkeit schenken. Nutzen Sie das geheime Gesetz des Gleichmuts und weigern Sie sich, sich für solche Gedanken zu interessieren.

Schon bald werden sie die „Armee der Fremden" aushungern. Göttliche Ideen werden Ihr Bewusstsein bevölkern, falsche Ideen werden verblassen, und Sie werden sich nur das wünschen, was Gott sich durch Sie wünscht.

Die Chinesen haben ein Sprichwort: „Der Philosoph überlässt den Schnitt seiner Jacke dem Schneider."

Überlassen Sie also den Plan für Ihr Leben dem Göttlichen Designer, und Sie werden feststellen, dass all Ihre Lebensumstände dauerhaft perfekt sind.

Der Boden, auf dem ich stehe, ist heiliger Grund.
Ich entwickle mich jetzt rasch nach dem Göttlichen Plan für mein Leben,
in dem alle Lebensumstände dauerhaft perfekt sind.

Der Weg der Fülle

„Und wirf in den Staub dein Gold."[77]

Der Weg der Fülle ist eine Einbahnstraße.
Wie das alte Sprichwort sagt: „Da führen keine zwei Wege hin."
Entweder steuern Sie auf Mangel zu oder auf Fülle. Ein Mensch mit einem reichen Bewusstsein und ein Mensch mit einem armen Bewusstsein wandeln nicht auf derselben mentalen Straße.
Es steht eine üppige Versorgung bereit, göttlich geplant für jeden einzelnen Menschen.
Ein reicher Mensch bedient sich daraus, denn reiches Denken schafft ein reiches Umfeld.
Ändern Sie Ihre Gedanken, und im Handumdrehen werden sich all Ihre Lebensumstände ändern. Ihre Welt ist eine Welt der kristallisierten Ideen und Worte.
Früher oder später ernten Sie die Früchte Ihrer Worte und Gedanken.
„Worte sind Kräfte, die sich spiralförmig bewegen und zu gegebener Zeit zurückkehren, um das Leben ihrer Urheber zu kreuzen." Menschen, die ständig über Mangel und Beschränkungen reden, ernten Mangel und Beschränkungen.
Sie können das Königreich der Fülle nicht betreten, solange Sie Ihr Schicksal beklagen.
Ich kenne eine Frau, die sich in Ihren Vorstellungen über Wohlstand immer sehr einschränkte. Sie besserte ständig ihre Klamotten aus, damit diese noch eine Weile hielten, anstatt sich neue zu kaufen. Sie ging mit dem Geld, das sie hatte, sehr sparsam um und ermahnte ih-

---

77 Hiob 22,24 – Luther-Bibel 1912

ren Ehemann oft, nicht zu viel auszugeben. Sie sagte wieder und wieder: „Ich will nichts, was ich mir nicht leisten kann."

Sie konnte sich nicht viel leisten, deshalb hatte sie auch nicht viel. Eines Tages ging ihre Welt aus heiterem Himmel in Stücke. Ihr Ehemann verließ sie, weil er ihr ständiges Nörgeln und ihre beschränkenden Gedanken satt hatte. Sie war am Verzweifeln, als ihr eines Tages ein Buch über Metaphysik in die Hände fiel. Es erklärte die Macht der Gedanken und Worte.

Beim Lesen wurde ihr klar, dass sie jede unglückliche Erfahrung durch falsches Denken in ihr Leben eingeladen hatte. Sie lachte herzlich über ihre Fehler und entschloss sich, von ihnen zu profitieren. Sie nahm sich vor, *das Gesetz der Fülle zu beweisen*.

Sie begann das Geld, das sie besaß, furchtlos auszugeben, um ihren Glauben an die unsichtbare Versorgung zu demonstrieren. Sie vertraute auf Gott als Quelle ihres Wohlstands. Sie sprach nicht länger über Mangel und Beschränkung, sondern achtete darauf, sich wohlhabend zu fühlen und zu geben.

Ihre alten Freunde erkannten sie kaum wieder. Sie war auf den Weg der Fülle übergewechselt. Nun floss ihr mehr Geld zu, als sie je besessen hatte. Ungeahnte Türen öffneten sich für sie und erstaunliche Kanäle wurden freigelegt. Sie wurde sehr erfolgreich in einem Job, für den sie keine Ausbildung besaß.

Sie fand sich im *Land der Wunder* wieder. Was war geschehen?

Sie hatte die Qualität ihrer Worte und Gedanken geändert, sich Gott geöffnet und ihn in all ihre Angelegenheiten involviert. Sie erlebte viele im-letzten-Moment-Erfahrungen, aber ihre Versorgung kam immer, denn sie grub ihre Gräben[78] und bedankte sich unbeirrt.

Kürzlich rief mich jemand an und sagte: „Ich suche verzweifelt nach einer Stelle."

---

78 In Anlehnung an: 2. Könige 3,16-17

Ich antwortete: „Suchen Sie nicht verzweifelt danach, sondern mit Lob und Dank, denn Jesus, der größte aller Metaphysiker, hat uns gesagt, wir sollten mit Lob und Dank beten."

Lob und Dank öffnen Türen, weil die Erwartung immer gewinnt.

Natürlich ist das Gesetz unpersönlich, und auch eine unehrliche Person mit reichen Gedanken wird Reichtum anziehen, aber, wie Shakespeare sagt: „Schlecht Erworb'nes gerät immer schlecht"[79]. Der Reichtum wird nur von kurzer Dauer sein und kein Glück bringen.

Wir brauchen nur die Zeitung zu lesen, um festzustellen, dass der Weg des Missetäters hart ist.

Deshalb ist es so wichtig, dass Sie Ihre Wünsche direkt an die Universelle Quelle der Versorgung richten und um das bitten, was Ihnen nach göttlichem Recht zusteht – unter Gnade und auf perfekte Weise.

Manche Menschen ziehen Wohlstand an, können ihn aber nicht halten. Manchmal verlieren sie ihn, weil er ihnen den Kopf verdreht, und manchmal aus Angst und Sorge.

Ein Freund erzählte uns in einem meiner Fragen- und Antworten-Kursen diese Geschichte:

Einige Leute in seiner Heimatstadt, die von jeher arm gewesen waren, stießen plötzlich auf Öl in ihrem Garten. Es brachte ihnen großen Reichtum. Der Vater trat in den Country-Club ein und begann Golf zu spielen. Er war nicht mehr der Jüngste und der sportliche Einsatz war zu viel für ihn. Er fiel auf dem Golfplatz tot um.

Damit jagte er der ganzen Familie Angst ein. Die Familienmitglieder befürchteten alle, auch sie könnten Herzprobleme haben. Seitdem verbringen sie die meiste Zeit im Bett und lassen sich von Krankenschwestern ständig den Herzschlag überwachen.

Mit Angst im Hinterkopf, müssen sich die Leute über irgendetwas Sorgen machen.

---
[79] William Shakespeare: König Heinrich VI – 3. Teil, 2. Aufzug, 2. Szene

Nachdem sie auf einmal keine Geldprobleme mehr hatten, verlegten sie ihre Sorgen und Befürchtungen auf die Gesundheit.

Die alte Idee war, „dass man nicht alles haben kann". Wenn man eine Sache bekommt, dann verliert man eine andere. Die Leute sagten immer: „Dein Glück wird nicht lange währen", „Das ist zu gut, um wahr zu sein".

Jesus Christus sagte: „ In der Welt (eurer Gedanken) habt ihr Angst; aber seid getrost, ich habe die Welt (der Gedanken) überwunden."[80]

Im Überbewusstsein (oder Christus im Inneren), gibt es für jeden Bedarf üppige Versorgung, und Ihr Wohl ist perfekt und von Dauer.

„Wirst du dich bekehren zu dem Allmächtigen, so wirst du aufgebaut werden (im Bewusstsein). Tue nur Unrecht ferne hinweg von deiner Hütte, und wirf in den Staub dein Gold und zu den Steinen der Bäche das Ophirgold, so wird der Allmächtige dein Gold sein und wie Silber, das dir zugehäuft wird."[81]

Was für ein Bild des Überflusses! Das Ergebnis der „Bekehrung zu dem Allmächtigen (im Bewusstsein)".

Für den Durchschnittsmenschen (dessen Gedanken sich lange Zeit nur um Mangel gedreht haben) ist es sehr schwer, sich ein reiches Bewusstsein aufzubauen.

Ich habe eine Schülerin, die großen Erfolg mit diesem Statement angezogen hat: *„Ich bin die Tochter des Königs! Mein reicher Vater gießt nun seine Fülle über mich aus. Ich bin die Tochter des Königs! Alles macht Platz für mich."*

Viele Menschen finden sich mit beschränkten Verhältnissen ab, weil sie zu träge (mental) sind, sich aus diesen hinaus zu denken.

Sie müssen ein starkes Verlangen nach finanzieller Freiheit haben, Sie müssen sich reich fühlen, Sie müssen sich selbst reich sehen, Sie

---

80 Johannes 16,33 – Luther-Bibel 1912
81 Hiob 22,23-25 – Luther-Bibel 1912

müssen sich kontinuierlich auf Reichtum vorbereiten. Werden Sie wie ein kleines Kind, und tun sie so, als wären Sie reich. Damit prägen Sie Ihrem Unbewussten eine Erwartung ein.

Die Imagination, die Schere des Geistes, ist die Werkstatt des Menschen, in der er ständig die Ereignisse seines Lebens ausschneidet!

Das Überbewusstsein ist das Reich der Inspiration, der Offenbarung, der Erhellung und der Intuition.

Die Intuition ist gewöhnlich als „Ahnung" oder „so ein Gefühl haben" bekannt.

Das Überbewusstsein liegt das Reich perfekter Ideen. Genies und andere große Geister empfangen ihre Gedanken aus dem Überbewusstsein.

„Ohne die Vision (Imagination) wird mein Volk untergehen."

Wenn Leute die Fähigkeit verloren haben, sich ihr eigenes Wohl bildlich vorzustellen, dann „gehen sie unter".

Das bedeutet: Wenn Leute völlig von ihrer sichtbaren Versorgung abhängig sind, ist es besser, sie verwerfen diese und vertrauen absolut auf den Allmächtigen, dass er sie mit Gold, Silber und Reichtum versorgt.

Als Beispiel erzähle ich Ihnen eine Geschichte, die ich von einem Freund gehört habe:

Ein Priester besuchte ein Nonnenkloster in Frankreich, in dem sie viele Kinder bewirteten. Eine der Nonnen erklärte dem Priester voller Verzweiflung, dass sie kein Essen mehr hätten, und dass die Kinder nun hungrig bleiben müssten. Sie sagte, sie hätten noch ein Silberstück (etwa im Wert eines Vierteldollars). Dabei brauchten sie dringend Lebensmittel und Kleidung.

Der Priester sagte: „Geben Sie mir die Münze."

Die Nonne reichte sie ihm und er warf sie aus dem Fenster.

„Jetzt", sagte er, „sind Sie völlig auf Gott angewiesen." Innerhalb kurzer Zeit tauchten Freunde auf, die reichlich Essen und Geldspenden mitbrachten.

Dies bedeutet nicht, dass sie das Geld, das Sie haben, wegwerfen, sondern dass Sie sich nicht davon abhängig machen sollen. Verlassen Sie sich auf die unsichtbare Versorgung, die Bank der Imagination.

Lassen Sie uns jetzt eine Verbindung zu Gott herstellen und Frieden finden. Denn er soll unser Gold, unser Silber und unser Reichtum sein.

Die Inspiration durch den Allmächtigen soll meine Sicherheit sein, und ich werde jede Menge Silber besitzen.

Ich werde niemals Mangel leiden

„Der Herr ist mein Hirte; mir wird nichts mangeln."[82]

Psalm 23 ist der bekannteste aller Psalmen. Man kann sagen, dass er den Grundgedanken der Botschaft der Bibel zusammenfasst.

Der Psalm erklärt dem Menschen, dass er niemals Mangel leiden wird, wenn er *realisiert* hat (oder davon überzeugt ist), dass der Herr sein Hirte ist, und dass die Unendliche Intelligenz all seine Bedürfnisse erfüllt.

Wenn Sie heute zu dieser Überzeugung gelangen, wird jedes Ihrer Bedürfnisse jetzt und allezeit erfüllt werden. Sie erhalten aus dem Überfluss der Sphären augenblicklich alles, was Sie benötigen oder sich wünschen, denn was sie brauchen, liegt *bereits auf Ihrem Weg*.

Eine Frau realisierte eines Tages: „Der Der Herr ist mein Hirte; mir wird nichts mangeln." Sie schien ihre unsichtbare Versorgung anzuzapfen, fühlte sich außerhalb von Zeit und Raum und war nicht länger auf die äußeren Welt angewiesen.

Ihre erste Manifestation war bescheiden, aber notwendig. Sie benötigte dringend ein paar große Büroklammern, hatte aber keine Zeit in einen Schreibwarenladen zu gehen und welche zu kaufen.

Während sie nach etwas anderem suchte, öffnete sie eine selten benutzte Schublade und fand darin ein Dutzend große Büroklammern. Sie fühlte, dass das Gesetz am Werk war und bedankte sich. Ein kleiner Geldbetrag, den sie brauchte, erschien, und andere große und kleine Dinge „flogen" ihr zu.

Seitdem vertraut sie auf das Statement: „Der Der Herr ist mein Hirte; mir wird nichts mangeln."

---

82 Psalm 23,1 – Luther-Bibel 1912

Wir haben oft Leute sagen hören: „Ich finde es nicht richtig, Gott um Geld oder Dinge zu bitten."

Diese Leute haben nicht realisiert, dass das schöpferische Prinzip in jedem Menschen steckt (der Vater im Inneren). Wahre Spiritualität beweist Gott als die Versorgung des Menschen jeden Tag, nicht hin und wieder.

Jesus Christus kannte dieses Gesetz, denn was immer er sich wünschte oder benötigte, materialisierte sich im Handumdrehen, wie die Brote und die Fische[83] und das Geldstück im Maul eines Fisches[84].

Eine so starke Überzeugung würde alles Horten und Sparen überflüssig machen und verschwinden lassen.

Das bedeutet nicht, dass Sie kein dickes Bankkonto und keine Geldanlagen haben sollen, aber es bedeutet, dass Sie sich nicht davon abhängig machen sollen, denn wenn Sie an einem Ende etwas verlieren, gewinnen Sie am anderen dazu.

Und immer „werden deine Scheunen voll werden und deine Kelter mit Most übergehen."[85]

Nun, wie nimmt man Kontakt zu seiner unsichtbaren Versorgung auf? Indem man sich ein Statement der Wahrheit sucht, das „es klicken" lässt, und eine klare Erkenntnis der Wahrheit auslöst.

Dieser Weg steht nicht nur wenigen Auserwählten offen, denn „es soll geschehen, wer des Herrn Namen anrufen wird, der soll errettet werden."[86] Der Herr ist *Ihr* Hirte und *mein* Hirte und jedermanns Hirte.

Gott ist die Höchste Intelligenz, die sich der Erfüllung der Bedürfnisse des Menschen widmet. Die Erklärung dafür ist, dass der Mensch Gott

---

83 siehe: Matthäus 14,19-20 u. a.
84 siehe: Matthäus 17,27
85 Sprüche 3,10 – Luther-Bibel 1912
86 Joel 3,5 – Luther-Bibel 1912

in Aktion ist. Jesus Christus sagte: „Ich und der Vater sind eins."[87]
Wir können diese Aussage auch umformulieren und sagen: „Ich und das großartige schöpferische Prinzip des Universums sind ein und dasselbe."
Der Mensch leidet nur Mangel, wenn er den Kontakt zu diesem schöpferischen Prinzip verliert, auf das er voll und ganz vertrauen muss, weil es reine Intelligenz ist und den Weg zur Erfüllung kennt.

Der denkende Verstand und der persönliche Wille verursachen einen Kurzschluss.

„Vertraue auf mich und ich werde es ausführen."
Die meisten Menschen sind von Besorgnis und Angst erfüllt, wenn es in der äußeren Welt nichts gibt, woran sie sich klammern können.
Eine Frau kam zu einem Arzt und sagte: „Ich bin nur eine arme kleine Frau mit niemandem sonst als Gott, der hinter mir steht." Der Arzt antwortete: „Sie brauchen sich keine Sorgen zu machen, wenn Sie Gott hinter sich haben", denn „alles, was das Königreich hervorbringt, ist Ihres."
Eine Frau rief mich an und sagte, den Tränen nahe: „Ich mache mir solche Sorgen wegen meiner geschäftlichen Lage." Ich antwortete: „Die Situation mit Gott bleibt dieselbe: Der Herr ist Ihr Hirte; es wird Ihnen an nichts mangeln." „Wenn eine Tür sich schließt, öffnet sich eine andere."
Ein sehr erfolgreicher Geschäftsmann, der all seine Angelegenheiten mit Methoden der Wahrheit regelt, sagte einmal: „Das Problem der meisten Leuten ist, dass sie sich von bestimmten Umständen abhängig machen. Sie haben nicht genug Vorstellungskraft, um weiterzugehen und neue Kanäle zu öffnen."

Fast jeder große Erfolg ist auf einem Misserfolg aufgebaut.

---

87 Johannes 10,30 – Elberfelder Bibel 1905

Man hat mir erzählt, dass Edgar Bergen[88] sein Engagement am Broadway verlor, weil die Veranstalter keine Bauchrednerpuppen mehr im Programm haben wollten. Daraufhin brachte Noël Coward[89] ihn in die Radiosendung „Rudy Vallée[90] Radio Hour", und er und Charlie McCarthy, seine Holzpuppe, wurden über Nacht berühmt.

Bei einem meiner Meetings erzählte ich die Geschichte eines Mannes, der so arm und entmutigt war, dass er sich das Leben nahm. Wenige Tage danach traf ein Brief mit der Nachricht ein, dass er ein großes Vermögen geerbt hatte.

Ein Teilnehmer des Treffens sagte: „Das bedeutet: Wenn jemand den Punkt erreicht, dass er am liebsten tot wäre, ist die Realisierung seines größten Wunsches nur noch drei Tage entfernt." Ja, *lassen Sie sich nicht von der Dunkelheit kurz vor der Morgendämmerung narren.*

Es ist eine gute Idee, sich hin und wieder einen Sonnenaufgang anzusehen, um sich davon zu überzeugen, wie zuverlässig er stattfindet. Das erinnert mich an eine Erfahrung, die ich vor einigen Jahren gemacht habe.

Ich hatte eine Freundin, die in Brooklyn (New York) in der Nähe des Prospect Parks lebte. Sie liebte es, ungewöhnliche Dinge zu tun, und sie sagte zu mir: „Komm mich besuchen, dann stehen wir ganz früh auf und schauen uns den Sonnenaufgang im Prospect Park an."

Ich wollte erst nicht, doch dann hatte ich auf einmal so eine Ahnung, dass es eine interessante Erfahrung sein würde.

Es war im Sommer. Wir standen um vier Uhr morgens auf – meine

---

88 Edgar John Bergen (1903 – 1978) – US-amerikanischer Schauspieler und Bauchredner
89 Noël Coward (1899-1973) – britischer Schauspieler, Schriftsteller und Komponist
90 Hubert Prior „Rudy" Vallée (1901 – 1986) – US-amerikanischer Sänger, Saxophonist, Bandleader, Schauspieler und Unterhalter

Freundin, ihre kleine Tochter und ich. Es war noch stockdunkel, als wir uns auf den Weg zum Park machten.

Ein paar Polizisten beäugten uns halb neugierig, halb misstrauisch, aber meine Freundin sagte würdevoll zu ihnen: „Wir sind unterwegs, um uns den Sonnenaufgang anzusehen", und das schien ihnen zu genügen. Wir spazierten durch den Park bis zu dem wundervollen Rosengarten.

Bald erschien im Osten ein schmaler rosa Streifen über dem Horizont, und dann hörten wir plötzlich ein gewaltiges Getöse. Wir waren in der Nähe des Zoos, und alle Tiere dort begrüßten die Morgendämmerung.

Die Löwen und Tiger brüllten, die Hyänen lachten, es gab Gekreische und Geheul. Alle Tiere hatten etwas zu sagen, weil ein neuer Tag anbrach.

Es war wirklich höchst inspirierend. Das Sonnenlicht brach sich durch die Kronen der Bäume und die ganze Szenerie wirkte irgendwie überirdisch.

Dann, als es heller wurde, lagen unsere Schatten vor statt hinter uns. Die Dämmerung eines neuen Tages!

Dies ist die wundervolle Dämmerung, die nach einer Zeit der Dunkelheit zu jedem von uns kommt.

Auch Ihre Morgendämmerung des Erfolgs, des Glücks und der Fülle wird mit Sicherheit kommen.

Jeder Tag ist wichtig, denn wir lesen in einem wunderbaren Sanskrit-Gedicht: „Achte deshalb gut auf den heutigen Tag! So heißt du den heraufziehenden Tag willkommen."[91]

Heute ist der Herr Ihr Hirte! Heute wird es Ihnen an nichts mangeln, denn Sie und das großartige schöpferische Prinzip des Universums sind ein und dasselbe.

---

91 The Salutation of the Dawn (dt.: „Die Begrüßung der Morgendämmerung")

Psalm 34 ist auch ein Psalm der Sicherheit. Er beginnt mit einem Segensspruch für den Herrn: „Ich will den Herrn loben allezeit; sein Lob soll immerdar in meinem Munde sein."[92]

„Aber die Jehova suchen, ermangeln keines Guten."[93] Den Herrn zu suchen bedeutet, dass der Mensch den ersten Schritt tun muss. „Nähere dich mir und ich werde mich dir nähern, spricht der Herr."

Sie suchen den Herrn, indem Sie Ihre Affirmationen sprechen, Ihr Gutes erwarten und sich darauf vorbereiten.

Wenn Sie um Erfolg bitten und sich auf Misserfolg vorbereiten, werden Sie das erhalten, worauf Sie sich vorbereitet haben.

In meinem Buch *Das Lebensspiel und wie man es spielt* erzähle ich von einem Mann, der mich bat, das Wort für ihn zu sprechen, das all seine Schulden tilgen würde.

Nach der Anwendung sagte er: „Nun zerbreche ich mir den Kopf darüber, was ich den Leuten sage, wenn ich das Geld nicht habe, um es ihnen zurückzuzahlen." Eine Anwendung wird Ihnen nicht helfen, wenn Sie nicht daran glauben, denn der Glaube und die Erwartung prägen Ihrem Unbewussten ein Bild der Erfüllung ein.

In Psalm 23 lesen wir: „Er erquickt meine Seele."[94] Ihre Seele ist Ihr Unbewusstes und muss mit den richtigen Ideen erquickt werden.

Was immer Sie tief empfinden, prägt sich Ihrem Unbewussten ein und manifestiert sich in Ihren Angelegenheiten und Lebensumständen.

Wenn Sie davon überzeugt sind, dass Sie ein Versager sind, dann werden Sie so lange ein Versager sein, bis Sie Ihrem Unbewussten die Überzeugung einprägen, dass Sie ein erfolgreicher Mensch sind.

Das erreichen Sie mit einer Affirmation, die es „klicken" lässt.

---

92 Psalm 34,1 – Luther-Bibel 1912
93 Psalm 34,10 – Elberfelder Bibel 1905
94 Psalm 23,3 – Elberfelder Bibel 1905

Bei einem Treffen sagte eine Freundin, dass ich Ihr ein Statement mitgegeben hätte, als sie den Raum verließ: „*Der Grund auf dem ich stehe, ist Ernteland.*" Ihre Lebensumstände waren eintönig und trüb, doch bei diesem Statement „klickte" es.

„*Ernteland, Ernteland*", klang es in ihren Ohren. Und fast sofort begannen gute Dinge auf sie zuzukommen und glückliche Überraschungen.

Der Grund dafür, dass Affirmationen notwendig sind, ist der, dass Wiederholungen sich dem Unbewussten einprägen. Sie können anfangs Ihre Gedanken nicht kontrollieren, aber Sie können kontrollieren, was Sie aussprechen. Und Jesus Christus sagte: „Denn aus deinen *Worten* wirst du gerechtfertigt werden, und aus deinen Worten wirst du verdammt werden."[95]

Wählen Sie täglich die richtigen Worte und die richtigen Gedanken!

Unsere Vorstellungskraft ist unsere schöpferische Fähigkeit: „Aus der Vorstellungswelt des Herzens entspringen die Umstände des Lebens."

Uns steht allen eine Bank zur Verfügung, von der wir abheben können: die Bank der Imagination.

Stellen Sie sich vor, Sie wären reich, gesund und glücklich; stellen Sie sich vor, all Ihre Angelegenheit wären göttlich geregelt. Aber überlassen Sie den Weg zur Erfüllung Ihrer Wünsche der Unendlichen Intelligenz.

„Er hat Waffen, von denen du nichts weißt." Er hat Kanäle, die Sie überraschen werden.

Einer der wichtigsten Passagen in Psalm 23 ist: „Du bereitest vor mir einen Tisch im Angesicht meiner Feinde."[96]

Das bedeutet, dass selbst in einer schlimmen oder gar bedrohlichen Situati-

---

95 Matthäus 12,37 – Elberfelder Bibel 1905
96 Psalm 23,5 – Luther-Bibel 1912

on, die Sie durch Zweifel, Angst und Groll selbst geschaffen haben, ein Ausweg für Sie vorbereitet ist.

„Der Herr ist mein Hirte; mir wird nichts mangeln."

Siehe und staune

„Darum gedenke ich an die Taten des Herrn;
ja, ich gedenke an deine vorigen Wunder."[97]

Die Wörter „Wunder" und „wunderbar" werden in der Bibel häufig genutzt. Im Wörterbuch wird das Wort „Wunder" als „Anlass für Überraschung und Erstaunen" definiert.

Ouspensky[98] nennt in seinem Buch „Tertium Organum"[99] die Welt der 4. Dimension die „Welt des Wundersamen". Er hat mathematisch festgestellt, dass es eine Ebene gibt, auf der alle Umstände perfekt sind. Jesus Christus hat diese Ebene das „Königreich" genannt.

Wir können sagen: „Trachtet aber zuerst nach der Welt des Wundersamen, und dies alles wird euch hinzugefügt werden."[100]

Das „Königreich" kann nur über einen bestimmten Bewusstseinszustand erreicht werden.

Jesus Christus sagte, um das Königreich betreten zu können, müssten wir „wie kleine Kinder werden"[101]. Kinder sind ständig in einem Zustand von Freude und Staunen!

Die Zukunft hält Versprechen von geheimnisvollem Guten bereit. Alles kann über Nacht passieren.

Robert Louis Stevenson[102] schreibt in seinem Buch „A Child's Garden

---

97 Psalm 77,12 – Luther-Bibel 1912
98 P. D. Ouspensky (1878 – 1947) – ursprünglich russischer, später in England wirkender esoterischer Schriftsteller
99 P. D. Ouspensky: Tertium Organum – Der Dritte Kanon des Denkens – Ein Schlüssel zu den Rätseln der Welt
100 In Anlehnung an: Matthäus 6,33
101 In Anlehnung an: Markus 10,15
102 Robert Louis Balfour Stevenson (1850 – 1894) – schottischer Schriftsteller

of Verses"¹⁰³: „Die Welt ist voll von allen möglichen Dingen. Ich bin sicher, dass wir alle so glücklich sein sollten wie Könige."

Lassen Sie uns also voller Staunen auf das schauen, was vor uns liegt. Dieses Statement habe ich schon vor vielen Jahren erhalten und ich erwähne es auch in meinem Buch *Das Lebensspiel und wie man es spielt*. Ich hatte eine Gelegenheit verpasst und das Gefühl gehabt, ich hätte mein eigenes Wohlergehen wacher im Blick haben müssen. Am nächsten Tag wählte ich am frühen Morgen dieses Statement: „Ich blicke voller Staunen auf das, was vor mir liegt."

Mittags klingelte das Telefon, und das Angebot wurde mir noch einmal gemacht. Dieses Mal griff ich zu. Nun blickte ich tatsächlich voller Staunen, denn ich hatte nicht erwartet, dass ich die Gelegenheit ein weiteres Mal bekommen würde.

Eine Freundin berichtete kürzlich bei einem meiner Meetings, dass sie mit diesem Statement wunderbare Ergebnisse erzielt hätte. Es erfüllt das Bewusstsein mit glücklicher Erwartung.

Kinder sind von glücklichen Erwartungen erfüllt, bis Erwachsene und unerfreuliche Erfahrungen sie aus der Welt des Wundersamen reißen!

Lassen Sie uns einen Blick zurückwerfen und uns an einige der kleinmütigen Ideen erinnern, die uns in der Kindheit eingeimpft wurden: „Iss die Äpfel mit Flecken zuerst." „Erwarte nicht zu viel, dann wirst du auch nicht enttäuscht." „Du kannst nicht alles im Leben haben." „Die Kindheit ist deine glücklichste Zeit." „Niemand weiß, was die Zukunft bringt." Was für ein Start ins Leben!

Das sind einige der Eindrücke, die ich in meiner frühen Kindheit aufgenommen habe.

Im Alter von sechs Jahren hatte ich bereits ein großes Verantwortungsgefühl. Statt mit Staunen auf das zu blicken, was vor mir lag,

---
103 Deutsche Ausgabe u.a.: „Mein Bett ist ein Boot – Der Versgarten eines Kindes"

schaute ich mit Angst und Argwohn. Ich fühle mich jetzt viel jünger, als ich mich mit sechs gefühlt habe.

Ich habe ein altes Foto aus dieser Zeit, auf dem ich nach einer Blume greife, aber mit verhärmtem und hoffnungslosem Gesicht.

Ich hatte die Welt des Wundersamen hinter mir gelassen! Ich lebte jetzt in der Welt der Realität, wie mir die Erwachsenen erklärten, und die war alles andere als wundersam.

Für Kinder ist es ein großes Privileg, in unserer heutigen Zeit zu leben, wenn sie von Geburt an die Wahrheit kennenlernen und erklärt bekommen. Auch wenn man ihnen nicht systematisch die Lehre der Metaphysik beibringt, so ist doch die Atmosphäre von freudiger Erwartung erfüllt.

Sie können eine Shirley Temple[104], ein Freddie Bartholomew[105] oder, gerade mal sechs Jahre alt, ein großartiger Pianist werden und auf Konzerttournee gehen.

Wir sind nun alle wieder zurück in der Welt des Wundersamen, in der alles über Nacht passiert, denn wenn Wunder geschehen, geschehen sie rasch!

Deshalb sollten wir uns der *Wunder bewusst werden*, uns auf Wunder vorbereiten und Wunder erwarten, und sie auf diese Weise in unser Leben einladen.

Vielleicht benötigen Sie ein finanzielles Wunder! Es gibt Versorgung für jeden Bedarf. Durch aktiven Glauben, das Wort und Intuition rufen wir die Versorgung ab.

Ich gebe Ihnen ein Beispiel: Eine meiner Schülerinnen befand sich in der Situation, kaum Mittel zu haben, und sie brauchte dringend tau-

---

[104] Shirley Temple (1928 – 2014) – US-amerikanische Schauspielerin, Sängerin, Tänzerin und Diplomatin
[105] Freddie Bartholomew (1924 – 1992) – britisch-amerikanischer Kinderschauspieler und späterer Fernsehregisseur und -produzent

send Dollar. Sie hatte früher einmal viel Geld und schöne Dinge besessen, doch davon war ihr nichts als eine Hermelin-Stola geblieben. Kein Pelzhändler wollte ihr viel dafür geben.

Ich sprach das Wort dafür, dass die Stola an die richtige Person zum richtigen Preis verkauft, oder dass die Versorgung auf einem anderen Weg zu der Frau kommen würde. Es war nötig, dass das Geld sich sehr schnell manifestierte, und es blieb keine Zeit, sich Sorgen oder Gedanken zu machen.

Sie war in der Stadt unterwegs und wiederholte Ihre Affirmationen. Es war ein stürmischer Tag. Aus einem starken Impuls heraus sagte sie sich: „Ich werde meinen aktiven Glauben beweisen, indem ich mir ein Taxi nehme." Als sie an ihrem Ziel angekommen aus dem Taxi stieg, wartete dort eine andere Frau auf ein Taxi.

Es war eine alte Freundin, eine sehr, sehr nette Person. Es war das erste Mal in ihrem Leben, dass sie ein Taxi nahm, weil ihr Rolls Royce an diesem Nachmittag in der Werkstatt war.

Sie unterhielten sich, und meine Freundin erzählte ihr von ihrer Hermelin-Stola. „Gut", sagte ihre Freundin, „ich gebe dir tausend Dollar dafür." Und am selben Nachmittag hatte meine Schülerin den Scheck, den sie so dringend brauchte.

Gottes Wege sind genial und seine Methoden sind sicher.

Eine Schülerin schrieb mir kürzlich, dass sie dieses Statement nutzte: „Gottes Wege sind genial, seine Methoden sind sicher." Eine Reihe unerwarteter Kontakte führte zu einer Situation, die sie sich gewünscht hatte. Voller Staunen sah sie zu, wie das Gesetz wirkte.

Unsere Demonstrationen geschehen gewöhnlich im „Bruchteil einer Sekunde". Alles ist im göttlichen Bewusstsein mit erstaunlicher Genauigkeit getimt.

Meine Schülerin verließ das Taxi genau in dem Moment, als ihre Freundin eines brauchte. Eine Minute später hätte diese Frau wahrscheinlich bereits ein anderes Taxi angehalten gehabt.

Die Aufgabe des Menschen besteht darin, hellwach auf Hinweise und Vorahnungen zu achten, denn auf dem magischen Pfad der Intuition steht alles bereit, was er sich wünscht oder was er benötigt.

In Moultons[106] „The Modern Reader's Bible" wird das Buch der Psalmen als lyrische Dichtung in Perfektion anerkannt.

„Meditation zu Musik, die die Essenz der Texte ist, kann keine höhere Ebene finden als den frommen Geist, der sich sofort zum Dienst Gottes aufschwingt und an den verschiedenen Seiten des aktiven und des kontemplativen Lebens überfließt."[107]

Die Psalmen sind auch menschliche Dokumente, und ich habe Psalm 77 ausgewählt, weil er einen Menschen in Verzweiflung beschreibt, dessen Glaube, Vertrauen und Zuversicht aber wiederhergestellt werden, als er über die Wunder Gottes nachsinnt.

„Ich schreie mit meiner Stimme zu Gott; zu Gott schreie ich, und er erhört mich.

In der Zeit der Not suche ich den Herrn; meine Hand ist des Nachts ausgereckt und lässt nicht ab; denn meine Seele will sich nicht trösten lassen."[108]

„Wird denn der Herr ewiglich verstoßen und keine Gnade mehr erzeigen?"[109]

„Hat Gott vergessen, gnädig zu sein, und seine Barmherzigkeit vor Zorn verschlossen?

Aber doch sprach ich: Ich muss das leiden; die rechte Hand des Höchsten kann alles ändern.

Darum gedenke ich an die Taten des Herrn; ja, ich gedenke an deine

---

106 Richard Green Moulton (1849 - 1924) – In England geborener, später in den USA lebender Professor, Autor und Anwalt
107 Richard Green Moulton: The Modern Reader's Bible (1907)
108 Psalm 77,2-3 – Luther-Bibel 1912
109 Psalm 77,8 – Luther-Bibel 1912

vorigen Wunder und rede von allen deinen Werken und sage von deinem Tun.

Gott, dein Weg ist heilig. Wo ist so ein mächtiger Gott, als du, Gott, bist?

Du bist der Gott, der Wunder tut; du hast deine Macht bewiesen unter den Völkern."[110]

Dies ist das Bild dessen, was der durchschnittliche Schüler der Wahrheit durchlebt, wenn er sich mit einem Problem konfrontiert sieht: Er wird von Bedenken, Angst und Verzweiflung geplagt.

Dann wird ein Statement der Wahrheit in seinem Bewusstsein aufblitzen, wie „Gottes Wege sind genial und seine Methoden sicher!". Er erinnert sich an andere Schwierigkeiten, die er überstanden hat, und sein Vertrauen in Gott kehrt zurück. Er denkt: *„Was Gott früher getan hat, wird er jetzt auch für mich tun und mehr!"*

Erst kürzlich sprach ich mit einer Freundin, die sagte: „Ich wäre schön dumm, wenn ich nicht glauben würde, dass Gott meine Probleme lösen kann. Schon so oft sind wunderbare Dinge zu mir gekommen und ich bin sicher, dass das auch in Zukunft geschehen wird!"

Die Zusammenfassung von Psalm 77 lautet also: „Was Gott früher getan hat, wird er auch jetzt für mich tun und mehr!"

Wenn Sie über Ihre früheren Erfolge, Ihr Glück und Ihren Wohlstand nachdenken, ist es gut sich zu vergegenwärtigen: „Alle Niederlagen und Misserfolge haben ihre Ursache in Ihren eigenen aufgeblasenen Vorstellungen. Angst vor Verlusten hat sich unbemerkt in Ihrem Bewusstsein breitgemacht, Sie haben Bürden getragen und Kämpfe ausgefochten, Sie haben Dinge durchdacht, anstatt auf dem magischen Pfad der Intuition zu bleiben.

Doch im Handumdrehen wird alles für Sie wiederhergestellt werden,

---

110 Psalm 77,10-14 – Luther-Bibel 1912

denn, wie man im Osten sagt: „Was Allah gegeben hat, kann einem nicht genommen werden".

Um zum Bewusstseinszustand eines Kindes zurückzukehren, sollten Sie von Staunen erfüllt sein, gleichzeitig aber darauf achten, dass Sie nicht in Ihrer vergangenen Kindheit leben.

Ich kenne Leute, die sich nur an glückliche Tage ihrer Kindheit erinnern können. Sie wissen noch, wie sie angezogen waren! Nie wieder war der Himmel so blau und das Gras so grün wie damals. Mit dieser Haltung werden sie die Gelegenheiten im wunderbaren Jetzt verpassen.

Ich erzähle Ihnen eine amüsante Geschichte über eine Freundin, die in einer bestimmten Stadt lebte, als sie noch sehr klein war, und danach in eine andere Stadt umzog. In ihrer Erinnerung blickte sie immer auf das erste Haus zurück, in dem sie mit ihrer Familie gelebt hatte. Für sie war es ein verzauberter Palast: groß, geräumig und prächtig.

Viele Jahre später, als sie schon erwachsen war, hatte sie die Gelegenheit, diese Haus zu besuchen. Da verlor sie ihre Illusionen: das Haus war klein, muffig und hässlich. Dass Ihre Vorstellung von Schönheit sich völlig geändert hatte, wurde ihr spätestens klar, als sie im Vorgarten einen eisernen Hund stehen sah.

Wenn Sie in Ihre Vergangenheit zurückkehren würden, wäre die auch nicht dieselbe. In der Familie meiner Freundin sagt man seitdem statt „in der Vergangenheit leben" auch, „dem eisernen Hund nachjagen".

Ihre Schwester erzählte mir eine Geschichte darüber, wie sie selbst „dem eisernen Hund nachjagte". Als sie etwa sechzehn war, lernte sie im Ausland einen sehr schneidigen und romantischen jungen Mann kennen, einen Künstler. Die Romanze währte nicht lange, aber sie erzählte dem Mann, den sie danach heiratete, oft und gerne von dieser Episode.

Die Jahre vergingen und aus dem romantischen jungen Mann wurde ein bekannter Künstler. Eines Tages kam er in unser Land zu einer Ausstellung seiner Bilder. Meine Freundin war ganz aufgeregt deswegen und beschloss, ihn zu treffen, um ihre Freundschaft zu erneuern. Sie ging zu seiner Ausstellung und traf dort einen korpulenten Geschäftsmann vor – von dem schneidigen romantischen jungen Mann war keine Spur geblieben! Als sie ihrem Ehemann davon erzählte, sagte der nur: „du bist einem eisernen Hund nachgejagt".

Denken Sie daran: *Jetzt ist die Zeit gekommen. Heute ist der Tag! Und Ihre Lebensumstände können sich über Nacht zum Guten wenden.*

Blicken Sie mit Staunen auf das, was vor Ihnen liegt!

Wir sind von göttlicher Erwartung erfüllt: „Und ich will euch die Jahre erstatten, welche die Heuschrecken [...] gefressen haben."[111]

Nun lassen Sie uns an das Gute denken, das so schwer zu erreichen scheint, mag es Gesundheit, Wohlstand, Glück oder perfekte Selbstentfaltung sein.

Machen Sie sich keine Gedanken darüber, wie das Gute zu erreichen ist, sondern bedanken Sie sich dafür, dass Sie es auf der unsichtbaren Ebene bereits erhalten haben. „Deshalb sind die Schritte, die dazu führen, ebenfalls abgesichert."

Seien Sie hellwach für Ihre intuitiven Hinweise und Ahnungen, und Sie werden sich plötzlich in Ihrem Verheißenen Land wiederfinden.

„Ich blicke voller Staunen auf das, was vor mir liegt."

---

111 Joel 2,25 – Luther-Bibel 1912

Holen Sie Ihr Gutes ein

„Und es wird geschehen: ehe sie rufen, werde ich antworten; während sie noch reden, werde ich hören."[112]

Holen Sie Ihr Gutes ein! Das ist die neue Art zu sagen: „ Ehe sie rufen, werde ich antworten."

Ihr Gutes *geht Ihnen voraus*; es kommt an, bevor Sie es tun. Aber wie kann man sein Gutes einholen? Sie müssen Ohren haben, die hören, und Augen, die sehen, sonst entgeht es Ihnen.

Manche Leute holen ihr Gutes im Leben niemals ein. Sie sagen: „Mein Leben war immer mühselig und hart, und ich habe nie Glück gehabt." Sie sind die Leute, die ihre Gelegenheiten verschlafen, oder Ihr Gutes aus Bequemlichkeit nie eingeholt haben.

Eine Frau erzählte einer Gruppe von Freunden, dass sie seit drei Tagen nichts gegessen habe. Die Freunde drängten verschiedene Leute, ihr doch Arbeit zu geben, aber sie lehnte das ab. Sie erklärte, dass sie nie vor zwölf Uhr mittags aufstand, weil sie gerne im Bett lag und Zeitschriften las.

Sie wünschte sich nur, dass Leute sie unterstützten und versorgten, während sie die Vogue und Harper's Bazaar las. Wir müssen sorgsam darauf achten, nicht in träge Bewusstseinszustände abzurutschen. Ich empfehle Ihnen die Affirmation: *„Ich bin hellwach, was mein Wohl betrifft, und verpasse keine Gelegenheit."* Die meisten Menschen sind in Bezug auf Ihr eigenes Wohlergehen bestenfalls halbwach.

Eine Schülerin sagte mir einmal: „Wenn ich meinen Ahnungen nicht folge, gerate ich jedes Mal in Schwierigkeiten."

Ich erzähle Ihnen die Geschichte einer Frau, eine meiner Schülerin-

---

112 Jesaja 65,24 – Elberfelder Bibel 1905

nen, die ihren intuitiven Hinweisen folgte, die erstaunliche Resultate bewirkten.

Sie war eingeladen worden, Freunde in einer nahe gelegenen Stadt zu besuchen. Sie hatte kaum Geld. Als sie dort ankam, fand sie das Haus verschlossen vor; die Freunde waren weggefahren. Sie war erst verzweifelt, dann begann sie zu beten. Sie sagte: „Unendliche Intelligenz, gib mir einen eindeutigen Hinweis. Lass mich wissen, was ich tun soll!"

Da blitzte unversehens der Name eines bestimmten Hotels in ihrem Bewusstsein auf – nachdrücklich, denn der Name erschien ihr in Großbuchstaben.

Sie hatte gerade noch genug Geld, um nach New York zurückzukehren und zu dem Hotel zu fahren. Als sie gerade eintreten wollte, tauchte plötzlich eine Freundin auf, die sie seit Jahren nicht gesehen hatte, und begrüßte sie herzlich.

Die Freundin erklärte ihr, dass sie in dem Hotel wohnte, aber in Kürze für einige Monate verreisen würde, und fügte hinzu: „Wieso wohnst du nicht in meiner Suite, während ich weg bin? Es würde dich keinen Cent kosten."

Meine Freundin nahm das Angebot dankbar an und staunte über das Wirken des Spirituellen Gesetzes.

Sie hatte ihr Gutes eingeholt, indem sie ihrer Intuition gefolgt war.

Alles Voranschreiten erfolgt aufgrund von Wünschen. Die Wissenschaft besinnt sich heute wieder auf Lamarck[113] und seine „Wunsch-Theorie". Er postuliert, dass Vögel nicht fliegen, weil sie Flügel haben, sondern dass sie Flügel haben, weil sie fliegen wollten. Ihre Flügel haben sich seiner Theorie zufolge also durch den „Druck eines emotionalen Wunsches" entwickelt.

Denken Sie an die unwiderstehliche Kraft eines Gedankens mit klarer

---

113 Jean-Baptiste Lamarck (1744 – 1829) – französischer Botaniker und Zoologe

Vision. Viele Menschen bewegen sich ständig in einem Nebel, treffen falsche Entscheidungen und beschreiten falsche Wege.

In den letzten Tagen vor Weihnachten sagte mein Hausmädchen zu einer Verkäuferin in einem der großen Kaufhäuser: „Das ist heute wohl Ihr stressigster Tag." Die Angestellte erwiderte: „Oh, nein! Am meisten Arbeit haben wir am Tag *nach* Weihnachten, wenn die Leute so viele Sachen wieder zurückbringen."

Hunderte von Leute wählen die falschen Geschenke, weil sie nicht auf die Hinweise ihrer Intuition hören.

Was immer Sie auch tun, bitten Sie um Führung. Das erspart Ihnen Zeit und Energie und oft ein Leben in Elend.

Alles Leiden resultiert aus der Missachtung der Intuition. Solange nicht die Intuition das Haus baut, arbeiten die vergeblich, die es bauen.

Machen Sie es sich *zur Gewohnheit, sich von Ihrem Gefühl und Ihren Ahnungen leiten zu lassen*, dann bleiben Sie immer auf dem magischen Pfad.

„Und es wird geschehen: ehe sie rufen, werde ich antworten; während sie noch reden, werde ich hören."

Wenn wir mit dem Spirituellen Gesetz wirken, lassen wir etwas Wirklichkeit werden, das bereits vorhanden ist. Es existiert im Universellen Bewusstsein als Idee, kristallisiert sich aber erst durch einen ernsthaften Wunsch in der äußeren Welt.

Die Idee eines Vogels war ein perfektes Bild im göttlichen Bewusstsein; die Fische übernahmen die Idee und wünschten sich, Vögel zu werden.

Verleihen Ihre Wünsche Ihnen Flügel? *Wir sollten alle einige Dinge Wirklichkeit werden lassen, die scheinbar unmöglich sind.*

Eine meiner Affirmationen lautet: „Das Unerwartete geschieht, Gutes, *das scheinbar unmöglich ist, wird Wirklichkeit."*

Vergrößern Sie nicht Hindernisse, sondern den Herrn, also Gottes Macht.

Ein Durchschnittsmensch beschäftigt sich vor allem und ausführlich mit Hürden und Hindernissen, die verhindern, dass das gewünschte Gute geschieht.

Sie verbinden sich mit dem, worauf Sie Ihre Aufmerksamkeit richten. Wenn Sie also Hindernissen und Hemmnissen Ihre ungeteilte Aufmerksamkeit widmen, werden diese schlimmer und schlimmer.

Schenken Sie Gott Ihre ungeteilte Aufmerksamkeit. Sagen Sie immer, wenn Sie vor Hindernissen stehen, still für sich: „*Gottes Wege sind genial und seine Methoden sicher!*"

Gottes Macht ist unbezwingbar (wenn auch unsichtbar). „Rufe zu mir, und ich will dir antworten und will dir große und unerreichbare Dinge kundtun, die du nicht weißt."[114]

Wenn wir unsere Wünsche Wirklichkeit werden lassen wollen, müssen wir ignorieren, was ihrer Verwirklichung entgegen zu stehen scheint. „Richtet nicht nach dem Schein, sondern richtet ein gerechtes Gericht."[115]

Wählen Sie ein Statement, das Ihnen ein Gefühl von Zuversicht gibt. „*Der lange Arm Gottes streckt sich über Menschen und Umstände aus. Er kontrolliert meine Situation und schützt meine Interessen!*"

Ich wurde gebeten, das Wort für einen Mann zu sprechen, dem ein geschäftliches Gespräch mit einer scheinbar skrupellosen Person bevorstand. Ich wählte das genannte Statement, und das Gespräch steuerte ab dem Moment, in dem ich das Wort sprach, auf ein korrektes und gerechtes Ergebnis zu.

Wir haben alle das Zitat aus den Sprüchen gehört: „Lang hingezoge-

---

114 Jeremia 33,3 – Elberfelder Bibel 1905
115 Johannes 7,24 – Elberfelder Bibel 1905

nes Harren macht das Herz krank, aber eine eingetroffene Wunscherfüllung ist ein Baum des Lebens."[116]

Wenn wir uns ernsthaft und ohne Angst etwas wünschen, holen wir das ein, wonach wir verlangen und unser Wunsch kristallisiert sich in der äußeren Welt. „Ich werde dir die redlichen Wünsche deines Herzens erfüllen."

Selbstsüchtige Wünsche und solche, die anderen schaden, kehren immer zum Nachteil des Wünschenden zurück.

Einen redlichen Wunsch kann man als Echo des Unendlichen bezeichnen. Er ist bereits als perfekte Idee im göttlichen Bewusstsein vorhanden.

Alle Erfinder holen die Ideen der Geräte ein, die sie erfinden. In meinem Buch *Das Lebensspiel und wie man es spielt* sage ich: „Das Telefon hat Graham Bell[117] gesucht."

Oft machen zwei Leute dieselbe Erfindung zur gleichen Zeit. Sie haben sich auf dieselbe Idee eingestimmt.

Das Wichtigste im Leben ist, den göttlichen Plan wirken zu lassen.

So wie das Bild der Eiche in der Eichel steckt, ist das göttliche Design Ihres Lebens in Ihrem Überbewusstsein angelegt, und Sie müssen daran ausgerichtet die perfekten Muster für Ihre Angelegenheiten ausarbeiten. Wenn Ihnen das gelingt, werden Sie ein magisches Leben führen, denn im göttlichen Design sind alle Umstände auf dauerhafte Perfektion angelegt.

Menschen widersetzen sich dem göttlichen Design, wenn sie ignorant darauf verzichten, Ihr eigenes Wohl anzustreben.

Vielleicht hätte die Frau, die gerne den ganzen Tag im Bett lag und Zeitschriften las, stattdessen für Magazine schreiben sollen. Aber ihre

---

116 Sprüche 13,12 – Elberfelder Bibel 1905
117 Alexander Graham Bell (1847 – 1922) – britischer und später US-amerikanischer Sprechtherapeut, Erfinder und Großunternehmer

Bequemlichkeit, die ihr zur festen Gewohnheit geworden war, hatte jeden Wunsch voranzukommen erstickt.

Die Fische, die sich Flügel wünschten, waren wach und lebendig. Sie verbrachten ihre Tage nicht im Bett des Ozeans, und lasen die Vogue und Harper's Bazaar.

Erwacht, die ihr im Schlafe liegt, und holt euer Gutes ein!

„Rufe zu mir, und ich will dir antworten und will dir große und unerreichbare Dinge kundtun, die du nicht weißt."

Ich hole jetzt mein Gutes ein,
denn ehe ich rief, erhielt ich Antwort.

Flüsse in der Wüste

„Siehe, ich wirke Neues; jetzt sprosst es auf; werdet ihr es nicht erfahren? Ja, ich mache durch die Wüste einen Weg, Ströme durch die Einöde."[118]

In Kapitel 43 des Buches Jesaja finden sich viele wundervolle Aussagen, die die unbezwingbare Macht der Höchsten Intelligenz illustrieren, die dem Menschen in Not zu Hilfe kommt. *Egal, wie hoffnungslos eine Situation erscheint, die Unendliche Intelligenz kennt einen Weg, ihr zu entkommen.*

Wenn er mit der Kraft Gottes wirkt, wird der Mensch frei von Konditionierungen und Beschränkungen. Lassen Sie uns die verborgene Kraft realisieren, auf die wir in jedem Moment zugreifen können.

Nehmen Sie Kontakt zur Unendlichen Intelligenz (Gott im Inneren) auf. Dann verschwindet jeder Anschein von Unheil, weil es durch eingebildete Trugbilder des Menschen entstanden ist.

In meinen Fragen- und Antworten-Kursen werde ich oft gefragt: „Wie stellt man einen bewussten Kontakt zu dieser unbezwingbaren Macht her?"

Darauf antworte ich: „Durch Ihr Wort." „Denn aus deinen Worten wirst du gerechtfertigt werden."

Der römische Hauptmann sagte zu Jesus Christus: „Aber sprich nur ein Wort, so wird mein Knecht gesund."[119]

„Wer des Herrn Namen anrufen wird, der soll errettet werden."[120] Beachten Sie das Word „anrufen": Sie rufen den Herrn oder das Gesetz an, wenn Sie eine Affirmation der Wahrheit sprechen.

---

118 Jesaja 43,19 – Elberfelder Bibel 1905
119 Lukas 7,7
120 Joel 2,32 – Luther-Bibel 1912

Wählen Sie, wie ich das immer empfehle, ein Statement, bei dem es „klickt", was bedeutet, dass es Ihnen ein Gefühl von Gewissheit gibt.

Viele Menschen sind versklavt von Ideen des Mangels: Mangel an Liebe, Mangel an Geld, Mangel an Gemeinschaft und Zusammenhalt, Mangel an Gesundheit, und so weiter.

Sie sind versklavt von der Ideen der Beeinträchtigung und Unvollständigkeit. Sie sind in Adams Traum gefangen: Adam (exemplarischer Mensch) aß von „Maya, dem Baum der Illusion" und sah danach zwei Mächte: eine gute und eine üble.

Die Mission von Christus war es, die Menschen wachzurütteln für die Wahrheit der einen Macht: Gott. „Erwacht, die ihr im Schlafe liegt."

Wenn es Ihnen an etwas Gutem mangelt, liegen Sie, was Ihr Wohl betrifft, noch immer im Schlaf.

Wie erwacht man aus Adams Traum der Gegensätze, nachdem wir jahrhundertelang tief und fest in dieser kollektiven Vorstellungswelt der Menschheit geschlafen haben?

Jesus Christus sagte: „Wo zwei unter euch einig werden, so soll es geschehen."[121] Dies ist das Gesetz der Übereinkunft.

Es ist beinahe unmöglich das Gute für sich selbst mit Klarheit zu sehen. Deshalb kann die Unterstützung durch Heiler, Therapeuten oder Freunde erforderlich werden.

Viele erfolgreiche Männer sagen, sie hätten ihren Erfolg erzielt, weil ihre Frau an sie glaubte.

Ich zitiere aus einer aktuellen Tageszeitung, die Walter P. Chryslers[122] Wertschätzung für seine Frau wiedergibt: „Nichts", sagte er einmal, „hat mir mehr Erfüllung im Leben gegeben, als die Art, wie meine

---

121 In Anlehnung an: Matthäus 18,19
122 Walter Percy Chrysler (1875 – 1940) – US-amerikanischer Automobil-Pionier und Gründer des internationalen Automobilunternehmens Chrysler Corporation

Frau von Anfang an und über all die Jahre an mich glaubte." Chrysler schrieb über sie: „Es schien mir, als ob ich niemandem außer Della verständlich machen konnte, dass ich ehrgeizig war und hochgesteckte Ziele hatte. Mit ihr konnte ich darüber reden und sie nickte dazu. Ich meine mich zu erinnern, dass ich sogar gewagt habe, ihr zu erzählen, dass ich vorhatte, eines Tages ein Meistermechaniker zu werden." Sie stand immer hinter ihm und bestärkte ihn in seinem Ehrgeiz.

Reden Sie über Ihre Pläne und Vorhaben möglichst wenig und wenn überhaupt, dann nur mit Leuten, die Sie ermutigen und inspirieren. Die Welt ist voll von „nassen Decken", von Leuten, die Ihnen ständig sagen: „Das ist nicht möglich", und dass Sie Ihre Ziele zu hoch stecken.

Wenn Leute in Wahrheitstreffen oder Gottesdiensten zusammen sitzen, öffnet oft ein Wort oder eine Idee einen Weg durch die Wüste.

Natürlich spricht die Bibel von Bewusstseinszuständen. Sie stecken in der Wildnis oder einer Wüste fest, wenn Sie aus der Harmonie geraten – wenn Sie wütend, gereizt, ängstlich oder unentschlossen sind. Unentschlossenheit, die Unfähigkeit, sich eine klare Meinung zu bilden, ist oft die Ursache mangelnder Gesundheit.

Als ich eines Tages im Bus fuhr, hielt eine Frau ihn an und fragte den Fahrer nach dem Fahrtziel. Er nannte es ihr, aber sie war unentschlossen. Sie stieg halb ein, dann aus, dann wieder ein. Der Busfahrer wandte sich zu ihr und sagte: „Meine Dame, entscheiden Sie sich!"

So ist es mit vielen Menschen: „Meine Damen, entscheiden Sie sich!"

Eine intuitive Person ist niemals unentschlossen. Sie erhält Hinweise, hat Ahnungen und schreitet mutig voran in der festen Überzeugung, dass sie sich auf dem magischen Pfad befindet.

Wer in der Wahrheit lebt, bittet um eindeutige Hinweise, was er tun soll. Sie werden immer Hinweise erhalten, wenn sie darum bitten. Manchmal kommen sie als Intuition, manchmal aus der äußeren Welt.

Eine meiner Schülerinnen namens Ada spazierte eine Straße entlang, unentschlossen, ob sie zu einem bestimmten Ort gehen sollte oder nicht. Sie bat um einen Hinweis. Zwei Frauen gingen vor ihr her. Eine der beiden wandte sich der anderen zu und sagte: „Wieso gehst du nicht, Ada?" - der Name dieser Frau war zufällig auch Ada. Meine Freundin nahm das als einen Hinweis und ging zu dem Ort, und das Ergebnis war ein Erfolg.

Wir führen ein wirklich magisches Leben, geleitet und versorgt bei jedem Schritt, *wenn wir Ohren haben, die hören, und Augen, die sehen.* Natürlich haben wir die Ebene des Intellekts verlassen und schöpfen aus dem Überbewusstsein, Gott im Inneren, das uns sagt: „Dies ist der Weg; den gehet."[123]

Was immer Sie wissen sollten, wird Ihnen offenbart werden. Woran es Ihnen mangelt, Sie werden damit versorgt werden! „So spricht der Herr, der im Meer Weg und in starken Wassern Bahn macht."[124]

„Gedenket nicht des Früheren, und über die Dinge der Vorzeit sinnet nicht nach!"[125]

Menschen, die in der Vergangenheit leben, haben ihren Kontakt zum wundervollen Jetzt gekappt. Doch Gott kennt nur das Jetzt; „jetzt ist die bestimmte Zeit, heute ist der Tag".

Viele Leute leben ein Leben voller Beschränkungen. Sie horten und sparen und haben Angst, zu nutzen was sie haben, was zu noch mehr Mangel und Begrenztheit führt.

Eine Frau, die in einer kleinen ländlichen Stadt lebte, mag als Beispiel

---

123 Jesaja 30,21 – Luther-Bibel 1912
124 Jesaja 43,16 – Luther-Bibel 1912
125 Jesaja 43,18 – Elberfelder Bibel 1905

dienen. Sie kam kaum zurecht und hatte sehr wenig Geld. Eine nette Freundin ging mit ihr zu einem Optiker und schenkte ihr eine Brille, mit der sie wieder perfekt sehen konnte. Einige Zeit später traf die Freundin diese Frau auf der Straße ohne ihre Brille. Sie rief verblüfft: „Wo ist denn deine Brille?"

Die Frau antwortete: „Du glaubst doch nicht im Ernst, dass ich die Brille abnutze, indem ich sie jeden Tag aufsetze, oder? Ich trage sie nur an Sonntagen."

Sie müssen im Jetzt leben und hellwach nach Gelegenheiten Ausschau halten.

„Denn siehe, ich will ein Neues machen; jetzt soll es aufwachsen, und ihr werdet's erfahren, dass ich Weg in der Wüste mache und Wasserströme in der Einöde."[126]

Diese Botschaft richtet sich an das Individuum: Denken Sie an Ihr Problem und seien Sie gewiss, dass die Unendliche Intelligenz den Weg zur Lösung kennt. Ich sage „den Weg", weil Sie die Antwort schon erhalten, bevor sie gerufen haben. *Die Versorgung geht dem Bedarf immer voran.*

Gott ist der Geber und die Gabe und schafft jetzt seine eigenen erstaunlichen Kanäle.

Wenn Sie darum gebetet haben, dass sich der Göttliche Plan in Ihrem Leben manifestiert, sind Sie davor geschützt, Dinge zu bekommen, die nicht in dem Plan vorgesehen sind.

Sie denken vielleicht, all Ihr Glück würde davon abhängen, dass Sie eine bestimmte Sache im Leben erlangen. Irgendwann später loben Sie womöglich den Herrn, dass es nicht geklappt hat.

Manchmal sind Sie versucht, dem denkenden Verstand zu folgen und hadern mit Ihren intuitiven Hinweisen. Da schubst Sie die Hand des Schicksals plötzlich an die richtige Stelle, und Sie landen unter Gnade wieder auf dem magischen Pfad.

---

126 Jesaja 43,19 – Luther-Bibel 1912

Sie sind jetzt hellwach, was Ihr Wohl betrifft. Sie haben die Ohren, die hören (Ihre intuitiven Hinweise) und die Augen, die die offene Straße zur Erfüllung sehen.

Das Genie in mir ist freigesetzt.
Ich erfülle jetzt meine Bestimmung.

Die tiefere Bedeutung von Schneewittchen

Ich wurde gebeten, „Schneewittchen und die sieben Zwerge", ein Märchen der Gebrüder Grimm, aus metaphysischer Sicht zu interpretieren.

Es ist erstaunlich, wie dieser Film, ein Märchen, dank der Genialität von Walt Disney[127] das anspruchsvolle New York und das ganze Land faszinierte.

Der Märchenfilm war eigentlich für Kinder gedacht, aber die Kinos waren voll mit Männern und Frauen. Das liegt daran, dass Märchen von uralten Legenden aus Persien, Indien und Ägypten abstammen, die auf der Wahrheit beruhen.

Schneewittchen, die kleine Prinzessin, hat eine grausame Stiefmutter, die auf sie eifersüchtig ist. Diese Vorstellung von der bösartigen Stiefmutter spielt auch in „Aschenputtel" eine gewichtige Rolle.

Beinahe jeder hat eine grausame Stiefmutter. *Die grausame Stiefmutter ist eine negative Gedankenform, die Sie in Ihrem Unbewussten gebildet haben.*

Schneewittchens grausame Stiefmutter ist eifersüchtig auf das Mädchen. Sie kleidet es immer in Lumpen und hält es im Hintergrund.

Das tun alle Gedankenformen.

Die grausame Stiefmutter befragt täglich ihren Zauberspiegel und sagt: „Spieglein, Spieglein an der Wand, wer ist die Schönste im ganzen Land?"

Eines Tages antwortet der Spiegel: „Frau Königin, Ihr seid die Schönste hier, aber Schneewittchen ist tausendmal schöner als Ihr."

Das ärgert die Königin so, dass sie beschließt, Schneewittchen von einem ihrer Diener in den Wald führen und dort töten zu lassen. Doch

---

127 Walter Elias „Walt" Disney (1901 – 1966) – US-amerikanischer Filmproduzent

als Schneewittchen um ihr Leben bettelt, schmilzt das Herz des Dieners, und er lässt das Mädchen am Leben, aber allein im Wald zurück. Dort wimmelt es von furchteinflößenden Tieren, Wildgruben und anderen Gefahren. In ihrer Angst legt Schneewittchen sich auf den Waldboden nieder und während sie da liegt, präsentiert sich ihr ein höchst ungewöhnliches Schauspiel.

Zahllose niedliche Tiere und Vögel tauchen von überall her auf und umringen sie: Hasen, Eichhörnchen, Rehe, Waschbären und viele mehr. Schneewittchen schlägt die Augen auf und begrüßt die Tiere mit Freude; sie sind alle so freundlich und reizend.

Schneewittchen erzählt ihnen ihre Geschichte und die Tiere geleiten sie zu einem kleinen Haus, in dem sie sich sogleich heimisch fühlt. *Die freundlichen Vögel und Tiere symbolisieren unsere intuitiven Hinweise und Ahnungen, die ständig bereit sind, uns „aus dem Wald zu führen".*

Es stellt sich heraus, dass das Haus das Heim der sieben Zwerge ist. Weil darin arge Unordnung herrscht, beginnen Schneewittchen und ihre Freunde, aufzuräumen und sauber zu machen. Die Eichhörnchen wischen mit ihren Schwänzen Staub, die Vögel hängen Dinge auf und benutzen das Geweih des kleinen Rehs als Hutständer. Als die sieben Zwerge nach der Arbeit in der Goldmine nach Hause kommen, stellen sie die Veränderung fest und finden schließlich Schneewittchen, die in einem ihrer Betten schläft.

Am Morgen erzählt sie ihnen ihre Geschichte und bleibt bei ihnen, um den Haushalt zu führen und Essen zu kochen. Sie ist sehr glücklich. *Die sieben Zwerge symbolisieren die schützenden Mächte rings um uns.*

In der Zwischenzeit befragt die grausame Stiefmutter erneut den Spiegel, und diesmal antwortet er: „Frau Königin, Ihr seid die Schönste hier, aber Schneewittchen über den Bergen bei den sieben Zwergen ist noch tausendmal schöner als Ihr."

Das bringt die Königin zur Weißglut und sie macht sich, als alte Hexe verkleidet und mit einem vergifteten Apfel in der Tasche, auf die Suche nach Schneewittchen. Sie findet das Mädchen im Haus der sieben Zwerge und bietet ihr den leckeren großen roten Apfel an.

Die Vögel und die anderen Tiere versuchen, Schneewittchen *eine Ahnung davon zu vermitteln*, dass der Apfel gefährlich ist und sie ihn auf keinen Fall anrühren soll.

Aufgeregt huschen sie um das Mädchen herum, bemüht sie zu warnen. Doch Schneewittchen kann dem verlockenden Apfel nicht widerstehen. Sie beißt hinein und fällt wie tot zu Boden.

Rasch eilen die die kleinen Vögel und die anderen Tiere los, um die sieben Zwerge zur Rettung des Mädchens zu holen. Doch die Zwerge kommen zu spät; Schneewittchen liegt leblos auf der Erde.

Bestürzt und traurig senken sie die kleinen Köpfe. Da taucht plötzlich der Prinz auf. Er küsst Schneewittchen und das Mädchen erwacht wieder zum Leben. Die beiden heiraten und leben glücklich bis an ihr Lebensende. Die Königin, die grausame Stiefmutter, wird von einem fürchterlichen Sturm davon geweht.

Die alte Gedankenform ist aufgelöst und für immer verschwunden. Der Prinz symbolisiert den göttlichen Plan für Ihr Leben. Wenn er Sie aufweckt, leben Sie glücklich bis an Ihr Lebensende.

Dies ist das Märchen, das New York und das gesamte Land begeistert und bezaubert hat.

Finden Sie heraus, welche Form der Tyrannei die grausame Stiefmutter in Ihrem Unbewussten angenommen hat. Es ist eine negative Überzeugung, die sich auf alle Ihre Angelegenheiten und Lebensumstände auswirkt.

Wir hören Leute sagen: „Gutes erreicht mich immer zu spät." „Ich habe so viele Gelegenheiten verpasst!" Wir müssen diese Gedanken umdrehen und uns immer wieder sagen: *„Ich bin hellwach, was mein Gutes betrifft, und verpasse keine Gelegenheit."*

Wir müssen die trostlosen Suggestionen der grausamen Stiefmutter übertönen. Immerwährende Wachsamkeit ist der Preis für die Freiheit von diesen negativen Gedankenformen.

*Nichts kann die Verwirklichung des Göttlichen Plans
für mein Leben verhindern oder verzögern.*

*Das Licht der Lichter strahlt auf meinen Lebensweg
und offenbart die freie Bahn zur Erfüllung!*

Über die Autorin

Florence Scovel Shinn wurde am 24. September 1871 in Camden (New Jersey, USA) geboren. Ihre Schul- und Studienzeit verbrachte sie in Philadelphia (Pennsylvania), wo sie an der *Pennsylvania Academy of the Fine Arts* studierte und nebenbei ihren zukünftigen Ehemann, den Künstler Everett Shinn kennenlernte.

Nach ihrer Heirat zogen die beiden gemeinsam nach New York, wo das Paar in einem Studio-Apartment lebte. Everett baute gleich nebenan ein kleines Theater für Florence und schrieb drei Stücke, in denen sie jeweils eine der Hauptrollen spielte. Parallel dazu arbeitete Florence als erfolgreiche Illustratorin, die vor allem Kindermagazine und -bücher bebilderte.

1912 erfuhr ihr Leben einen deutlichen Einschnitt, als ihr Ehemann sich von ihr trennte und scheiden ließ.

Die gescheiterte Ehe veranlasste Florence, ihr Leben gründlich zu überdenken und neu zu bewerten. Auf der Suche nach Antworten stieß sie auf die New Thought-Bewegung, von der sie so angetan war, dass sie nach kurzer Zeit New Thought-Lehrerin wurde und Kurse und Seminare leitete.

1925 veröffentlichte sie ihr erstes Buch *The Game of Life and How to Play It* (*Das Lebensspiel und wie man es spielt*) – in Eigenregie, weil sie erst einmal keinen Verlag dafür fand.

1928 veröffentlichte sie unter dem Titel *Your Word is Your Wand* (Dein Wort hat Macht und Magie) ihr zweites Buch. Das dritte und offiziell letzte erschien 1940, kurz vor ihrem Tod: *The Secret Door to Success* (Die verborgene Tür zum Erfolg).

Alle drei Bücher verbindet eine zentrale Aussage: dass der Mensch mit seinen Gedanken und Worten nicht nur seine innere Befindlichkeit, sondern seine Lebensumstände in der äußeren Welt beeinflusst und verändert – entweder bewusst, oder unbewusst und damit dem vermeintlichen Zufall ausgeliefert.

Florence Scovel Shinn vermittelt das Wissen, wie sich das Leben bewusst gestalten lässt, auf simple Weise und in einem Rahmen, der für den Leser nachvollziehbar und glaubhaft ist.

Sie starb am 17. Oktober 1940.

Auch über siebzig Jahre nach ihrem Tod, sind ihre Ansichten und Vorstellungen heute noch aktuell und lebendig. Viele bekannte spirituelle Autor(inn)en und Lehrer(innen) unserer Tage sind erklärt oder offenkundig von Florence Scovel Shinns Werken und dem darin vermittelten Weltbild beeinflusst.

„Die meisten Menschen halten das Leben für einen Kampf, doch es ist kein Kampf, sondern ein Spiel. Erfolgreich spielen kann dieses Spiel nur, wer die Regeln kennt."

Florence Scovel Shinn erklärt in ihrem Erstlingswerk diese Regeln mit einfachen Worten und leicht verständlich anhand von Beispielen aus ihrer täglichen Praxis.

Sie verrät Ihnen, wie Sie Ihre persönlichen Lebensumstände nach Ihren Vorstellungen und Wünschen verändern können.

Sie wünschen sich Gesundheit, Wohlstand, Freunde, Liebe, ein sinnvolleres Leben? Wenn Sie die einfachen spirituellen Regeln beachten, die Ihnen dieses Buch vermittelt, ist alles möglich!

Das Lebensspiel und wie man es spielt (The Game of Life and How to Play It)
Klassiker der bekannten New Thought-Autorin Florence Scovel Shinn in neuer Übersetzung
Paperback: 978-3-8423-4873-8 – Hardcover: 978-3-7386-2581-3 – E-Book: 978-3-8448-5776-4

Warum haben manche Leute Erfolg, so viele andere aber nicht? Dieser Frage geht Florence Scovel Shinn auch in diesem, ihrem dritten, Buch nach.

Erfolgreiche Menschen unterscheiden sich von erfolglosen im wesentlichen in einem Aspekt: ihrem Denken.

Um durch die „verborgene Tür" zum Erfolg zu gelangen, braucht es nicht mehr, als dass Sie Ihre hinderlichen Denkmuster durch erfolgsorientierte ersetzen, einige Verhaltensweisen korrigieren und Ihre Erwartung an das Leben ändern.

Sie lernen, in jeder Lebenslage das Beste zu erwarten und sich aktiv darauf vorzubereiten. Sie beginnen Ihrer Intuition zu vertrauen und zu folgen, und den Verstand, wo er als Verhinderer auftritt, in die Schranken zu weisen. Und nach und nach werfen Sie all die Bürden ab, die Sie schon lange mit sich herum schleppen. So öffnen Sie die „verborgene Tür" und treten ein in ein Leben, das mehr zu bieten hat, als das, mit dem Sie zur Zeit nicht wirklich zufrieden sind.

Tom Butler-Bowdon zählt "The Secret Door of Success" zu den 50 wichtigsten Klassikern der Erfolgsliteratur.

Die verborgene Tür zum Erfolg (The Secret Door of Success)
Klassiker der bekannten New Thought-Autorin Florence Scovel Shinn in neuer Übersetzung
Paperback: 978-3-7412-2291-7 – E-Book: 978-3-7412-7833-4

Mit seinem Buch *Wie wir denken, so leben wir* (As A Man Thinketh) liefert James Allen nichts Geringeres als einen Schlüssel zu einem selbstbestimmten Leben. Dabei macht er kein Geheimnis daraus, dass er diesen Schlüssel nicht selbst „erfunden" hat. Vielmehr hat er ihn wiederentdeckt: in alten Schriften wie der Bibel und dem Dhammapada (einer Anthologie von Aussprüchen des historischen Buddha), in traditionellen westlichen und östlichen Philosophien und Denkweisen.

Was er schließlich zu Papier brachte, beruhte auf den Erkenntnissen, die er aus diesen Lehren gezogen hat, und vor allem auf seinen persönlichen Erfahrungen. Denn James Allen war alles andere als ein Theoretiker.

Er hat sich kurz gefasst, und das ist ein Vorteil, denn ein Buch wie dieses liest man nicht einmal, sondern mehrmals, bis das vermittelte Wissen sich dem Unbewussten eingeprägt hat und zur verlässlichen Grundlage des eigenen Denkens und Handelns geworden ist.

Wie wir denken, so leben wir (As A Man Thinketh)
Klassiker des bekannten Autors James Allen in neuer deutscher Übersetzung
BoD – Paperback: 978-3-7322-4960-2 – E-Book: 978-3-7322-2180-6

Vielleicht geht es Ihnen ähnlich, wie vielen Menschen: Sie haben finanzielle Sorgen, die Sie nachts nicht schlafen lassen, und sehnen sich nach Wohlstand. Sie fühlen sich müde und ausgelaugt und wären gerne wieder so fit und voller Energie, wie noch vor ein paar Jahren als Kind. Sie wünschen sich Erfolg, doch Ihre Lebensumstände lassen das einfach nicht zu. Und was auch immer Sie unternehmen, um Ihre Situation zu verbessern, misslingt.

Sie sind mit Ihrem Leben unzufrieden.

James Allen verrät Ihnen in diesem Buch, wie und warum man in widrige Lebensumstände gerät und erklärt, wie man sich aus eigener Kraft daraus befreien kann.

Er zeigt Ihnen, wie Sie sich vom vermeintlichen Spielball des Schicksals zu einer Persönlichkeit entwickeln, die ihre Lebensumstände selbst kontrolliert und steuert.

Wenn Sie Ihr Leben verändern wollen, ist heute der beste Tag, damit zu beginnen. Nehmen Sie James Allens Einladung an und folgen Sie ihm auf dem Weg zu Glück und Wohlstand.

Der Weg zu Glück und Wohlstand (The Path of Prosperity)
Klassiker des bekannten Autors James Allen in neuer deutscher Übersetzung
BoD – Paperback: 978-3-7347-5725-9 – E-Book: 978-3-7392-5964-2